数字赋能高校人才培养改革研究

陈晖 沈岚 彭奇 ◎ 著

中国海洋大学出版社

·青岛·

图书在版编目（CIP）数据

数字赋能高校人才培养改革研究 / 陈晖，沈岚，彭奇著. -- 青岛：中国海洋大学出版社，2025.7.
ISBN 978-7-5670-3926-1

Ⅰ. G649.2

中国国家版本馆CIP数据核字第2024EU5571号

SHUZI FUNENG GAOXIAO RENCAI PEIYANG GAIGE YANJIU
数 字 赋 能 高 校 人 才 培 养 改 革 研 究

出版发行	中国海洋大学出版社
社　　址	青岛市香港东路23号
邮政编码	266071
出 版 人	刘文菁
网　　址	http://pub.ouc.edu.cn
电子邮箱	flyleap@126.com
订购电话	0532-82032573（传真）
责任编辑	张跃飞　　　　　　　　电　话　0532-85901984
印　　制	青岛中苑金融安全印刷有限公司
版　　次	2025年7月第1版
印　　次	2025年7月第1次印刷
成品尺寸	170 mm×240 mm
印　　张	13.75
字　　数	218千
印　　数	1～1 700
定　　价	78.00元

如发现印装质量问题，请致电0532-85662115调换。

前言 PREFACE

  数字化时代下的高等教育人才培养模式改革研究具有重要的时代背景和现实意义。高等教育不仅承载着培养人才的使命，而且能满足个体的生存和发展需求。同时，作为社会文化的引领者，高等教育应促进社会的不断进步。培养适应社会需求的人才成为高等教育的核心任务，这不仅是构建高等教育强国的基石，也是实现人力资源强国和创新型国家战略目标的关键所在。

  随着时代的演进，受教育者的需求不断演变和提升，特别是在个体精神层面的需求上。国家和社会对人才的需求也日益增强，呈现出更多元化、更复杂化的趋势。为了更好地履行高等教育对于社会稳定、社会变革和未来构建的职责，我们应当与时俱进，以就业为导向，改革高等教育的人才培养模式，以满足社会的需求，实现人民教育的使命。

  随着信息技术的不断进步，如何利用数字化手段提升人才培养质量已成为当前社会的研究热点。教育数字化已经成为大势所趋，智慧教育也面临着新的发展机遇。本书旨在通过数字技术的应用构建教学一体化平台，探讨如何解决人才培养中的实际问题和挑战。本书从数字时代的特点入手，分析了数字化高校学习资源的建设与发展以及数字化高校教育技术的创新；还介绍了数字化高校课堂教学模式的改革与创新以及数字化高校师资队伍的建设；并针对数字化高校人才培养和数字化背景下大学生创新创业能力的培养进行了深入研究。

由于时间紧迫，笔者理论和实践能力水平有限，书中难免存在一些不足。希望读者和专家批评指正，使之日臻完善！

笔　者

2024 年 3 月

目 录 CONTENTS

第一章 数字时代的特征 1
    第一节 数字经济的本质 1
    第二节 数字经济的趋势 5
    第三节 数字技术催生教育革新 15

第二章 数字赋能高校学习资源的建设与发展 21
    第一节 高校学习资源概述 21
    第二节 开放课程资源的建设与发展 25
    第三节 STEM 课程资源的整合性设计 33
    第四节 创课资源的设计 39
    第五节 虚拟仿真资源设计 48

第三章 数字赋能高校教育技术的创新 53
    第一节 技术创新是互联网时代下高校教育的核心 53
    第二节 高校教育的云计算与移动化技术 61
    第三节 信息化教学人机交互技术 69
    第四节 技术创新与教育质量提升 86

第四章　数字赋能高校课堂教学模式改革与创新……93
第一节　移动自主课堂教学模式的构建……93
第二节　数字赋能背景下高校课堂教学模式改革实践……104
第三节　信息技术与教学课程的整合……124

第五章　数字赋能高校师资队伍建设……131
第一节　高校教师素质及其培养……131
第二节　高校师资队伍建设规划……136
第三节　高校教师队伍建设的政策建议……149

第六章　数字赋能高校人才培养……159
第一节　数字化转型：赋能传统教育走向现代教育……159
第二节　学科引领数字赋能：高校一体化推进教育科技人才发展路径……163
第三节　数字化时代高校专业人才培养模式转型与升级……171

第七章　数字赋能"互联网＋"背景下大学生创新创业能力培养……181
第一节　"互联网＋"背景下的大学生创业者及其团队构建……181
第二节　"互联网＋"背景下的大学生创新创业模式选择……193
第三节　"互联网＋"背景下高校创新创业能力培养策略……200

参考文献……211

第一章 数字时代的特征

第一节 数字经济的本质

一、数字经济及其基本特征

以互联网为依托形成的数字经济，彻底打破了传统商业格局，也彻底颠覆了人们的传统生产生活方式。一个属于数字经济的新时代已经来临。

每一次重大技术革命不仅仅带来了生产力的飞速进步，同时也深刻地改变了人们的生活方式和社会形态。铁器的使用标志着农业经济进入了一个新的发展阶段，蒸汽机和各种大型机器的发明与应用则推动了工业经济时代的到来。然而，随着计算机和互联网技术在20世纪的发展与普及，人类社会经济迎来了全新的形态——数字经济。那么，何谓数字经济，以及互联网的发展是如何塑造并推动了数字经济的发展呢？

在中国，互联网、"互联网＋"和数字经济的演进呈现出相互衔接的关系。互联网代表了新兴技术和先进生产力，而"互联网＋"则作为实现生产力快速发展和经济进步的重要手段和工具。最终，这些努力共同推动了数字经济的崛起。在传统产业与互联网跨界融合的深入发展中，数字经济得以不断壮大。尽管数字经济发展已成为各界共识，但至今，对数字经济的定义仍未形成统一认知。

从经济学角度来看，数字经济是人类通过大数据（数字化的知识与信息）的识别—选择—过滤—存储—使用，引导、实现资源的快速优化配置与再生，实现经济高质量发展的经济形态。

从社会学角度来看，数字经济指一个经济系统，在这个系统中，数字技术被广泛使用并使得整个经济环境和经济活动发生了根本变化。数字经济也是一个信息和商务活动都数字化的全新的社会政治和经济系统。

作为一种与互联网伴生的新型经济形态，数字经济主要有以下四大特征。

（一）产业数字化

网络技术的广泛应用和发展推动了新一代基础设施的涌现与普及，包括无线网络、宽带、云计算、芯片和传感器等。同时，传统基础设施也逐渐被互联网技术渗透和改造，例如，在公共交通中使用手机二维码付款、无人驾驶汽车和数字化停车系统等。如今，数字化技术、服务和产品仍在快速渗透到传统产业的各个领域，各行各业都呈现出产业数字化的显著趋势。

（二）数字产业化

资料表明，知名主播曾以特殊人才身份成功落户上海；"直播销售员"成为官方认可的新型职业；高校纷纷开设电商、网红、电竞等专业；一位网红能够维持多家工厂的生计……数字产业化已经成为势不可挡的发展趋势。我国正在重点推进建设5G网络、数据中心、工业互联网等新型基础设施，这些实质上都是围绕科技新兴产业的数字经济基础设施，将为数字产业化提供强大的推动力。

（三）数据价值化

在数字经济时代，数据已成为新的关键生产要素。数据价值化是指以数据资源化为起点，经历数据资产化和数据资本化阶段，最终实现数据的经济价值转化的过程。全球数据呈现"井喷"式增长，形成了较为完整的数据资源供应链，为数据资源化奠定了基础。在这一基础上，数据采集、数据标注、时序数据库管理、数据存储、商业智能处理、数据挖掘与分析、数据交换等技术领域迅速发展。

（四）虚拟与现实融合化

数字技术的进步促成了网络系统和物理系统的融合，形成了信息物理系统（简称CPS）。这一系统使得我们周围的物体具备了计算、通信、精确控制、远程协作和自组织等功能，实现了计算能力与物理系统的紧密结合与协调。在CPS的推动下，物理世界、网络世界和人类社会之间的边界变得日益模糊，形成了一个互联互通的新世界，将网络世界、物理世界和人类社会紧密联系在一起。

随着移动互联网、大数据、云计算、人工智能、物联网和区块链等信息技术的不断突破与融合，一场被称为"数字革命"的浪潮正在全面展开。这场革命不仅推动了经济的良性发展，还促使传统产业进行重组和优化升级，最终引领整个社会向着新的方向转变。

二、数字经济的本质——信息化

在许多人看来，数字经济被误认为是虚拟经济或网络经济。然而，这种观念实际上是片面的，甚至是错误的。数字经济的本质并不在于虚拟化或网络化，而是信息化。

信息化是由计算机、互联网等生产工具的革命引起的工业经济向信息经济转变的社会经济发展过程。这一过程涵盖了信息技术的产业化、传统产业的信息化、基础设施的信息化以及生活方式的信息化等方面。在经济领域，信息技术的应用主要体现在利用信息技术改造和提升农业、工业、服务业等传统产业。尤其是大数据、人工智能和虚拟现实等新一轮信息技术逐渐成为数字经济发展的新支撑点和动力源。

为了更通俗地理解这一点，我们可以从另一个角度来看待这个问题。比如，在日常生活中，我们经常需要运用数学，需要用数据来解决问题，甚至数学已经成为我们理解事物规律和本质的重要工具。

人类的思维是通过各种感官和器官收集的信息，在大脑的神经网络中进行流动、吸收、重组和加工的结果。换句话说，人们通过观察、测量和数字化手段获取各种数据作为原材料，然后按照一定的规则将有逻辑、有意义的数据加工成信息，接着对这些信息进行综合、提炼和归纳，形成特定的知识，最后合理地运用知识并做出正确的判断和决策。

从这个过程中可以清楚地看出，知识源于信息，而信息来源于数字化数据。

在经济活动中，我们经常需要对物品进行数字化处理，获得相关数据，并通过对这些数据进行加工，将它们转化为经济信息，从而展现出它们所具有的价值。这是一个让物品价值不断提升的过程。

例如，小麦经过加工处理后变成面粉，其价值就有所提升；而面粉再经过加工成为面条，价值又进一步提升；更进一步，将面条做成牛肉面，其价值也得到了提升。每一个加工的过程都是为了增加附加值，使得物品的价值逐步增加。

因此，我们可以说，数字经济并非我们通常想象的虚拟经济或网络经济。在这里，"数字"不仅仅是一个形容词，更是一种信息化的工具。数字经济具备快速的信息交流和共享能力，以及精准的数据预测能力，使得经济活动具备智能化的特征。这就是数字经济与传统经济的本质区别所在。

三、数字经济的四大影响要素

（一）数据

在数字经济时代，我们必须将数据视为关键的生产要素。相比过去，生产过程主要依赖于资金、原材料和人工等，而在数字经济中，数据成为核心生产要素。这里的数据指的是数字化的知识和信息。虽然有些数据用于服务传统工业，有些用于数字经济，但它们都是数字经济时代加工的对象。

全球大数据呈现出符合"大数据摩尔定律"的增长趋势，即大约每两年数据量翻一番。这种庞大的数据及其处理与应用需求催生了"大数据"的概念。数据日益成为极为重要的战略资产，有人甚至形象地将其称为"未来的石油"，数字经济中的"货币"。

那么，如何将分散在各个角落的数据汇聚起来，加以整理和加工，使其能够演化为能够为生产和生活提供服务的数据产品呢？这正是整个数字经济面临的核心问题。目前，数据驱动型创新正迅速向经济社会、科技研发等多个领域扩展，成为创新发展的关键形式和重要方向。我国正在积极开展数据的确权、流动、保护、交易规则的制定等工作，以加速培育数据要素市场。

（二）数字基础设施

数字基础设施主要指现代信息网络。基础设施是社会分摊的资本，是社会生产过程中的"一般的共同的生产条件"。它不是直接融入某个特定的生产过程，而是作为各个特定生产过程的一般条件或共同条件，是经济发展的基础。

在过去，我们一提到基础设施，首先想到的是交通运输、管道运输、水利设施和电网等工业社会的主要基础设施。而在数字经济时代，作为影响数字经济发展的重要因素，基础设施主要指的是5G网络、数据中心等数字化设施。

具体来说，数字基础设施主要包括网络通信层、存储计算层和融合应用层。网络通信层主要负责数据的感知、采集和传输，相当于数字基础设施的"感官"和"神经"系统，类似于信息空间中的"高速公路"。存储计算层支撑着庞大的数据存储和计算需求，是数字基础设施的"大脑"。融合应用层则是管理数字基础设施和创造应用价值的"灵魂"，包括支持数字技术应用和产业数字化转型的通用软硬件基础设施，以及对传统基础设施如公路、电网等进行数字化改造和升级的智慧能源基础设施等。

（三）数字素养

数字素养包括利用数字技术寻找信息，并对信息的权威性和相关性进行批判性评估的能力的一系列技能。此外，数字素养还包括通过数字媒介有效地与他人进行沟通。可以看出，数字素养不仅仅是狭义的计算机素养，而是更广泛的能力和技能。

在农业经济和工业经济时代，社会对消费者的文化素养并没有过多的要求，主要集中在对劳动者的素养上，且多局限于一些特定的职业。然而，在数字经济时代，数字素养已成为消费者和劳动者都必须具备的一种能力。这是因为随着数字技术向社会、生产等各个领域的渗透，人们越来越需要掌握双重的技能，即专业技能和数字技能。作为消费者，如果不具备这种技能，将无法正确使用许多数字化产品和服务，从而成为数字"文盲"。

（四）数字经济政策

数字经济政策是国家为贯彻国家数字经济发展战略而制定的一系列政策。我国已经相继出台了多项数字经济政策，旨在确保数字经济能够健康、快速地发展。

在企业进行数字化转型或进入数字经济行业时，必须严格遵守国家相关法律和行业法规。这包括保护消费者的个人隐私，符合国家对相关产业的规划要求，以及严格执行国家的相关税收制度等。

未来，我国数字经济的总量在 GDP 中所占比重将进一步提升。我国已经基本具备发展数字经济的条件，目前正处于全新的数字经济时代。这与数字要素市场的培育、全民数字素养的提升、数字基础设施的建设与完善，以及国家的数字经济政策密切相关，这些因素共同推动着我国数字经济的发展。

第二节　数字经济的趋势

随着 5G、人工智能等信息技术的发展，有人会担心，将来会有更多的机器取代人，人们的就业压力会增加，失业率会上升。

数字化转型会给就业带来显著、深远、复杂的影响，在这个过程中，有些岗位会被替代，但更多的工作岗位会被创造出来。进一步说，数字经济时代的就业结构虽然正在发生重大变化，但另一方面，它又促进了公平就业。

一、数字经济时代的公平就业

（一）灵活就业方式更为普遍

不同于过去的就业模式，在数字经济时代，灵活就业人群正日趋庞大。我国灵活就业从业人员规模达 2 亿人左右。其中，很大一部分都依托于互联网。

随着电商、O2O（Online To Offline 线上到线下）、共享经济、平台经济等行业快速发展，以门槛低、时间灵活等优势，催生灵活的就业空间，数字经济兼职岗位招聘人数众多，就业需求旺盛，兼职薪资支付方式以计件计时为主。所以，过去整体的就业模式是"公司＋员工"，现在，越来越多的人选择"平台＋员工"的灵活就业模式。

这种就业模式具有就业容量大、进出门槛低、灵活性强、兼职性强等特点。与传统的零工不同，数字经济时代的零工就业具有工作内容丰富、工作空间自由、更强的自主性等特点。

总之，数字化技术使得个人和企业只需具备宽带连接，便能在线上平台进行商品和服务交易。在数字经济时代，企业边界的模糊化和企业组织的平台化成为典型特征之一。大量个人和创业团队能够通过平台模式以较低成本跨越门槛，利用平台进行海外扩张，实现按需聚合与解散的契约履行与价值实现。

（二）从线下就业到线上就业

在数字经济时代，随着互联网平台的蓬勃发展，出现了越来越多的平台经济体系，其中包括商品供应方、平台提供方、平台运营方和商品购买方等多方参与。这些平台经济系统为大量就业机会提供了平台，推动了就业结构的变革。

与过去长期雇佣关系为主的就业方式不同，一些服务领域创造了基于平台的就业模式。平台企业一方面连接着劳务需求方；另一方面连接着劳务提供者，通过算法调度和精准高效的匹配满足供需双方的需求。劳务提供者可以选择专职或兼职工作，并自行决定工作时间的长短，而劳务需求方则可以在线点评反馈。平台会根据反馈情况对劳务提供者进行信用评价，并根据评价结果自动分配任务。

（三）从单一就业到多元就业

过去，人们通常首选政府机关、事业单位、国有企业和知名外企等稳定的工作单位，而民营企业和小微企业则常常被视为无奈之选。相比于一些传统的"高大上"岗位，开网店、经营公众号、从事直播等新型就业形式在社会上往往没有得到足够的认可，有时甚至被视为"不务正业"。

然而，随着互联网经济等新兴经济形态的蓬勃发展，这些新经济和新业态已经成为国民经济中不可或缺的重要组成部分。它们不仅为经济增长做出了巨大贡献，还提供了大量的就业机会。人们的就业观念正在发生深刻变化，就业渠道和方式也在不断创新和发展。越来越多的人选择积极投身新兴经济和新兴行业，在这些全新的岗位上迎接挑战、积累经验，取得了令人瞩目的成就。

（四）新的岗位不断被创造

我国目前大约涵盖了 2 000 种不同的职业，而这个数字一直在不断地增长。新职业的不断涌现，充分展现了当代中国经济社会发展与变革的生动画面。随着数字技术与实体经济的深度融合，一些新兴产业、新型业态和新模式不断涌现。特别是传统产业加速数字化转型，催生了大量新型职业需求，创造了一大批新增就业机会，如外卖配送员、网约车司机、网络主播、网络安全专家、内容创作者、云计算工程师、短视频制作人、私人旅行规划师等等。这些职业在10年前还不常见，而如今却成为许多企业争相招聘的热门"工种"。

（五）人才与岗位更加匹配

数字经济和其他新技术所带来的产业革命都伴随着一种"创造性破坏"，这意味着旧有的岗位可能会被淘汰，但同时也会创造出新的岗位。这种转变要求改变传统的生产方式，以提高劳动生产率。数字产业同样如此，它以自身取代传统产业，可能会导致一些传统岗位的消失。

产业数字化是将数字经济的核心理念、技术和组织方式应用于改造传统产业的过程。数字化技术作为一种人力资本和物质资本含量更高的生产方式，有可能替代原来由普通非熟练劳动者所执行的工作。因此，数字经济时代的劳动力市场将努力确保劳动者的技能和人力资本与数字经济发展的需要相匹配。

综上所述，数字经济就业呈现出岗位需求多元化、就业薪资水平较高、工作方式灵活化等特点，数字经济在催生新职业、拓宽就业新渠道、提升就业规模、优化就业环境、提高就业效率等方面彰显出了巨大的潜力。

二、数字经济时代的数字隐私

在数字经济时代，随着大数据和人工智能的迅速发展，数据作为一种新型的生产要素和社会财富日益凸显，不断被分享、分析和利用。然而，在这个过程中，一些企业可能会违背道德和法律，私自窥探、使用和滥用用户数据。

大量个人数据，如人脸识别信息和求职简历可能会被滥用，泄露用户的隐私信息。这种情况下，我们感到生活更加便捷的同时也担心个人隐私受到侵犯，缺乏安全感。

针对这一问题，我们应该采取正确的态度，而不是简单地封锁数据。相反，我们应该设法保护个人隐私，加强数据隐私保护措施，确保个人数据不被滥用和泄露。

在当下该如何解决社会非常关注的数字隐私问题呢？过往的经验表明，市场机制本身不足以保证数据安全。要想在隐私保护与数据共享之间获得平衡，需要从顶层设计、公司自律和用户权利觉醒三个方面着手。

（一）监管部门做好顶层设计

为了保护用户隐私，必须进行顶层设计，其中既包括利用法律法规来确保用户隐私的保护，也包括明确企业对用户隐私数据的使用权限和范围。当前，国家正在不断完善法律法规，明确用户隐私保护的范围，并规定科技互联网公司对用户数据使用的限制。

各项法律法规的陆续颁布表明了国家对数据和隐私保护的高度重视，尤其是在当前数字经济发展的关键时期。加快推进个人隐私保护的基础性立法，通过合理设计法律和政策框架，平衡隐私保护与数据共享的关系，将对中国未来数字产业的发展产生深远影响。

（二）科技公司要加强自律

数据已成为构建竞争力的核心要素，在人工智能时代尤为突出，被视为企业最核心、最宝贵的财富。因此，企业对数据的渴求日益增强。然而，与此同时，用户隐私的保护也备受关注，这对企业的自律能力提出了严峻挑战。

在这种情况下，企业必须遵守法律法规，坚守底线。在获取用户隐私数据时，企业应该做好告知、提醒、妥善存储、保护和研究等一系列工作，确保在符合法规权限的范围内正确使用用户数据。

（三）用户要提升保护意识

作为用户，我们往往面临矛盾：一方面，我们希望享受智能化的便利体验；另一方面，我们又追求健全的隐私保护。然而，在日常生活中，我们却经常不自觉地泄露个人隐私，比如下载未知来源的应用、随意点击网页、随意注册网站信息等。

因此，我们需要时刻提醒自己增强隐私保护意识。当面对网络隐私被侵犯时，要懂得运用法律手段来保护自己的隐私权；在日常学习和生活中，要注意隐私安全，加强防范意识。

保护个人隐私是数据利用的前提和基础。数字隐私保护需要采取多方面措施。除了建立健全的法律保障体系，界定个人信息主体的权属和相关人员的行为范围以保护个人隐私外，还需要注重技术手段的应用。这包括采用数据处理、计算方法和管理技术等措施，确保个人隐私在数据利用过程中得到有效保护。此外，提升个人数字隐私保护意识也至关重要。只有通过多管齐下的方式，合理保护数字隐私，才能推动数据产业的健康发展。

三、数字经济时代的国际化规则

在数字经济时代，各个国家之间的经济联系变得更紧密，各国之间既有数据的分享，也有数据的保护，甚至有人提出了"数字主权"的概念。这也对各国的监管部门提出了不小的挑战，即如何进行数据治理，如何提升数据跨境规则的制定话语权……

尽管欧美、日本、中国等的数字经济迅速发展，但全球仍缺乏国际公认的数据管理规则框架，这给一些涉及全球经济和国家安全的重要问题的解决带来了困难。例如，是否应对来自其他国家的数据征税？如果是的话，征税数额应如何确定？如何控制进入本国的数据？是否可以要求将数据存储在本国？等等。这些问题都涉及国际规则的制定。

可以确定的是，如果缺乏国际公认的数据管理规则框架，首当其冲的将是个人的隐私权。因为没有人能够确保政府、其他组织或个人不会滥用人们的数据，侵犯他们的经济和政治权利。在允许数据"出口"或跨国流动的同时，政府必须确保进行相关的隐私保护工作。在国际贸易中，由于隐私保护问题而引发的摩擦并不少见。然而，就如何解决这些问题目前尚未形成广泛的共识，现有的法规也只是一系列不一致、模糊且零散的规定。所以说，相关国际化规则的制定可谓任重而道远。

不过，从人类过往的经验来看，在历经波折后，最终会形成一系列相关的国际化规则。而且因为中国拥有庞大的数字经济基础及优势，势必在未来的国际化规则的制定中拥有更多的话语权。具体而言，数字经济时代的国际化规则将会呈现以下几种趋势。

（一）国家间加强数字治理合作

随着数字经济的快速发展，全球范围内各国的数字经济发展不平衡、规则体系不健全、秩序不合理的问题日益凸显。因此，加强各国之间数字经济治理的合作势必会成为国际共识。尽管各国面临不同的国情、互联网发展阶段和现实挑战，但推动数字经济发展的愿望是共同的，应对网络安全挑战的利益是一致的，加强网络空间治理的需求是相同的。

作为重要的数字经济大国，中国将积极参与数字经济国际规则的制定，推动建立数字经济国际治理的新机制。通过国际合作，各国可以共同制定适合全球数字经济发展的规则和标准，促进数字经济的健康发展，增进各国之间的合作与共赢。

（二）重构国际贸易规则新框架

数据是创新之源，在未来，它将决定国家生产力及国家的经济实力。然而，在新的国际规则没有建立起来之前，旧的国际贸易体系无法有效地解决数据在跨境传输过程中产生的一系列新问题，如怎样给贸易行为中产生的数据定价？数据跨境贸易中产生的数据应归属于谁？数据的利用是否会侵犯公民的隐私权？等等。

未来，越来越多的国家将参与制定新的国际贸易规则框架。随着数字经济的发展，各国迫切需要在新的贸易框架下充分释放数据潜力，推动创新，激发经济活力。这将有助于解决当前国际贸易体系中存在的问题，并为全球经济带来新的增长动力。

（三）重构国际数据主权新秩序

数据主权是指本国数据受本国法律约束的原则。在物理世界中，这一概念很容易理解；但在虚拟的互联网世界中，却具有复杂性。数据具有流动性、分散性和碎片化特征，难以受地理边界约束；同时，全球数据治理体系偏向于自我规制，排斥政府主权干预，倡导各利益相关者平等参与。

目前，许多国家采取限制数据流出、要求数据本地存储、征得数据所有者同意后再传输数据、对数据传输征税等做法。这些做法限制了数据的跨境流动自由，影响了外国企业获取和利用本国数据，也阻碍了本国企业的国际拓展。

因此，通过国际协定实现数据主权原则的"互联互通、共享共治"至关重要。这将促进数据的跨境流动，促进数据共享和治理，推动数字经济的健康发展。

（四）中国积极参与数字经济国际规则制定

中国经济实力和科技水平不断提升，数字经济以互联网、大数据、云计算和人工智能为主要特征，蓬勃发展。近年来，中国政府积极推动放松对新兴互联网业态的监管，持续推进"放管服"改革，积累了丰富的数字经济治理经验，具备了参与国际数字经济规则制定的实力和水平。

现行由少数西方国家主导的互联网治理规则已无法适应全球数字经济的发展需求，受到越来越多国家的质疑，特别是一些发展中国家要求改变现状、建立新的治理机制。这为中国参与国际数字经济规则制定提供了机遇。中国可以抓住机遇，就数字经济治理权力分配、边界规定、议事规则等核心问题提出自己的主张，提升中国在国际数字经济规则制定中的话语权，发挥更大作用。

数字经济的发展为全球带来了新的机遇和挑战，各国需加强合作与交流，强化安全协作体系与风险防控机制，共同构建全球性、共建共享、安全高效、可持续发展的国际经济新秩序，以充分释放数字经济的潜力。

四、数字经济时代的绿色发展

经过20多年的发展，数字经济的产业化生态已从数量扩张转向高质量发展。其"去物质化"有助于减少社会经济活动对物质的消耗，进而减少能源消耗。与此同时，数字经济与其他产业的融合，有助于带来更大的节能效果。

比如，共享单车、共享汽车等模式的发展，在提高社会资源利用效率的同时，也从节能减排角度促进了经济发展的绿色化。电子商务、移动支付、新媒体等业态的发展，一方面降低了市场交易费用，另一方面节约了资源。

数字经济首先应该是绿色经济，要符合绿色发展理念。未来，数字经济在绿色发展方面，会表现出怎样的趋势呢？

（一）促进资源的高效利用

与传统的人口、土地和能源红利相比，新型的数字技术越来越成为引领绿色技术、生产模式和产品创新的新兴红利。数字技术通过有效整合线上线下、前端后端各环节，可以构建全产业链的"生产—运输—消费—回收"系统，从而提高资源利用效率，减少污染排放等环节的负面影响。举例来说，"虎哥回收"利用"互联网＋"技术，建立了一个立体服务平台，整合了再生资源、生活垃圾和回收等元素，实现了对生活垃圾分类信息的精准统计，解决了城市居民垃圾收运难的问题，并促进了垃圾的清洁处理和循环利用。

（二）为低碳生活注入新活力

数字经济有效地将互联网的流量转化为经济价值和生态价值，为绿色消费提供了技术支持和产品应用的激励。借助数字技术开发绿色消费产品和构建绿色消费平台，不仅提高了公众的环保意识，还传播了绿色消费理念，推动了全民参与绿色消费的行动。随着绿色消费需求的不断增加，经济红利和生态红利也得以加速释放，实现了经济增长与环境保护的双赢局面。

在当今互联网时代，数字技术赋予了低碳生活更多的乐趣，使得低碳公益活动更加简便易行。与此同时，数字技术还成功地将"绿水青山"转变为"金山银山"，"蚂蚁森林"项目便是一个典型例子。

（三）提升政府现代化治理能力

在数字经济时代，政府信息公开程度将更高，尤其是环境信息的透明度将得到进一步加强，从而更好地保障了公众的知情权、监督权和参与权，有助于建立全社会共享共治的良好氛围。例如，政府部门可以通过门户网站、手机App等平台实时发布与公众生活密切相关的空气质量、水质等环境质量信息，定期公布重点排污单位的监测评价报告，还可以公开披露发生重大及以上突发环境事件的企业名单。同时，公众还可以通过12369网络举报平台（全国生态环境投诉举报平台）在线举报环境违法行为。

此外，数字技术的应用可以实现对节能减排信息的精确统计，从厂级到户级，甚至到个人级别，这将有效降低政府对生产和生活污染的监管成本，并为相关政策的制定与实施提供重要数据支持。通过数字技术的网络化、数据化、在线化和智能化应用，可以搭建起政府、企业和公众之间的互动桥梁，提升政府的现代化治理能力。

综上所述，数字经济的绿色发展并非简单的"数字经济＋绿色经济"，也不是简单的"数字化+绿色化"。绿色发展不仅需要依靠自然科学的指导，还需要依赖5G、人工智能等信息技术的赋能。只有将数字化发展与绿色发展深度融合，才能真正构筑起"数字与绿色共舞，经济与社会并进"的绿色数字化发展新格局。

数字经济的发展在促进社会经济绿色发展的同时，也带来了一些新问题，如共享单车乱停放、外卖包装和餐余垃圾以及手机等电子设备产生的"电子垃圾"等问题。因此，在数字经济发展的过程中，需要对这些外部性问题进行有效治理和监管，并采取有效的激励机制促进绿色生产和绿色消费。

五、数字经济时代的智慧社会

数字经济为我们的生活带来了前所未有的改变。数年前，我们对数字经济的理解还仅仅停留在开网店、骑共享单车等表面，而如今，它的内涵与外延已经极大丰富，在我们的日常生活中几乎无处不见，可以说，我们的衣食住行，处处离不开数字经济。数字经济让我们的生活变得更加便捷、丰富。

"智慧社会"概念是对"智慧城市"概念的发展，它对我国信息社会发展前景做出了前瞻性概括。智慧社会将作为继农业社会、工业社会、信息社会之后的一种更为高级的社会形态而迅速到来。这意味着，"智能"成为与土地、劳动、资本具有同等重要地位的新生产要素，生产生活方式出现以智能化为标志的新变革，国际产业链布局和分工体系受智能化引导形成新格局。

目前，智慧社会建设正处于从理念向实践转化的关键阶段，一些城市正在基于智慧城市建设着力推进智慧社会建设。

在建设智慧社会的具体实践中，政府扮演着三个关键角色。

一是引导者。政府在数字经济和制造业高质量发展方面发挥着引领作用，制定并出台数字经济和制造业产业规划及政策，大力推动5G、大数据、云计算、人工智能、物联网等新技术的广泛应用，促进电子商务、数字安防、软件信息等优势产业集群的形成。

二是倡导者。政府积极适应智能互联时代的新趋势，致力于提供更多智慧生活解决方案，并与互联网领军企业展开战略合作，为移动支付提供政府信用支持，推动地铁、公交、医院、生活缴费等领域的移动支付，积极打造新零售示范街区，推动刷脸消费、智能送餐等新型服务在未来社区、未来酒店、无人超市中的实际应用。

三是主导者。政府积极推进"最多跑一次"改革理念，大力推动政府数字化转型，努力打造"移动办事之城"，实现"一次都不跑"的目标，使数据多跑路、群众少跑腿成为常态。同时，政府将城市大脑作为新的城市基础设施来建设，投入重大力量进行城市精细治理。

可以说，杭州市在智慧城市建设方面走在了全国的前列，为我国智慧城市建设树立了典范。随着数字经济的快速发展，新一代数字技术在城市建设和管理中的应用，让每个人对未来的智慧城市都充满了向往。

未来的智慧社会或智慧城市将呈现出"七化"的特征，即信息网络泛在化、规划管理信息化、基础设施智能化、公共服务普惠化、社会治理精细化、产业发展数字化、政府决策科学化。

（一）信息网络泛在化

智慧社会的建设离不开信息网络的支撑。随着"宽带中国战略"的深入推进，下一代互联网和广播电视网络将不断发展壮大。信息网络正朝着宽带、移动、融合的方向迅速发展，固定通信日益移动化，移动通信也在加速宽带化，网络技术不断演进，高速宽带无线通信正在实现全覆盖。

（二）规划管理信息化

未来，通过城市信息模型（CIM）和地理信息系统（GIS）等技术的综合运用，城乡规划和布局可以以直观、生动的方式展现出来，从而极大地提升城乡规划的信息化和科学化水平。借助智慧城乡公共信息平台的发展，可以统筹推进城乡规划、国土利用、城乡管网、环境保护等城乡基础设施管理的数字化和精准化。城乡管理数字化平台将通过建立城乡统一的地理空间信息平台及建（构）筑物数据库，构建综合性城乡管理数据库。该数据库与群智感知技术手段相结合，将有效提升城乡范围内人、地、事物、组织、事件管理的精细化水平。

（三）基础设施智能化

智慧交通的智能化应用在交通引导、指挥控制、调度管理和应急处理等方面，极大地提升了出行的高效性和便捷程度。同时，智慧交通也有望从根本上解决现存的一些城市问题，如交通拥堵等。随着高速宽带网络的支持，无人驾驶技术将逐步推广，汽车将成功融入互联网和车联网，成为仅次于手机的第二大移动智能终端。智慧水务覆盖供水全过程，运用水务大数据可保障供水质量，实现供排水和污水处理的智能化。智能电网支持分布式能源接入，居民和企业用电实现个性化的智能管理。智能管网实现城市地下空间、地下管网的信息化管理和可视化运行，未来智慧城市将出现大量地下管廊。智能建筑将广泛普及，城市公用设施和建筑等的智能化改造将全面实现，建筑数据库等信息系统和服务平台将不断完善，实现建筑设备、节能、安全等的智慧化管控。此外，智慧物流将实现港口、航运、陆运等物流信息的开放共享和社会化应用。

（四）公共服务普惠化

政府的公共服务能力和水平与老百姓的生活密切相关。在未来的智慧社会中，基于互联网等信息技术，将实现跨地域共建共享的公共服务信息体系，为教育、就业、社保、养老、医疗和文化活动等带来极大便利。以医疗服务为例，病人可以享受到居家就医的便利，通过电子病历和健康档案的普及应用，医疗信息将更加便捷地共享，优质医疗资源将自由流动，从而有效缓解看病难、看病烦的问题。在公共就业方面，将实现全国范围内的就业信息联网，为求职者和用人单位提供更加便捷高效的服务。此外，智慧教育和智慧学习的持续发展将促进教育公平，提高教育质量，满足人们终身学习的需求。通过不断完善教育信息化基础设施，覆盖面扩大，优质教育资源将得到更广泛的共享，从而推动教育资源的公平分配和有效利用。

（五）社会治理精细化

在社会治理领域，包括市场监管、信用服务、环境监管、应急保障、治安防控、公共安全等方面，将充分利用新一代信息技术，并建立完善的信息服务体系。例如，在治安防控方面，将建立全面设防、一体运作、精确定位、有效管控的社会治安防控体系，以提升社会安全水平。在食品药品等领域，市场监管信息服务体系将进一步完善，实现实时溯源追查，确保食品药品安全。在环境监管方面，将建立环境信息智能分析系统、预警应急系统和环境质量管理公共服务系统，构建"天地一体化"的生态环境监测体系，实现智能化远程监测，保障环境质量和生态安全。这些举措将有效提升社会治理的科学化、智能化水平，为社会的稳定与发展提供更加坚实的保障。

（六）产业发展数字化

随着新一代信息技术的不断研发和应用，传统产业正经历着数字化改造与升级，向数字化、网络化、智能化、服务化方向迅速转型，释放出数字经济对经济发展的巨大潜力。智慧农业的推进使得城市物流配送系统更加高效快捷，有效地实现了城乡之间的紧密衔接。工业化与信息化的深度融合推动了工业互联网的进一步发展。智慧服务业的崛起促进了电子商务向旅游、餐饮、文化娱乐、家庭服务、养老服务、社区服务等领域的扩展。此外，以数据为核心生产要素的数字经济规模不断扩大，催生出一系列新产业、新业态和新模式，推动经济结构的深刻变革和创新发展。

（七）政府决策科学化

政府部门将借助大数据辅助决策机制，实现精准决策，提供个性化的服务。未来，政府决策将主要依托于大数据，即"以数据为依据，以数据为支撑，以数据为引导，以数据为创新"。通过大数据平台，政府部门的综合分析能力、对风险因素的感知、预测和防范能力将大幅提升。同时，政府与企业合作，实现数据集中、共享和有效对接，以提升社会治理能力。

智慧社会将集智慧政务、智慧产业、智慧民生和智慧城市等各种智慧系统于一体，是社会发展历程中一次全方位、系统性的变革。智慧社会的规模、影响范围和复杂程度将超越以往任何时候，它将彻底改变人们的生产生活方式，重新构建个人、企业、政府和社会之间的互动关系。同时，智慧社会也将带来社会治理模式的重大变革，对人类社会的发展产生深远的影响。

第三节　数字技术催生教育革新

一、数字技术带来的教学方式大变革

由数字技术驱动的创新已成为全球经济发展的主要推动力之一，同时也对全球教育产生了深远影响。新技术在教学领域的广泛应用，彻底改变了传统的教学方式，将数字技术推动教育变革纳入了各国教育政策的重要议程。在中国，教育信息化已被提升到引领教育变革的战略高度，政府相继出台了一系列教育信息化政策，并在实践中积极探索前进。

尽管如此，教育领域似乎仍是技术重塑的最后一个行业。学校依然保持着传统的形态，被形象地描述为信息时代中的工业时代遗留物。然而，在数字技术的影响下，一些新型学习方式已经涌现，如在线学习、混合学习和自适应学习等。重新审视数字技术对教育的变革与重塑作用，有助于我们更全面地理解技术在推动教育变革过程中的作用，从而重塑教育生态。

大体来说，数字技术给教学方式带来的变革主要体现在以下几个方面。

（一）教学观念上的变革

在信息技术环境中，我们需要重新审视教育的本质，并用全新的观念和理论指导教育教学活动的各个方面。特别是在数字技术迅速发展的今天，我们必须回答一些关键问题：教育的本质究竟是什么？教育水平的高低体现在技术与工具的优劣，还是体现在教学思路和课程设计的差异？随着人工智能、大数据、虚拟现实、增强现实等技术越来越多地进入教育领域，它们到底能对教育的发展和进步产生怎样的影响？

我们必须承认，技术为教育带来了积极的影响。多年前难以想象的教育方式和工具随着技术的进步得以实现，教育的公平和效率也因此得到了提升。然而，我们也必须认识到，传统的教学观念已经不再适用于信息时代。因此，我们需要在热情拥抱技术进步的同时，冷静而积极地应对，从全新的视角出发，摆脱传统教学的束缚，更新教育观念。特别需要改变的是，教师对于教育信息化的观念。否则，我们将只是在"穿新鞋，走老路"。信息技术的应用不仅不会提高教育教学的效率，反而会导致资源的巨大浪费。

(二)教师角色的改变

过去,教师的主要职责是传授知识。然而,随着互联网的发展,知识的获取变得更加平等,课程与教学也呈现出更多的平等性。因此,教师将逐步从传统的知识传授者转变为与学生共同开发与实施课程的合作者。在这一过程中,教师的主要职能将由传授知识转变为引导学生学习。教师不再是单方面的主导者,而是与学生共同参与学习的过程,并在同等的地位上与他们交流和合作。此外,由于学科之间的融合越来越深入,教师们需要更密切地合作,不断学习和补充新知识,例如,掌握利用信息技术制作课件、设计教学过程等技能。

数字技术的发展也对教师的现代教育技能提出了新的要求。教师不仅需要具备获取最新知识的能力,还需要掌握运用现代信息技术进行教学和指导学生的能力。因此,教师必须了解多媒体计算机技术和网络媒体的表现形式和构成形式,掌握其基本操作方法,学会制作各种课件,以满足教学的不断发展需求。

(三)学习方式的改变

随着数字与信息技术在教育中的广泛应用,人们的学习方式也在悄然间发生着改变。人们可以不再以课堂学习为主,可以根据自己的需求决定在什么时候、什么地方学习;在学习内容上,信息技术在网上为人们提供了大量的学习资料,人们可以根据自己的兴趣进行选择;在学习方式上,也不再是单纯的死记硬背或题海战术,各种形式的教学与学习指导都在信息技术发展的今天得以展现,学习者完全可以根据自己的情况选择适合的方式。

(四)课堂教学的改变

在课堂教学中,教师越来越注重对学习过程进行数据化采集和描述,并利用这些数据进行大数据挖掘和分析,这不仅表现在课堂单元层面,也表现在学期单元层面。通过这些数据和分析结果,教师能够实时进行教学控制和反思,从而提高课堂教学水平。同时,学生和家长也可以通过这些数据和分析结果及时发现学习中的问题,进而提高学习水平。基于这类大数据应用,可以构建智慧学习环境,为每位学生提供个性化的学习指导方案,避免忽视任何一位学生,这也是未来智慧课堂的核心部分。

在大数据时代,新的信息技术不仅对数字化校园建设产生了重要影响,也对师生的认知方式、思维方式以及学校的教学管理产生了深远影响。

(五)学习环境的改变

随着互联网技术的快速发展,基于云的教育服务和一体化的云技术设施为创新教学提供了多种服务和可能性。学校可以利用云平台作为认知工具,也可以通过云端共享教育资源,支持探究式学习、个性化学习和游戏化学习,并开展翻转课堂教学，为学生打造个性化的学习环境。

（六）教学评价的改变

大数据技术在教育评价领域的应用，有助于获取更多原始基础数据，挖掘更深层次的教育信息，验证和揭示更有价值的教育规律和机制。这促进了教育评价理论的新构建，使教育评价实践更加精准和深入，建立了更多元化、数据更真实、主体更自觉、结果更公平的评价生态。

在这种评价生态下，教学评价不再局限于单一的考试评价模式，而是从教学目标、内容、方式等多个方面进行全面评价，包括学生的知识与技能、学习过程与方法、情感态度和价值观等各个方面进行综合培养和评价。

数字技术正在重塑教育生态，因此，我们需要以理性和审慎的态度看待它对传统教学方式带来的一些"破坏性"。

二、线上教育迎来全民时代

线上教育，也叫远程教育、在线学习，现行概念中一般指的是一种基于网络的学习行为，与网络培训概念相似。

随着数字技术的不断发展，可以预见，线上教育将会成为更多人提升自我的一种自觉选择。

在保证在线教育健康发展方面，固然有许多举措，但归结起来，关键是要做好以下三点。

（一）完善线上平台，提供良好学习体验

当今，在教育培训领域，有许多表现良好的企业，它们都拥有自己的线上平台，并提出了"原老师、原时间、原内容"的口号，将线下课程无缝地转移到线上。那么，如何构建一个优秀的教育平台呢？

首先，要进行全面的产品定位。如果没有明确定位，盲目设计的产品往往会令人困惑，毫无头绪。因此，必须明确产品的定位，确保产品与目标市场的需求相契合。

其次，需要进行全面的市场综合调查。这包括认真分析市场发展环境、研究人们的需求等。只有充分了解市场，才能够有效地满足用户的需求。

最后，功能要完善。教育平台不仅需要满足学习者的学习需求，还应该提供良好的学习体验。因此，平台必须功能齐全、操作简便、界面友好，以确保用户能够愉快地学习并取得良好的效果。

（二）线下与线上结合，积极调整适应

从一线城市到三、四线城市，线下机构都在纷纷转型线上授课，许多低线城市的用户首次大规模接触线上课程，这一阶段加速了对线上教育的认知。对

于线下教育机构而言，需要根据教学内容调整班型和课程时长，并控制录播课程与直播课程的时长，一般以半小时为宜。通过逐步缩短课程时长，增加课程频次，帮助用户逐步适应线上学习的环境。

除了调整课程时长，收费标准也需要相应调整。例如，1个线下课时的费用可以抵扣2～3个线上课时的费用，同时与用户进行灵活协商，尽量避免因集中退费而导致现金流断裂。

由于线下和线上教学存在一定差异，教师也需要接受系统化的培训，包括上下课流程、教学平台操作、教学互动反馈等。只有做好充分的准备，教师才能制作出高质量的教学内容。

在重视线上教学服务的同时，原有的线下运营团队也应该跟着将重心转移到线上，并提供课程前、中、后期的一系列服务。需要明确划分职责权限，让专业人员负责专业的事务，以确保线上教学服务的质量和效果。

（三）提升教学口碑与交互性

针对具备一定技术和内容积累的在线教育机构，应当致力于提升线上教育的质量，打造定制化、差异化的精品课程。为此，可以丰富授课模式，增加交互性，并利用新兴技术增添趣味性互动课程。在线教育机构应充分利用此时机，确保用户的转化和留存，同时积累应对需求增长情况的技术和内容经验，以提升知名度和口碑。

此外，在线教育机构还需重视提升课程的交互性，避免陷入单一讲授模式、交互性不足、忽视教育个性等问题。只有如此，才能够有效提升课程的吸引力和续客率。

三、技术赋能，线上教育的优点

随着线上教育的兴起，人们开始重新定义教育行业。教育行业不再是传统的面对面教育培训，而是利用互联网带来的更广阔的世界观，它加大了社会化协同。在这个过程中，因为数字技术不仅改变了人的认知，也导致了教育的创新，教学思想、教学理念、教学组织形态、教学方法等都将改变。

所以说，数字技术的发展，不但改变了传统的教育方式，也赋能了线上教育。纵观我国线上教育现状，其与传统的线下教育相比，既有后者无可比拟的优势，也存在一些明显的劣势。

线上教育不但在一定程度上解决了线下教育的一些问题，而且还具备线下教育不具备的且非常明显的六大优势。

（一）整合优秀教育资源

中国人口众多，土地面积广阔，但教育资源分布极不平衡。优质的教育资源主要聚集在一线和部分发达城市，导致地区间教育发展的不均衡性，普通县城的孩子很难获得名校教育的机会。然而，线上教育的出现改变了这一现状，通过网络，全国各地的学生都能够接受优质的教育资源，甚至能够获得来自海外的教育资源的支持。

线上教育有效整合了各地的优质教育资源，为学习者提供了更广阔的学习空间。学生可以随时随地通过网络得到名师的辅导和教学资源，及时了解国内外的学习动态，这也是中国在线教育行业快速发展的一个重要原因。

（二）学习过程科学、高效

学习也是一门科学，盲目灌输知识并不可取。为了避免死板的面授带来的弊端，线上教育可以通过行为数据搭建科学的学习模型，为学生提供学习指导，这也是互联网擅长的事情。

（三）学习不受地点限制

互联网市场的开放性为线上教育的发展提供了巨大的机遇。与传统的线下培训相比，在线教育不受地理限制，客户基数可以达到更大的量级。学习者可以在家中舒适地进行学习，将更多精力投入课程设计和学习过程中。

以职业技能培训为例，传统的企业学习受空间限制，对教学进度的实施有所影响。而线上教育弥补了这一缺陷，学习者只需通过电脑或手机连接互联网，便能随时随地进行学习。这种便捷的学习方式使人们无需外出，即可获取丰富的教育资源，实现了"不出门即能学遍天下"的目标。

（四）即时学习，内容更新快

线上学习无须等待，就可以快速获取要学习的内容。只要能上网，就可以及时地开始学习，不浪费时间。而且无须担忧学习资料的备份和同步问题，因为它们都在服务器上。再就是，学习内容的更新也会加快，只要有了新的学习内容，人们就能马上开始学习。

（五）学习成本低，性价比高

许多人对在线学习情有独钟的主要原因之一是其低廉的费用。互联网课程的边际成本非常低，因为一次录制的课程可以被多次播放，并且可以一直收费。因此，教育平台和教师更加注重的是用户数量的积累，即使每个课程的单价很低，但通过大量用户的销售累计，收入也可以是相当可观的数字。

举例来说，网上经常能够看到售价十几元的课程，如果这些课程能够卖出几万甚至十几万份，那么收入也将达到几十万元、上百万元。这样一来，讲师和平台都能够获得可观的利润，自然可以通过降低单个课程的成本来使得教育更加实惠，让更多普通消费者受益。

（六）有助于教师提高自身素养

随着线上教育的蓬勃发展，教师之间的竞争变得更加激烈，这间接促使教师不断提升自己的教学水平，使学生能够学到更加有效的学习方法。此外，经过市场筛选的互联网课程得到了大量消费者的认可。尽管大型平台会有一定的师资标准，但市场筛选机制是最有效的，可以轻松筛选出优质课程。在网络课程平台上，消费者可以清晰地看到其他人的选择，使得学习市场更加透明。

相反，线下教育市场的情况却截然不同。各种培训机构充斥市场，良莠不齐，信息不对称，消费者难以做出选择。

（七）可反复学习

线上教育可以让学习者反复学习，并有试学的机会，所以人们可以根据自己学习的需要，重听或重学部分内容，从而更好地掌握所学内容，并充分巩固学习效果。特别是对于重难点内容，通过反复重学、反复思考，学习者可以彻底地理解和掌握。再者，重复学习可以更好地复习和巩固所学的知识，避免在课堂学习中出现的"学过就忘"的问题。

现在，线上教育还处于发展阶段，个性化教育的数据模型还未建立，虚拟现实技术也未完善，可以预见，随着行业越来越规范以及其自身的不断创新，线上教育会体现出更多的优势。

第二章 数字赋能高校学习资源的建设与发展

第一节 高校学习资源概述

一、开放性资源

随着科技的飞速发展，我们正逐渐创造一个更新、更小、更平等的世界，将"地球村"的概念从预言变成现实。在一些知名大学的积极推动下，开放教育资源（OER）和大规模开放在线课程（MOOCs）运动正席卷全球，优质教育资源快速传播到世界各地。学生和公众可以更方便地获取各种适合自己的教育资源，包括多媒体课件、视频课程、教学软件等。这有望提升欠发达国家和一些地区的教育质量，缩小世界教育的差距。

毫无疑问，学习资源的全球开放时代已经来临。开放性是实现全球优质教育资源无障碍流通、无缝整合与共享的基础。开放教育资源符合"互联网+"时代全球教育创新与变革的大趋势，是推动21世纪教育全球化与信息全球化的重要力量。那么，我们应该如何理解开放教育资源呢？关于开放性资源的内涵或认识主要体现在以下三个方面。

（一）开放性资源分析

开放性资源是指在知识产权许可协议下，在公共领域存在的、可以允许他人免费应用和修改的教学、学习和研究资源，典型代表包括开放课件（Open Course Ware，OCW）、MOOCs、视频公开课等。这是从资源访问权限的角度进行的概念界定，强调开放获取的本质特性。

（二）资源的开放性分析

资源的开放性不仅指访问权限的开放（开放获取），还包括内容结构的开放，即允许多用户协同编辑资源内容与知识结构，典型代表包括维基百科、学习元等。这种开放性资源的优势在于可以短时间快速生成较高质量的学习资源，同时有助于资源的持续进化。

（三）访问接口分析

学习资源需要具备对外访问的接口，以便与外部学习生态环境（如网络教学平台、教育云计算中心、智能学习空间等）进行信息传递，及时保存学习的过程性信息，并根据个性化学习需求适应性地推荐各种学习资源和人际信息。这种开放性类似于 SCORM 课程提供的交互接口，强调学习资源与运行环境之间的信息传递。

开放性资源也呈现出线上线下相融合的新发展趋势。开放的不仅是网络课程资源，还包括各种社会场所和社会机构提供的线下教育资源，从而打造更广泛的开放教育资源体系。

二、碎片化资源

从工业革命到互联网二次革命，社会逐渐从集约化转向了去中心化的碎片化过程。在"互联网+"时代，碎片化特征变得更加突出，阅读碎片化、思维碎片化、消费碎片化、创作碎片化、沟通碎片化等方方面面都呈现碎片化趋势，甚至休息时间也不例外。移动终端的普及、社交媒体的兴起以及生活节奏的加快，持续推动着我们朝着碎片化生活方式迈进，而学习也被纳入了碎片化的范畴。

碎片化学习是相对于传统系统化学习而言的一种学习方式，指利用零碎的时间进行的"短、平、快"的学习活动。智能手机、平板电脑、可穿戴智能设备等便捷终端的普及为学习者提供了随时随地进行碎片化学习的便利条件。然而，碎片化学习的有效发展离不开高质量的碎片化学习资源。

实际上，碎片化学习资源已经渗透我们的日常生活和工作，大家对此并不陌生。例如，当你在早晨醒来后打开微信，可能会收到朋友转发的一段精心剪辑的视频、一篇简明扼要的小文或者一段英语听力材料，这些都是我们生活中典型的碎片化学习资源。目前，国内许多地区正在积极推进微课资源的建设，并开展基于微课的翻转教学实践。微课作为一种短小精悍的小视频，非常适合用于正式学习和非正式学习，也属于碎片化学习资源的范畴。

在"互联网+"时代，碎片化学习资源更有利于知识的迅速传播与共享，也更有利于人际智慧的交流互通，将在推动学习方式变革与建设学习型社会方面发挥重要作用。当然，碎片化资源也存在着一些弊端，引发了社会上的一些争议，如影响认知发展、知识分散化、阻碍深度思考能力等问题。在社会与科技迅速发展的时代背景下，学习资源的碎片化已经成为趋势。我们需要做的是在碎片化学习和系统化学习之间寻求平衡，或者探索解决碎片化学习弊端的有效方法。

三、生成性资源

互联网的普及使人类的终身学习（Life-Long Learning）与全方位学习（Life-Wide Learning）梦想逐步变成现实。依据"二八定律"，人的一生中大概有 80% 的时间是在非正式学习，而正式学习所占的比例约为 20%。随着科技的发展以及与人类生活融合度的不断提升，非正式学习在人类学习的谱系中将占有更重要的地位。

在非正式学习环境中，学习者通常由于需要及时解决当前遇到的问题而产生学习动机。因此，学习资源的时效性变得至关重要，它必须能够反映相关领域的最新变化和相关群体的最新需求。然而，目前仅仅依赖少数资源提供商、教师和学科专家等传统模式来生产和传递学习资源已经不足以满足"互联网＋"时代学习的发展需求。

学习资源的建设需要从单点生产模式转向群体参与的协同创作模式，从事先设定的资源走向生成性资源。生成性资源的概念符合生成性教学的核心理念，近年来受到了广大教育研究者和实践者的广泛关注。这种模式下，学习资源的创作和更新由广大的参与者共同完成，每个人都可以贡献自己的想法、经验和见解，从而产生更加丰富、时效性更高的学习资源。

生成性资源是相对于预设性资源而言的。预设性资源是指由某个团队、机构或个体根据预先的设计要求开发出来的专业性资源，比如国家精品课程、SCORM 课程、MOOCs 等，属于 PGC（Professionally-Generated Content）模式。生成性资源则是在使用过程中由多用户参与生成的资源，具有过程性、参与性与进化性的特征。"互联网＋教育"的发展既需要大量极致化的预设性资源，也需要更多真实贴近用户需求、解决用户实际问题的生成性资源。

随着 Web3.0 理念与技术的全球传播，国际上开始盛行 UGC（User-Generated Content）。UGC 与学习资源动态生成的核心理念是一致的，都强调用户的积极参与，重视资源生产与应用过程中产生的过程性信息（评论、帖子、批注、问题等）的搜集。秉承 UGC 核心理念，近年来教育领域出现了 SGC（Student-Generated Content），鼓励学生在教师的指导下去创作课程内容，而非单一的接受课程知识。着眼未来，在人工智能技术的推动下有可能出现 RGC（Robot-Generated Content），即由机器人代替资源建设者的部分工作，根据用户需求，通过智能的资源检索、编辑、重组、打包等技术，实现个性化学习资源的（半）自动化生产。

四、移动化资源

移动技术与学习的融合正在带领我们进入移动学习的全新时代：学习者可以随时随地获取所需的信息，在任何地方即时感知周围环境和服务，发现与自己相关的信息，并自动过滤掉与自己无关的信息。通过各种工具方便地进行互动交流，结识更多潜在的学习伙伴。未来，我们所携带的任何智能终端都将成为我们的"数字第六感"。

然而，无处不在的学习需要更多能够在不同移动终端上适应性展现和运行的移动资源。目前国内移动学习市场，无论从移动资源的数量还是质量上都存在着巨大的发展空间。传统的 E-Learning 课件虽然数量众多，但它们都是针对 PC 机设计开发的。如果直接迁移到移动终端上，则常会出现布局错乱、字体偏小、显示效果差等一系列问题。

移动学习作为"互联网＋"时代的重要学习方式，需要大量专为移动终端定制开发的高质量移动资源来加速在我国的普及。这些移动学习资源形式多样，除了传统的多媒体课件外，还包括电子书包中的数字教材、手机上的移动应用程序（APP）、电子阅读器上的电子图书等。

为了更好地支持无处不在的学习，设计移动学习资源不仅需要遵循人机交互的基本原则，还应该融入教学设计、脑科学以及认知科学方面的最新研究成果，以提升资源的科学性。此外，设计移动学习资源时还需重视"数字土著"一代学习者特有的认知方式和使用习惯。

五、虚拟化资源

互联网的普及拓展了人们的社交范围，创造了一种"去中心化"的人际交往模式，对当代社会产生了深远影响。人们可以利用计算机、智能手机等通信设备在虚拟网络空间中进行文字、图片、音频或视频的交流，穿梭于自然、社会和虚拟空间构成的三维世界之间。随着虚拟现实、增强现实、物联网和普适计算等技术的迅速发展，人类的学习环境正在朝着虚拟与现实相融合的方向发展。

虚拟仿真学习资源是构建多用户虚拟学习环境（MUVE）的基础，也是当前国际数字化学习资源的最新发展趋势。MUVE 可以重新塑造人类学习的方式，学习者通过虚拟角色与其他学习者和虚拟代理进行交互，逼真的情境设置和活动设计结合游戏机制，大大提升了学习体验，增强了学习的沉浸感，使学习者能够在高度参与的情况下实现主动学习。虚拟仿真资源利用计算机虚拟仿真技术设计，具有交互性、逼真性、虚幻性和沉浸性等特点，在诸如采矿、航空、医学、地质勘探等领域的虚拟实训和仿真实验教学中具有重要作用。

六、整合性资源

进入 21 世纪，科学发展呈现出高度分化与高度综合并存的趋势：一方面，学科不断细分，各种高度专业化的研究机构不断涌现；另一方面，学科的综合化、整合化趋势也在不断加强，导致了众多规模的边缘学科、交叉学科、综合学科的迅速形成。这种趋势不仅体现在自然科学内部学科的交叉、渗透和融合，也体现在自然科学与社会科学、人文科学之间的交叉、渗透和融合。在"互联网+"时代，不仅需要掌握"高精尖"科学知识与技术的专业化人才，还需要大量具备多学科专业素养的综合性高素质人才。

为了满足学科的综合性发展和"互联网+"时代人才培养的需求，学习资源的建设需要从分散走向整合。这里的整合不是简单的资源集中，而是要体现多学科交叉，更多地指向情境化、复杂性问题的解决。整合性资源需要解决传统资源与生活脱节的问题，倡导资源的设计要融入更多的生活元素，激发学生的探究欲望和学习兴趣，鼓励学生之间进行协作学习和课题研究。

国际上流行的 STEM 将科学（Science）、技术（Technology）、工程（Engineering）、数学（Mathematics）课程和创客课程充分体现了学习资源的整合性。STEM 课程将知识、过程和方法置于复杂的真实问题情境中，通过学生的实践操作，将知识应用到实际问题中，从而提高科学素养。创客课程是实施创客教育的重要组成部分，旨在通过整合多学科知识、设计各种探究性活动以及整合各种开源软硬件的运用，培养学生的创新、创造能力。STEM 课程的核心特征在于将跨学科的知识融入到实际问题解决和创新实践中。

第二节 开放课程资源的建设与发展

一、初步探索的精品课

（一）政策文件

精品课程建设是教育部推进教学改革，以教育信息化推动教育现代化的关键举措，是指国家精品课程建设项目的具体实施计划。计划通过五年时间建设 1 500 门国家级精品课程，并推动和促进省级和校级精品课程建设工作，旨在利用现代化的教育信息技术手段将精品课程进行网络共享，并向社会免费开放，实现高质量教学资源的共享，提升高校教学质量和人才培养水平。同时，该计划着重建设优质课程，集中全国高校力量，以基础课和专业课为主，打造具有"五个一流"特点的示范性课程；鼓励地方和高校积极参与精品课程建设，建设涵盖各门类、各专业的校级、省级和国家级精品课程体系；促进全国优质教学资源的开放共享，推动教育资源的互联互通，进一步提升我国高等教育的整体水平。

（二）概念内涵

精品课程建设项目强调现代信息技术，方法和手段的综合运用，强调基于网络的资源开放共享，强调课程示范辐射作用的发挥。什么是精品课程呢？我们认为，可以从以下几方面理解。

1. 构成要素:"五个一流"

从精品课程构成要素看,应符合"五个一流"标准,精品课程是具有"一流教师队伍、一流教学内容、一流教学方法、一流教材、一流教学管理"特点的示范性课程。精品课程是包括了教育理念、师资队伍、教学内容、方法与手段及考核管理等要素的统一整体。精品课程建设要树立大课程意识,应具有整体的、全局的观念和视野。

2. 与普通课程比较:高水平、辐射性、特色化

精品课程的首要含义是课程,其次是精品。从通俗意义上理解,课程是教学内容和进程的总和。所谓精品,侧重的是课程的质量和特色,体现现代教育理念,符合科学性、先进性、教育性、整体性、有效性和示范性,即精品课程是"名牌课程""示范课程""特色课程",是"普遍受学生欢迎的课程",是具有示范和辐射作用的优秀课程。

3. 类别层次:多类别、多层次、多样化

从类别层次看,精品课程具有多类别、多层次、多样化的特点。一方面,从各高校办学水平层次上看,重点大学、一般大学、高职高专都有自己的课程体系与特色,存在不同层次的精品课程序列,精品课程存在多样性。另一方面,各高校由于地域、资源配置、经济状况、师资等原因,产生的课程在课程质量上存有差距,因而形成了国家级、省级和校级三级课程建设体系。

4. 作用角度:载体和平台

精品课程是以现代教育思想为先导、以教学内容现代化为基础、以现代信息技术手段为平台的课程建设。精品课程在知识传授上,要求教学内容达到精品水准;在认知能力上,要求教学方式达到精品水准。精品课程是符合学校办学定位、教育理念、学生水平的示范性载体,是知识基础和认知基础的平台。

(三)建设成就

国家精品课程建设项目已实施20多年,期间精品课程数量不断增加,覆盖的专业范围逐步扩大,参与的高校数量也在不断扩展,初步构建了国家级、省级和校级三级共享课程体系。目前,该体系涵盖了文学、历史学、哲学、经济学、法学、教育学、理学、工学、农学、医学、管理学、军事学、艺术学、交叉学科、财经、医药等,在教学队伍、教学内容、教学方法、教材等14个学科门类方面取得了一定的成效,促进了高校课程建设和优质教育资源的共享应用。精品课程秉承开放共享的理念,以资源建设为核心,服务对象主要面向社会学习者和各类网络共享课程。这些课程具有先进性、互动性、整体性和开放性等特点,体现了对"精品"的高标准关注。总体而言,当前阶段的开放课程规模相当可观,标志着我国开放课程发展进入了黄金时期。

二、发展壮大的开放课

（一）政策文件

面对国外公开课的推动，国内学习者的需求，以及优质教学资源共享的瓶颈问题，教育部已经采取了一系列政策措施来应对挑战和推动发展。这些政策主要涉及精品开放课程的遴选、评审、建设要求、组织实施、保障措施以及上线标准等方面的规范和标准。

首先，教育部着重规范了精品开放课程的遴选程序和评审标准，确保选入的课程具有高质量和广泛适用性。评审程序通常包括课程内容、教学方法、教学资源、师资队伍等方面的审核，以确保课程达到一定的教学水准。

其次，教育部要求各高校在精品课程建设上要积极作为，提出了建设要求和实施措施，鼓励各高校在自身优势学科上建设精品课程，并将其对外开放，接受社会评鉴。这有助于扩大优质教学资源的传播范围，提高传播效果，并促进不同学科之间的知识交流、互相学习和相互借鉴。

最后，教育部还规定了精品课程上线的要求，确保课程能够达到一定的教学标准和质量要求。这些要求可能涉及课程内容的完整性、教学资源的丰富性、师资队伍的专业性等方面，以确保学习者能够获得高质量的教育资源。

总的来说，教育部的政策举措旨在推动精品开放课程的建设和共享，解决高校间优质资源共享和应用的瓶颈问题，促进教育资源的广泛传播和有效利用，提高高等教育的教学质量和人才培养质量。

（二）分类形态

精品开放课程的兴起是在特定历史条件和社会需求的影响下产生的。它是国家精品课程建设项目的延续和拓展，更加强调基于网络的资源共享和服务功能。精品开放课程包括精品资源共享课和精品视频公开课，是我国高等教育为适应世界高等教育发展趋势而推动的一项重要举措。

这些开放课程旨在普及和共享优质的课程资源，体现了现代教育思想和教学规律，展示了教师先进的教学理念和方法，以服务学习者的自主学习为目标。通过网络传播，这些开放课程为学习者提供了更加便捷、灵活的学习途径。

精品视频公开课的兴起受到了国外名校如耶鲁大学、哈佛大学等公开课在网络上成功分享的启发。而精品资源共享课则是国家精品课程建设项目的延续和提升，旨在更广泛地分享高质量的教育资源。这两种类型的开放课程都是世界开放教育资源的一部分，推动了教育的全球化和共享化。

1. 精品视频公开课

精品视频公开课（以下简称公开课）是利用现代信息技术手段，以优秀教师和课程为基础，选取题材广泛、内容丰富、效果突出且得到社会认可的课程作为遴选对象。公开课强调教师的学术水平、教学风格和人格魅力，力求体现课程的思想性、科学性、生动性和创新性，主要由科学、文化素质教育网络视频课程和学术讲座组成。

公开课致力于推动高等教育的开放发展，传播社会主义核心价值观，倡导主流文化，宣传科学理论，广泛传播人类文明的优秀成果和现代科学技术的前沿知识，提升高校学生和社会大众的科学文化素养，服务社会主义先进文化建设，增强我国的文化软实力和中华文化的国际影响力。

教育部对公开课进行全面规划，制定了建设标准：各高等学校结合自身特色自主建设公开课，经过严格审查，并组织师生对课程进行评价，优秀课程进行申报；教育部组织相关专家对申报的课程进行遴选，选取出的课程采取"建设一批、推出一批"的方式，同步在共享系统和确定的公共门户网站上推出。

2. 精品资源共享课

共享课程以课程资源系统的完整性为基本要求，以高校教师、大学生和社会学习者为服务主体，旨在转变教育教学理念，更新教学内容，改革教学方法。其目标是基本覆盖各专业的基础课和专业课，推动高等学校共建共享优质课程教学资源，促进现代信息技术在教学中的应用，提升人才培养质量，构建学习型社会。

共享课程由政府主导，高校自主建设，专家、高校师生和社会力量参与评价和遴选。其建设模式创新，以原国家精品课程为基础，通过优化结构、转型升级和多级联动实现共建共享。教育部组织专家根据教学改革和人才培养需要，统筹设计并优化课程布局。高等学校按照共享课程的要求，对原国家精品课程进行优选、转型升级，并适当补充新课程。这一过程实现了从服务教师向服务师生和社会学习者、从网络有限开放到充分开放的转变。同时，鼓励省（自治区、直辖市）、校按照共享课程的建设定位，加强省、校级课程建设，通过逐级遴选，形成国家、省、校多级、多类型的优质课程教学资源共建共享体系。此外，探索引入市场机制，以保障课程的共享和可持续发展。

（三）建设成就

精品视频公开课在考虑社会关注度和学习者兴趣的基础上，兼顾了学科均衡，课程整体规划较合理，上线的课程受到了广大使用者的一致好评。

经过评审遴选，教师教育国家精品课程可升级为国家级精品资源共享课。目前各级各类高校、远程培训机构、网络教育学院等相关部门积极展开对教师教育国家级精品资源共享课的申报和建设工作。

三、开放课程建设的成功之道

(一) 去除"同质化"

1. 课程设计创新

我国的开放课程建设在一定程度上是由教育部发布政策文件、进行统筹规划，各省级教育主管部门执行文件，并逐级推进到具体高校的"自上而下"组织实施模式。在这个过程中，教育部等相关部门以及课程主持教师决定着信息内容的质量、数量与流向，其中教育部的地位尤为突出，具有公众性和最为强势的影响力。

然而，早期的开放课程建设存在着以教师为中心，忽略学习者需求的问题，导致多数课程的教学内容形式、组织方式和学习活动设计相似，出现了"千课一面"的现象，课程使用率较低。

为了解决这些问题，教育部等部门需要进行宏观调控，课程主持教师也需要对课程内容进行精心筛选，保证课程具备精品意识、质量意识和开放意识。同时，课程建设应根据学习者需求设计不同的教学样式，注重资源的系统性、完整性和充分开放共享。课程应具有较好的表现形态和合理的"颗粒度"，重视拆分、重组和再造等功能的实现，以体现自组织、发散和解构的特点。

此外，应采用微型化设计，扩大信息的多媒体呈现，并注重信息的交互设计以及考虑人的因素，从而使广大学习者具备自主能动的传播参与和选择权。这种结构组织下的开放课程具有多样性、多媒体、交互性、可扩展性、多用途和语义丰富等特点。

2. 课程评价转变

在我国的开放课程建设中，课程评价存在一些问题。一方面，评价通常按照教育部制定的标准，采用专家评价的方式进行，主要集中在对既有成果的总结性评价与背景评价，而对实际效果与现实影响却鲜有涉及。另一方面，对课程在授予荣誉称号有效期满后的评价缺失，部分课程陷入了不再更新、不再维护的停滞状态，变成了"死平台"，导致开放课程建设项目存在急功近利的倾向。

事实上，优质资源的共享效果并非只能通过评价来衡量，而是在实践中逐步显现的。因此，开放课程的评价应该从重指标建设转向重应用效果评价，实现"先用后评"的转变。建立质量监控和评估反馈机制，加强评估结果的研究和分析，关注课程的国内外影响，并从使用者的实际感知角度来评价课程，思考课程建设的社会意义。

只有这样，才能推动开放课程建设朝着多样化方向发展，开启课程建设的"百花齐放"局面，构建完善的优质资源共享体系，实现课程价值的最大化。

3. 课程推进分层

为建立高校分类体系，实行分类管理，推动各高校发挥自身优势、形成特色，构建高等教育质量的长效机制，可以采取以目标分类分层为导向的办法。这一策略旨在从总体战略目标和阶段目标两个层面来规划开放课程建设。

在总体战略目标方面，需要进行系统规划，明确开放课程的发展蓝图。而在阶段目标方面，则需要对各阶段可能达到的目标进行具体设想，以实现对总体战略目标的分解和细化。这些阶段目标应具有层级性、实践性和侧重点，既反映了阶段目标向总体战略目标的递进，又体现了各阶段的实施重点，能够有针对性地指导各阶段规划的制定。

通过设计和实施分层分类发展策略，可以促进高校开放课程的可持续发展，克服同质化倾向，形成各高校的办学理念和风格，在不同层次、不同领域办出特色，争创一流。这种分类体系将有助于资源的合理分配和流通，推动高等教育质量的提升。

（二）保留"个性化"

1. 注重适切性

我国开放课程建设的初衷在于传递信息、共享知识。要应对开放课程建设的热潮，必须明确其服务对象和核心服务对象。学习者被视为拥有特定需求的个体，其媒介接触活动应基于特定需求动机，以满足其需求。然而，早期的开放课程建设过于注重教师，而忽视了学习者的需求，导致知晓率低、使用效率不高的问题。因此，必须密切关注学习者的行为活动和心理诉求。

为了满足学习者的需求，开放课程建设应根据学习者的需求设计不同的教学方式和学习活动。课程资源的系统性和完整性应成为基本要求，而资源的丰富性和开放共享则是基本目标。开放课程的重点应放在课程资源的适用性和易用性上，特别是从学习单元和学习模块的角度进行设计。

真正的开放课程建设应该是一个以学习者为中心的教育共享体系，由国家支持、非营利部门推动。这样的体系将更好地满足学习者的需求，促进知识的共享和传播。

2. 设计个性化

在国际上，许多知名大学将开放课程视为回馈社会使命的重要组成部分和知识资产。任何通过语言、文字、符号等手段进行传递和处理的都是信息。信息的投入量越大，方法越得当，利用率越高，信息功能就越好，多种组合方式的设计也就越充分，从而形成的生产力就越大。因此，在开放课程建设中，应采用合理的技术平台，适度追求个性化。即在栏目和内容上体现特色，确保网站使用方便、访问快捷，尽量将更多栏目设置为一级栏目，并放置在首页，以减少单击次数，并根据学科特点对栏目进行增减。

开放课程可以按照教学内容的组织安排和呈现形式分为以章节为主、以模块为主、以问题为主、以专题为主等类型。为了确保开放课程的个性化，应该将课程内容模块化，以知识点或教学单元为基础，使课程内容结构合理、导航明确清晰。教学单元应当完整，关键知识应多元化，根据不同的学习层次设置不同的知识单元体系结构。组织结构应当开放、可扩充，以便更新课程内容。此外，内容的表现形式应多样化，根据具体知识的要求采用多种媒体表现形式和超文本表现方式。内容应该整合，内容的组织应由简单到复杂，使学习者逐步掌握新知识。

开放课程意味着课堂教学被转移到一个无边界的信息时空中，应该整合新信息技术，包括语义网、概念图式、教学本体、可视化及词典技术、检索技术等，来加工教学内容，实现人和知识的交互，从而将知识组织的有序化内化到知识建构中。

3．遵循可用性

可用性，又被称为有用的、能用的，是衡量系统质量的重要属性之一。一个系统的可用性包括易学习、高效率、极小的记忆负担、低错误率和高满意度等五个方面。这意味着人们能够方便快捷地利用产品完成任务。有学者将可用性定义为人们方便有效地使用产品的能力。实际上，可用性涉及多个方面。第一，它不仅涉及界面设计，也涉及整个系统的技术水平；第二，可用性是通过人的因素反映的，通过用户操作各种任务来评价；第三，环境因素必须被考虑在内，在不同领域评价的参数和指标是不同的；第四，要考虑非正常操作情形，如用户疲劳、注意力分散、紧急任务等。一般来说，可用性被表达为对用户友好、直观、容易应用、不需要长期培训等。

开放课程建设必须考虑可用性，其核心是以用户为中心进行开发，以有效评估和提高产品的可用性质量，弥补常规开发方法无法保证的不足。开放课程不仅要提供合适的学习内容、学习活动和学习评价，还应提供所需的学习支持与服务，提供有效的沟通机制，帮助学习者进行有意义的学习，完成学习任务并达到学习目标，有效地提高其学业成就。开放课程的质量主要体现在教学性、技术性和可用性三个方面。这三个方面相辅相成，缺一不可。其中，教学性通过教学设计体现，技术性通过媒体开发、技术集成等手段来体现，而可用性则通过人机界面来体现。开放课程的可用性设计应注重实用性、灵活性、一致性、易学易用性等原则，好的可用性设计常常能为开放课程带来良好的应用效果。

（三）规范"标准化"

1．标准的需求

课程标准是界定某一学科课程性质、课程目标、内容目标和教学建议的指导性文件，规定了学生在学习一段时间后应该掌握的知识和能力。教学内容是课程的核心，其科学性、规范性和合理性直接影响着课程教学资源的质量。在开放课程建设中，需要制定统一的制作及技术标准，设计网络平台上的资源建设和共享发布的技术方案，以提高资源的获取、使用和易用性。统一的标准和规范有助于避免资源建设的重复，促进不同平台和资源的整合、嵌入以及信息的共享和交换，从而实现内容、标准和技术工具的全面开放。资源涉及元数据标准、组织标准等，所有的标准规范应当具备灵活性和可扩展性。

资源的共建共享最终也应落实到标准规范体系框架中，并在互操作层面提供相关的数据传输与交换标准。开放课程还应提供统一的课程内容标准，确保教学内容符合目标要求、知识结构合理、覆盖面广泛、相关资源丰富、形式多样，呈现方式应适合成人学习。页面布局应合理，色彩协调，信息量适中，文字精练、准确、规范，导航清晰、链接合理、跳转快捷，以促进良好的人机交互。媒体形式和传播方式选择应恰当，技术运用合理，符合相关标准。

2．遵从教学样式

信息空间理论表明，知识和理论结构的发展是特定信息领域中信息的增减、变化、扩展、重组和分化的过程。无组织的信息堆积无法构建理性的知识体系。在开放课程设计中，过度多样化和个性化可能增加课程维护、管理和评价的难度，降低课程更新率和整体质量，从而影响课程的应用效果。因此，有必要对共享课程设计规律进行梳理，形成典型的课程设计样式。

教学样式介于教学模式和教学案例之间，提供了分享成功教学实践的格式和方法。它能确保成功的实践能够在不同的教学情境中以不同的方式被使用。教师和学生的互动很大程度上依赖于教师选择教学样式的能力。教学样式有助于丰富学习经验，满足学生的需求。研究总结了8种典型的课程设计样式，包括理论导学型、技能训练型、问题研学型、案例研学型、情景模拟型、虚拟实验型、自主探究型和自由样式。开放课程建设可以根据不同的教学内容选择适合的课程样式，并制定相应的规范标准。

（四）宣传"扩大化"

1．媒介优势

各种新兴事物的推广过程通常呈现出两种不同的创新推广和信息扩散模式："S"形曲线和"J"形曲线。在一个国家或地区采用新事物的过程中，通常会呈现出"S"形曲线，即起初推广较为缓慢，随着时间的推移会迅速发展，当发展到一定程度达到饱和状态时会逐渐减缓。开放课程利用网络媒介为载体，将个人的课堂教学延伸为全球性的课堂，有助于为受众创造立体化的信息接收平台，满足受众多种方式、多种途径获取信息的心理需求。它不断形成小众化并持续扩大的公共领域，实现了传播方式的多元化。通过将受众大脑内部的思维网络与无比扩展的外部信息网络相融合，改变了人类传统的"主体—客体"认识模式。网络空间逐渐成为实现知识共享的有力手段,社会空间也逐渐成为一个被媒介操纵的场所。

开放课程的传播体现了从单向到互动传播的特点,形成了一种散布型网状传播结构。在这种传播结构中,任何一个网络节点都能够生产、发布信息,所有节点生产、发布的信息都能够以非线性方式流入网络中。信息由一个节点传递到另一个节点,需要借助媒介来进行,即传播者传播到一个节点后,再从这个节点获得反馈。信息到达一个节点后,再经节点发散、传递到其他节点,实现更广泛的信息传播。在这个过程中,应侧重信息的重组、再造和连通,通过不断构建新的知识网络,最终形成一个循环连通的网状结构,实现信息在网络管道中的流通和互通。

2. 媒介融合

创新的扩散通常需要依赖一定的社会网络才能完成,而不同的传播媒介在扩散过程中扮演的角色也不同。大众传媒是最为有效的传播手段之一,能够让潜在接收者了解到一项创新;而人际传播则能够使信息的接收者更快速地获取信息,并更容易被说服和接受。开放课程的传播融合了人际传播、群体传播、组织传播、大众传播等多种传播方式,形成了极为复杂的传播情境和过程。

开放课程的共享应用不应局限于单一形态或平台,而应该涵盖多种传播媒介。报纸、广播、电视、移动媒体以及多种终端设备都应该成为其传播的重要组成部分。特别是随着新型传播手段的兴起,不同传播方式之间的对接与融合将会更加密切,共同构建立体、复合型的信息传播系统。未来媒体的发展趋势应该是多种媒体的融合。

因此,开放课程建设应该借助线上和线下媒体,拓展宣传推广的渠道,实现大众传播和人际传播的相互交融。综合利用多种传播手段与社会系统之间的信息互换,以及各种传播方式之间的优势互补,形成立体的传播网络,从而实现更广泛范围内信息的扩散传播,最终实现优质资源的共建共享和效益最大化。

第三节 STEM 课程资源的整合性设计

一、STEM 课程概况

STEM 课程是一种新型的课程形式,将科学、技术、工程、数学四个要素整合在一起。目前,有学者将"融合"这一概念赋予了 STEM 课程的内涵,并延伸出了多元的外延。狭义地理解,STEM 课程可以被看作是"相关课程"或"课程整合",即在保留原学科独立性的基础上,寻找两个或多个学科的共同点;也可以理解为"合科课程",将部分科目统合兼并于范围较广的新科目,并选择有意义的论题或概括的问题进行学习；另外，还有广域课程，即合并数门相邻学科的教学内容形成综合性课程。此外，一些学者认为，STEM 课程是建立在用结构化思维方式解决问题的框架之上的过程性课程。

STEM 课程的特色在于让学习者通过动手完成感兴趣的项目或解决生活中的问题，强调实践与学习的联系，注重学习过程中的体验。它具有综合性、开放与动态性、回归性、实践性、丰富性等特点，同时也具备跨学科、趣味性、体验性、情境性、协作性、设计性、艺术性、实证性和技术增强性等特点。STEM 课程以项目学习为主，活动是其有效的组织形式，也是整合多个学科的纽带。与传统课程相比，STEM 课程不是简单的几门学科课程的叠加，而是需要融合，需要教师积极参与课程建设，共同成长。

STEM 课程聚焦于科技的应用与创新，旨在培养学生的创新精神和实践能力。它与真实世界和未来职业联系紧密，让学生深入理解科学原理，了解科学与技术的关系，并有效地运用数字化工具。这些特点使得 STEM 课程与传统课程有着明显的区别，突出了跨学科的特点，也更好地契合了现实世界的需求。

二、跨学科融合理念

（一）融合模式

培养学生的科学思维能力，提高所有学生的 STEM 素养已经成为教育界的共识。在国内，校本课程和地方特色课程也越来越体现了 STEM 教育的理念，其中最具特色的是"STEM＋"课程。

"STEM＋"课程具有跨学科性、项目学习、积极学习、合作学习以及解决与生活相关问题等五大特征。其中，"＋"符号代表着实施 STEM 教育本土化的一种方式，意味着无限可能性。它不仅体现为课程内容的增加，更体现为育人理念的全面提升，代表着学生科学精神和综合能力的延伸。

此外，"＋"也是一个无限制的综合素养的拓展概念。它包括了心理经验和社会经验，以及合作力、领导力和创造力等方面的培养。通过"STEM＋"课程的实施，学生将能够更好地获得跨学科的知识，参与项目式学习，积极主动地学习，并通过合作解决与生活相关的问题，从而全面提升其综合素养和未来发展所需的能力。

STEM 教育代表了课程组织方式的重大变革。它需要打破常规的学科界限，以技术为桥梁，实现跨学科整合，关注新技术及其实践应用，以培养能够综合运用多学科知识解决实际问题的复合型创新人才。

STEM 融合类型是指同时包含两个或两个以上 STEM 学科内容的教学活动。较为常见的有科数整合、科技整合、科工整合，以及以项目为"珠"串起数学、技术、科学与工程设计理念的珠线整合模式。STEM 教育的课程应使用"整合的课程设计模式",即将科学、技术、工程和数学等整合在一起,强调对知识的应用和对学科之间关系的关注,让学生在实践中学习,建立跨学科的创新思维和应用能力。

相关课程模式和广域课程模式是 STEM 教育中常见的两种课程模式。相关课程模式将各科目仍保留为独立学科,但各科目教学内容的安排注重彼此间的联系。相关课程模式需要不同学科的教师对课程进行详细、周密的协调和计划。而广域课程模式取消了学科间的界限,将所有学科内容整合到新的学习领域,通过活动促使学生在真实情景中学习各学科知识。STEM 教育的广域课程模式强调将科学、技术、工程和数学等内容整合起来,形成结构化的课程结构。

(二) 融合取向

STEM 教育要求多个学科在教学过程中紧密相连,以整合的教学方式使学生掌握概念和技能,并运用技能解决真实世界中的问题。目前有以下三种课程整合取向。

学科知识整合取向:分析各学科最基本的学科知识结构,找到不同学科知识点之间的连接点与整合点,将分散的课程知识按跨学科的问题逻辑结构化。该模式将各学科内容改造成以问题为核心的课程组织,通过序列化的问题有机串接起各学科知识,使课程要素形成有机联系和有机结构。这种模式将学习设计置于复杂、有意义的问题情境中。

生活经验整合取向:强调社会实践活动以及社会问题解决能力的培养,重点是将多学科知识融合到真实的社会性项目活动中。在项目活动中寻找各学科知识的整合点,项目的过程分析、活动设计等社会分析是核心。

学生中心整合取向:创设学生可以主动介入、研究与发现的丰富教育环境,让学生在蕴含丰富 STEM 知识的环境中进行交互、探究与发现。学生在建构性的环境设计中寻找蕴含 STEM 知识的整合点,强调学生的主动性和参与性。

这三种课程整合取向代表了课程的知识属性、社会属性与人本属性的不同侧面。它们相互联系、相互补充,在课程跨学科整合的实践中应该多种取向配合使用。STEM 的跨学科整合不仅要将分学科的知识按问题逻辑或项目逻辑进行跨学科重组,还要确保设计的问题和项目对所有学科基础性知识结构的全面、均衡的覆盖。

(三) 融合设计

STEM 项目设计强调将知识融入真实情境的问题中,激发学生跨学科解决问题的能力。学习任务是 STEM 教学设计的核心,要求学生在情境化的真实问题中采取主动、建构性的学习方式。为此，设计适宜的学习环境和丰富的学习资源是至关重要的。学习环境设计涵盖了所需的设备和各种信息化工具，为学生提供支持和帮助。

在STEM教学中，支架的设置能够确保学生在需要时获得成功，并提高能力水平以满足任务要求，帮助他们意识到潜在的发展空间。学习活动设计是根据教学目标、内容和情境灵活选择和设计的，鼓励学生通过参与活动来进行学习。STEM教育项目的学习活动必须有效地促进知识的内化，以提高学习效率。

STEM教学评价强调多元评价主体、形成性评价和面向学习过程的评价。此外，STEM教学注重现实问题的解决，强调跨学科运用知识。教师需要对涉及的知识进行总结，将学习成果从实际问题解决延伸到抽象的知识层面，帮助学生建立起一定的知识体系和结构。

三、工程设计方法

STEM课程目前处于探索阶段，相关教材较少，内容尚未成熟，而学生的基础水平差异较大，需要教师根据情况灵活调整，并不断充实新的内容。因此，可以采用工程设计方法来开发以问题为导向的项目，结合科学情景、工业场景和生活情境，让学生进行原创性研究。

在STEM课程中，融入工程与技术是丰富科学探究活动的有效策略，也是提高学生STEM素养、实现深层次理解的重要途径。通过工程设计方法，将科学课程中需要掌握的知识和方法集成到具体项目中，学生通过解决核心问题的活动来经历科学探究和工程设计过程。课程任务的呈现方式是一个或多个需要执行的任务，最终产生的产品可以是问题解决方案、模型、设备或计算机模拟等。

因此，应当尽快将工程设计方法引入STEM课堂，设计创新的STEM活动。只有通过不断的探索和实践，在课堂中发现问题、解决问题，才能开发出更多基于科学探究的、可行且有效的STEM课程。

四、本土化实践推进

尽管STEM学科综合的理念在21世纪逐渐被广泛接受，但STEM课程仍然普遍以分科授课的形式存在。为了推动STEM教育的发展，应当借鉴STEM课程的理念和课程组织形式，开展本土化实践。这意味着对STEM课程的具体内容和各学科进行本土化重构，开发出"STEM＋课程"的教学框架，并构建"STEM＋"统整项目课程体系。在这个体系中，"＋"代表其他学科及相关的学习活动，如语文、英语、美术、音乐、体育等；同时，"＋"也代表学生科学精神和综合能力的延伸，强调社会价值、人文艺术、信息技术与STEM的融合，以及学生智力因素和非智力因素的融合。

这种"STEM+"课程体系旨在通过有效融合多学科内容，不断丰富STEM课程，开展技术支持的跨学科学习。它具有跨学科、综合、整体、终身、面向未来等特点，是国际STEM教育课程本土化的新尝试。此外，"STEM+"课程更强调育人价值，即面向全体学生，全面提升创新要素，重点是培养学生跨学科、强调应用的思维能力和动手能力。

"STEM+"正试图创造一种新的教育模式，其中包含三个要素：与真实世界相关联的项目、解决生活实际问题的能力、以综合素养和未来技能为导向的评估系统。"STEM+"教育模式强调"真问题、长周期、实证研究"，学习和引进这种模式，能够深刻理解其理念，强调学生综合知识和综合能力的培养，具有跨时代的重要意义。

五、生态系统架构

近年来在国内也呈迅速发展之势。当前STEM教育中存在两种倾向。一是把STEM教育单纯看作培养拔尖人才的途径，导致STEM教育呈现精英化趋势。特别是STEM教育与各种竞赛相结合，其高端化和小众化的特征更为明显。二是把STEM教育看作未来高科技职业的敲门砖，使STEM教育成了职业培训。目前在国内STEM教育实践中，能真正融合几个学科的案例极少，且大部分STEM课程由技术教师承担，最终导致看重课程的技术水平，却忽视或难以体现多学科的融合，STEM课程的整体设计较难显现。因此，必须为STEM教育找到一个稳定的内在目标，STEM教育在实践中才不会显得轻浮功利，才具备更长久的存在价值。

（一）需求分析

多年来的实践表明，提升STEM教育的举措主要受限于传统的正规教育体系，而这种单一的学校教育并未能显著促进STEM学习的成效。学习是一个有机整体，而不是一系列孤立的部分。因此，学校教育的限制性可以通过校外教育来弥补，利用课外教育环境来促进STEM学习具有巨大潜力。为此，需要建立一个校内外STEM学习交融的学习体系，即STEM课程生态系统，旨在通过正规教育以及课外教育的融合，实现"STEM学习无处不在"的目标。

一个完整的生态系统应具备多样性、整体性、开放性、动态平衡性、自组性和可持续进化等特征，而STEM课程系统应当具备这些生态系统的特性。构建STEM课程生态系统对于学生来说，可以整合不同机构的作用，为学生提供个性化的STEM学习机会，从而为他们提供就业和生活所需的技能；对于教师来说，校际合作以及学校与其他机构的合作可以帮助教师充分利用校外资源，为STEM教学提供有效支持。此外，STEM课程生态系统有助于缓解经济不平等所带来的教育问题，并且能够落实新一代科学标准及学前至12年级科学教育框架。

教育创新和改革需要各部门之间的合作。构建STEM课程生态系统需要充分利用STEM专业机构、学校、课外项目机构以及暑期项目机构的资源和专长，培养所有机构中教育者的能力；同时，需要为各个机构的教育者提供合作工具和方法，促成长期规划与持续合作；逐渐将STEM校内学习与校外学习相融合；为学生设定学习进阶目标，将STEM经验连接起来并逐步深化；注重探究学习、项目学习及与真实世界的联系，增强课程实用性；借助项目活动、沟通交流以及公众意识，争取家庭和社区对STEM课程的理解与支持。

（二）系统模型

未来五年信息化教学将成为常态，通过信息技术促进各学科教学内容和模式的变革，探索STEM新教育模式，培养学生的信息意识与创新意识已成为当务之急。STEM课程的推进需要与"互联网＋"战略融合，实施顶层规划，加强网络设施和硬件设备的建设支持，推动开放式管理以实现数据共享，建立完善的保障机制和推进机制以确保可持续发展。长期以来，基础教育阶段的科学、数学及其他学科的教学缺乏融会贯通，学校教育与课外机构之间缺少衔接。因此，我们研究构建了STEM课程生态系统，其核心概念包括"一个中心、两种机制、三种资源库、四种技术和用户"。

1. 一个中心

"STEM课程研创中心"主要负责STEM科技创新课程研发，开展信息技术支持下的课堂教学模式改革、实验室建设、设计教与学培养体系、开发校本课程、开发学科课程资源，以问题为中心逐步递进、开发覆盖小学、初中、高中各学段的资源，并提供课程建设和实践，以带动STEM教学的整体飞跃。因此，创新教育要将"STEM课程研创中心"的建设放在首要位置。该中心要提供统一门户、身份认证、数据交换等支持工作，并整合现有的各种教学软硬件资源、教学系统，实现资源按需分配，形成基于统一数据环境的集成的信息平台。

2. 两种机制

为进一步加强沟通协调，形成工作合力，及时解决STEM课程研创中存在的困难和问题，形成较为完善的政策法规和技术支撑体系，这需要推进两种机制。一是坚持政府为主、多方参与，形成教育部门统筹实施、相关部门大力支持和积极参与的良好局面；坚持顶层设计、分级实施，业务和技术部门密切配合、分工协作，保障STEM课程研创中心建设工作的顺利开展。二是坚持工作推进与管理监督并重，完善教育投入机制与质量监控机制，完善经费、运行、管理等保障措施，建立STEM课程研创的长效推进机制，使其持久、健康的发展。

3. 三种资源库

资源库建设是实现教育系统变革的基础，是教学过程中的重要载体。

STEM 课程研创中心需要重点建设覆盖各个学科资源库、开放课程库和信息管理库，以便为产业发展提供优质的教育服务，为专业学习者提供自主学习平台，深化教学改革，推动教育信息化发展。

学科资源库是 STEM 教与学所需资源的重要来源，主要包括数学、技术、科学和艺术学科的教学资料、课件、电子资源、媒体素材、案例、习题等资源。学科资源库的建设应符合时代发展，以应用驱动为导向，采用购买、自建、二次开发等方式；同时还要运用学习分析、大数据等信息技术，对资源的动态生成和进化进行系统的管理和更新。开放课程库的建设应秉承开放共享的教学理念，将 3D 设计、物联网创新、机器人、通用技术等资源架构到统一的开放教育应用平台，形成良好的共建共享机制。此外，庞大的信息数据需要集中、有效的管理，应开发 STEM 教育管理系统，规范专业教学资源建设，统一素材的建设标准，与相关部门的教育信息数据中心对接，实现教育数据的持续采集与动态更新。

4. 四种技术和用户

通用技术、信息技术、3D 打印技术及 Arduino 传感控制技术，是支撑 STEM 课程研创的关键技术。其中，信息技术架构起课堂与生活的桥梁，提供了最新的科技与广阔的创新空间；通用技术立足实践，注重创造、高度综合，提供了 STEM 课程研发涉及的基本内容和技术模块，如技术与设计、电子控制技术，建筑及其设计、简易机器人制作、汽车驾驶与保养、服装及其设计等；3D 打印技术有助于构建 Solid Learning 教学模式，制作个性化教学模型，创新学生课程学习设计，是校园创客空间必备的工具；Arduino 传感控制技术则可以通过组装、搭建、编程语言，完成机器人教育，提供教学套件。同时，STEM 课程研创中心的建设也需要虚拟现实、嵌入式技术、增强现实等技术．支持。此外，教师、学生、社会学习者和教育管理者是 STEM 课程研创中心的核心用户。STEM 课程可以为教师提供线上和线下的教学活动，为学生和社会学习者提供学习和资源服务，为管理者提供信息化管理服务，从而变革传统的教学模式、教学方法、教学过程，培养创新型人才和综合型人才。

第四节　创课资源的设计

一、创课的四大设计理念

为了保证创课能够真正服务创客教育、在创新人才培养中发挥实效，创课设计应遵循四大理念，分别是趣味化设计、立体化设计、模块化设计和项目化设计。这四种理念之间不是简单的并列关系，而是相互贯通、相辅相成的，共同指导高质量创课的设计、开发与应用。

（一）趣味化设计，让学生体验学习的快乐

创课教育是一种兴趣导向的教育模式，趣味性是创课设计的首要原则。爱玩是孩子的天性，创课就是要还原学习的"乐趣"。解放学生的天性，让学生们在快乐的探究活动中掌握学科知识，培养创新、创造能力。

1．内容趣味化

创课的内容设计至关重要，既不能脱离大纲要求，又要激活学生的内在学习动机，让他们感受到课程学习的乐趣。为此，一方面可以将知识进行问题化转换，即通过设计有趣的问题来调动学生的积极性，以问题贯穿课程内容而非采用传统的知识点组织方式；另一方面可以将知识进行生活化转换，即建立知识与生活情境之间的有意义关联，让学生真正感触到知识的生活价值。

2．活动趣味化

传统课堂上枯燥无味的知识讲授绝对不适合创课教育，创课教育鼓励采用那些能够让学生亲自参与、动手实践的活动类型，如调研、实验、组装、模拟、比赛、游戏等。学生只有深度参与，才能有真实的获得感和身心愉悦的学习体验。需要说明的是，这里并非完全排斥传统的说教和练习活动，而是要以动手体验类活动为主，在此过程中可根据学生的实际表现和需要灵活融入讲解、练习等活动。

（二）立体化设计，超越传统课程单一形态

创课不是传统课程的翻版，而是一种融合多种学习理念与多种信息技术，以提升学生创客素养和创新创造力为核心目标的全新课程形态。创课的设计不应该是二维平面，而应具备三维立体的视觉效果和使用体验。

1．课程目标立体化

在课程目标设定上，创课既遵循新课改倡导的三维目标，同时又将在每个目标维度融入更多创新、创造方面的具体要求，形成创造导向的立体化课程目标。

2．课程内容立体化

创课内容来源渠道多样，绝不局限于教科书，互联网、学习社区、创课空间等都可以提供丰富的学习内容，甚至学生也可以通过 SGC 的方式创生更贴合学生需求的课程内容。创课要与学生的知识经验紧密关联，要与学生的社会生活有机连通，建立"知识—经验—生活"多向度联结的内容体系。

3．课程资源立体化

除了纸质教材和相关配套辅助材料外，创课还应提供足够丰富、足够便捷的数字化学习资源，如学习手册、微课、历届学生作品、软件工具、移动 APP

等，以全方位支持学生随时随地探究学习。除了数字化资源外，创课还应尽可能整合更多校内、校外的学科专家资源，以便给予学生更专业的指导，帮助他们破解探究创造过程中遇到的难题。

4．课程教学立体化

创课的实施环境不再局限于传统教室，更多的教与学活动将发生在实验室、创客空间以及社会场所。创课教学采用O2O模式，除了物理空间的教学外，在线创客社区、网络学习空间等虚拟环境也是开展创课教学的重要场所。教师团队利用技术搭建起融合多种教学方法、整合各种学习资源的立体化教学环境，同时营造平等民主、开放分享的学习氛围，以促进每位学习者积极、深度参与。

5．课程评价立体化

创课要改变传统课程的单一化评价模式，鼓励教师和学生协同开展立体化的学习评价，强调评价方式多样化、评价主体多元化、评价数据全面化以及评价目标个性化。创课评价的目的是衡量、诊断、预测每个学生的学习与成长情况，倡导利用学习档案袋持续采集学生的学习过程与结果数据，进而开展基于数据的全面、个性评价。

（三）模块化设计，灵活组装满足不同层次需求

简单来说，模块化就像积木，少数几个模块就可以组合出很多种形状。在创设课程时，模块化设计是按照程序模块化的构想和编制原则设计课程，将课程内容分解成相互关联的子模块，充分考虑了课程编制和实施的需求。

由于每个学生的知识基础和兴趣点不同，传统的统一步调的单一课程组织形式难以满足个性化学习的需求。模块化设计增强了课程的灵活性、开放性和适应性，使每位学生都能根据自己的兴趣和需求选择感兴趣的模块，组成个性化的课程。学生可以根据兴趣自由组成小组，共同选择、重组课程模块，展开项目合作学习和作品创作。在创设课程的模块化设计中，需要注意以下几点内容。

（1）单个模块之间应具有一定的独立性，但整个课程中模块之间又需要有机联系，保证灵活性的同时确保课程知识体系的完整性。

（2）在围绕相同的主题知识与技能要求的前提下，应设计指向不同问题与生活情境、包含不同难度级别的项目模块，为学生提供更多的选择空间，实现"条条道路通罗马"的目标。

（3）每个模块应保持合理的开放性，允许不同学科的教师根据教学需要和学生的实际情况，灵活调整内容并快速替换配套工具资源，以扩大课程模块的适用范围，提高其利用率。

二、创课设计的指导理论

（一）体验式学习理论

学习过程通常遵循着"经验学习圈"，包含经验、反思、概念化与实践四个关键阶段。学生首先通过日常生活或他人构建的程序获取经验，然后在此基础上进行反思、概括、讨论与评价，最终形成新的认知、情感或行动。体验式学习突破了传统教学中学生被动获取知识的方式，强调学生应主动利用已有知识和经验来探索问题、获得新知。

在体验式学习中，学生通过发现问题、提出问题、研究问题、解决问题等活动逐步获得探索与创造的感性经验，并在这一过程中增加知识储备、提高问题解决能力。这种学习方式注重为学生创造真实或模拟的环境和活动，强调学生作为学习的主体，通过个人在交互活动中的参与，获取个人的经验、感受、觉悟，并进行交流和分享，进而通过反思总结并提升为理论或成果，最终将其应用于实践中。

体验式学习理论与创客教育的核心理念相契合，对创课的设计与实施具有重要指导意义。创课需要为学习者提供亲身体验的机会，让学生在不断探究、实验、检验的过程中真正体验知识的创造过程和应用价值，从而获得个体在知识经验、技能方法以及情感上的成长和发展。教师应根据学生已有的知识和经验创设趣味化、真实的问题情境，激活学生的原有认知，让学生全身心投入观察、思考、探索、领悟和应用的过程中，从而深刻理解和建构学科知识。

（二）建造主义理论

建构主义认为学习者在学习过程中必须通过建造外在、可分享的作品与知识建立个人联系，并强调人际互动是知识学习的关键。美国数学家、计算机科学家、心理学家、教育家西蒙·派珀特认为，好的教育不是如何提高教师的教学水平，而是如何为学习者提供充足的空间和机会去建构自己的知识体系。在创造对自己有意义的作品时，如制作小型机器、编写故事、编程或创作歌曲时，学习者处于最佳的学习状态。派珀特认为，计算机是帮助学习者形成算法、解决问题并在此过程中学习和锻炼智力的强大工具。

建构主义认为知识不是简单地由教师传授给学生，而是学生主动建构的心智过程。学生不仅是获取创意，而且是开发和实现自己的创意。尽管学习者可以在没有外在作品的情况下建构和表达知识，但更多的证据表明，通过创作外在作品，学习者可以更好地互动和分享他们所了解的事物和想法。

建构主义是创客教育的重要理论基础，也是创课设计的关键指导理论。创课不是简单地将固定的知识灌输给学生，而是通过灵活的课程设计，让学生积极参与，学会自主设计和创造作品。建构主义主张通过制作来学习，让学生主动参与外在作品的创作，并有机会表达和分享自己的想法。学习者在实践创作中不断积累经验，最终将其内化为自己的认知体系，为未来更复杂的创新实践打下基础。

三、创课设计的通用框架

创课作为一种新形态的课程，目前缺少成熟的设计理论和开发过程模型。本书基于对创客教育的认识以及相关课程开发经验，提出了创课设计的通用框架。该框架共包括三层：指导理论层、关键要素层以及学习过程层。其中，指导理论层包括体验式学习理论和建造主义理论两大核心理论，两者是课程要素设计以及学习过程设计的"基点"。接下来，重点介绍创课的课程要素设计与学习过程设计。

（一）创课要素设计

创课是由一系列要素组成的完整课程。其中，学习内容、活动项目、授课教师、研创环境、网络资源、展示平台以及课程评价是创课不可或缺的关键要素。

1. 学习内容

学习内容是课程设计的核心，不论是知识型还是活动型课程，都需要承载一定的学习内容，尽管表现形式有所不同。因此，课程设计者和教师团队应该在分析相关课程大纲的基础上，精心、合理地选编多学科知识，构建完整的课程内容体系。创课的内容设计不应脱离课程大纲，而是以新的方式进行学科知识的交叉整合，以推动新课程改革的进程。

2. 活动项目

创课的组织与实施以"项目"为基本单元，将枯燥的、机械化的材料转变为有活动、有意义的项目问题，可以拉近学习者与生活的距离。课程设计者需要围绕课程内容设计若干贴近生活、趣味化的研究项目，每个项目中再设计一系列活动，有序引导、支持学生开展全程浸入式的项目学习。项目设计的出发点不是"知识"而是"问题"，项目学习的过程便是解决问题的过程。

3. 授课教师

在创课过程中，教师团队的角色至关重要，他们既是课程的设计者，又是组织者和实施者。建议教师团队采用"一名主持教师＋数名核心教师＋多名外围教师"的模式。主持教师负责统筹和团队管理，核心教师全程参与学生指导，而外围教师则根据项目需要灵活参与。教师们的角色主要是充当学生的教练和项目导师，他们不应该代替学生完成任务，而是要提供必要的支持和及时的指导反馈，确保学生顺利完成项目。

4. 研创环境

创课强调学生的研究和创造活动，因此需要具备相应的研创环境支持。这包括各种创客空间、探究实验室和互动式教室等。设计这些环境时，需要遵循人机工程学的基本原则，确保学习者有舒适、自由、开放的创作空间。此外，环境应该便于接入互联网，支持学习者进行资料检索、社群连接、在线研讨和展示分享等活动。还应该提供必要的硬件、软件和材料等资源，以支持学习者将创意变成现实。

5. 网络资源

立体化的网络学习资源对于创课的开展至关重要，能够为学生随时随地的学习、研究和创造提供支持。这些网络资源应该尽可能丰富多样，以满足学习者的各种需求。通常，创课所使用的网络资源包括教材、教案、指南、微视频、软件工具以及优秀课程作品等。对于面向低年级学生的创课，建议在项目实施活动中明确使用网络资源的时机和方式。此外，还应该鼓励学生在项目实践中自主生成个性化的创课资源，逐渐形成一个不断扩展和完善的创课资源库。

6. 展示平台

创客教育非常注重成果的分享交流，分享的渠道可以是创客社区，也可以是小型的创客嘉年华，或者是课堂上的作品展示。"数字原住民"具有强烈的自我展现欲望，他们需要多渠道的展示平台向家长、教师、同学以及社会公开自己的创意作品。通过作品展示分享，学习者一方面可以获得自我成就感和认同感，从而激发再创造的热情；另一方面还可以获得来自大众用户的反馈与建议，不断优化作品，甚至可能实现作品的产业化。

7. 课程评价

如何评价学生的学习效果是创课设计的重点和难点。不同于传统课程的纸笔测验，创课更加注重学习产出的物化成果，倡导结果与过程相结合、教师与学生协同参与的评价模式。一方面，需要制定完备的、易操作的评价指标对学生的创意作品进行评量；另一方面，需要注重学习过程数据采集和阶段性成果的收集，以客观评价学生的课程参与以及进步情况。创课不适合采用标准化评价，考虑到不同学习者的知识基础和兴趣偏好，建议多采用增量式评价，以促进每位学生快乐成长。

（二）学习过程设计

创课的学习过程可以概括为"一条主线，两种形式"。其中，一条主线指的是课程以项目活动为主脉络有序推进；而两种形式则是指采用线上与线下相结合的混合式学习方式。

在创课的主线中，课程设计者将学习内容划分为一系列既相互关联又适度松散的研究项目，学生以小组形式开展基于项目的学习。每个项目围绕一个核心问题展开，设计一系列学习活动，如观看演示、知识学习、练习模拟、资料检索、方案设计、原型制作、同伴互评等，帮助学生步步为营，寻求破解问题之道。学习活动的数量和类型视项目难度和学生基础水平而定，活动的设计要遵循"探究、构造、体验"的基本思想以及梅瑞尔的首要教学原理，避免空洞的说教和无目的的探究。为了综合检验课程学习效果，每门创课都提供一个综合性研究项目，让学生协同设计创意解决方案，利用各种资源制作最终的综合课程作品。

创课采用混合式的学习模式，通过将线上、线下活动以及线上、线下资源的有机整合，为学习者创设一体化的研创环境。线上活动以自学、交流、展示、分享为主，线下活动以考察、操作、咨询、面授为主。学生利用在线社区或网络学习平台自主观看教师录制的微视频，与同伴在线讨论项目问题，自主分享项目开展过程中搜集的相关材料，同时将项目作品发布到创客社区等展示平台。学生还可以利用在线平台开展项目管理，如分配任务、监督进展、制订计划等。教师利用平台实时掌握每个小组的项目进展，并及时给予反馈指导。教师还可以根据项目学习需求进行集中面授指导，也可以每周提供固定的指导时间，有需要的小组可以当面请教教师。遇到一些专业性很强的问题或者项目开展遇到瓶颈时，可以通过教师联系相关的学科专家进行当面咨询。学生还可以在教师的帮助下，到相关企业、科研机构、社会场所等进行实地考察，收集资料，激发灵感。创客空间、探究实验室、互动型教室等是创课开展的主阵地，学生可以充分利用这些空间提供的软硬件资源以及专业指导力量，动手制作"独一无二"的创意作品。

四、创课设计的一般流程

（一）基于主题的创课设计过程

基于主题的创客课程设计共分为四个主要步骤：从人的情感出发选定主题，从易到难设计课程活动，依"SCS创客教学法"细化活动，完成综合任务表现主题。

1. 从人的情感出发选定主题

主题是创课的主线，主题的选定对后续活动的开展具有重要的意义。从人类情感出发选定符合生活中的主题，能够触发学生对学以致用的深刻认识，从而调动学生学习积极性、激发学生创造热情。

2. 从易到难设计课程活动

任何一门创课都需要由多个创客活动组成，当选定主题之后，就需要依照学生的接受程度设计一系列从易到难、循序渐进、环环相扣的创客活动。活动设计中需要保证活动与活动之间既存在先后关系,同时也存在一定的独立性,即后续活动是以先前活动为基础,当具有一定知识储备时,学生可以自行选择活动开展。

3. 依"SCS 创客教学法"细化活动

在课程活动的构建过程中主要参照"SCS 创客教学法"将活动细化为三个部分,即简单任务模仿、扩展任务模仿和自主创意任务。一方面,教师需要对简单任务进行详细设计,以便学生可以直接模仿;另一方面,则需要设计具体的创意激发和引导策略辅助学生实现自主创意。

4. 完成综合任务表现主题

课程结束时教师可为学生提供能体现课程主题的创新方向,学生通过自由发挥完成最后的综合性任务,作为最终的学习成果。综合性任务设计除了考虑融合整个课程内容之外,还需要考虑给学生留有发挥的余地和方便学生的展示,从而让学生在课程结束时更好地体验创新与分享的快乐。

(二)创课的通用设计过程

本书在基于主题的创客课程设计的基础上,提出了创课设计的通用流程,包括内容体系建构、项目设计、活动设计、评价设计四个环节。创课适合采用预设与生成相结合的开发模式,既有教师预设的内容、活动、评价等,又要在实施过程中不断修正、动态生成,引导学生积极参与创课的设计与开发。

1. 内容体系建构

内容体系建构设计是创课的起点,直接影响后续项目、活动以及评价的设计。创课的学习内容强调多学科知识整合,因此设计难度较大。传统课程(如数学、物理、化学等)具有完备的内容体系,创客化改造的第一步是要对现有多个学科知识体系进行有效统整。整合的路径建议以某门课程为主体,合理引进相关学科内容。

在设计一门全新的创课时,则需要在课程目标的导引下,根据学习对象的认知水平和兴趣点,从生活问题和现象出发,精心选择、组织课程内容体系。从单个内容主题来看,创课内容具有一定的分散性,但从整体来看又呈现良好的体系化特征。多个内容模块之间呈松散耦合态,以便于学生根据兴趣和知识基础自主选择学习对象。与传统课程改造而成的创课相比,全新创课的内容设计具有更强的灵活性,更加注重科学素养的拓展和提升,但同时由于可借鉴的东西较少,设计开发难度也更大。因此,为了设计高质量的创课内容,建议进行充分的需求调研和设计论证,邀请学科专家、学生、教师、技术人员等协同参与创课内容的设计。

2. 创课项目设计

确定创课内容体系后,下一步需要将内容转换为可操作的研究项目。每个项目都应围绕现实问题展开，设计若干活动，让学生在参与活动的过程中逐步内化知识，增强创新意识和创新创造能力。项目的设计应考虑到不同的难度等级，以确保不同水平的学生都可以参与其中。此外，项目活动的设计除了考虑学生基础外，还应考虑活动开展的实际条件，如空间、软件、硬件、材料等资源，以及社会资源的可获得性。

为了更好地支持学生的研创活动，创课项目的设计建议采用工程化的思路，进行标准化设计。这意味着项目实施的前提基础、实施过程以及每一步的产出物等都应有明确的规定和时间节点要求。工程化的目的并不是束缚学生的创意发挥，而是为了提供更清晰的指导，确保学生在操作层面能够更好地开展研创活动。

3．创课活动设计

为了保证创课项目的顺序实施，支持学生完成基于项目的学习，需要每个创课项目精心设计系列学习活动。创课活动应依据梅瑞尔的首要教学原理进行设计，整体遵循学习过程的四个原则：激活原则、展示原则、应用性原则和整合原则，以保证项目学习的有效性。

（1）激活原则。创课项目的起始活动应当与学生的知识经验密切关联，通过问题导引、场景再现、故事导入等多种策略激活学生原有认知结构，引发项目学习兴趣，同时增强学习自信心。

（2）展示原则。创课项目的完成需要学生自主学习很多新的知识和相关技能。为此，可以通过操作演示、观看微视频、模拟实验等活动形式，让学生内化新知识。

（3）应用性原则。当学生初步学习到新知识与新技能时，接下来就要设计真实的探究任务，让学生亲自动手解决现实问题，如采用头脑风暴、3D建模、原型开发等活动形式，促进知识的迁移应用。

（4）整合原则。除了简单的模仿和应用外，创课学习更注重多学科知识与技能的综合应用，通过设计比赛、辩论等活动，让学习者以团队形式开展竞争，促进知识与技能的整合内化以及创新应用。

4．创课评价设计

创课评价应采用多元化的模式和策略，调动教师、学科专家以及学生的积极性，共同参与创课学习的评价过程。教师和学科专家主要关注学生的创新创造能力，评价重点包括学生在创课活动中展现的创客素养、实践能力、创新意识和创造力等方面。学生则通过自我评价来反思个人在项目学习过程中的表现。同伴评价则着眼于项目成果的交流展示，通过互相交流并提供反馈建议，促进创意作品的优化完善。

虽然创课倡导成果导向的评价模式，但也注重过程性数据的收集与评价。

因此，创课作品评价指标的设计至关重要，需要充分考虑作品的创意程度、可实现性以及成本效益等多种要素，并合理确定每种指标的权重。同时，需要在线记录学生的学习过程表现和阶段性项目成果等数据，以便及时评价每位学生的参与度和进步情况。

综上所述，创课评价应综合考虑学生的创新能力、自我评价、同伴评价以及作品成果，通过多元化的评价模式和策略，全面衡量学生在创课学习中的表现和成长。

第五节 虚拟仿真资源设计

一、虚拟仿真资源的设计思路

（一）牵手行业顶尖公司，共研虚拟仿真资源

在虚拟仿真资源的建设过程中，应坚持开放共享的原则，以突出实验资源的高精尖、现代化和职业化为目标。与国内顶尖公司合作研发虚拟影像制作仿真实验软件，并结合实体实验教学资源，形成完善的实验教学体系。此外，与国内外多家大型文化产业基地合作，构建"一体两翼多平台"的实验教学体系。利用虚拟场景制作仿真实训软件，模拟实际制作过程，帮助学生掌握时机操作技术。

（二）虚拟资源远程控制，虚实结合开放融合

虚拟仿真资源为解决实验成本高、大型综合训练和环境、硬件、安全难以保障的实验项目提供了有效的解决方案。这些资源可以通过虚拟仿真实验教学来完成，从而降低成本、提高安全性。而对于那些大型昂贵的实体实验，通常会在共建的文化产业实践基地完成，以确保学生能够接触到真实的实验环境。至于基础性的实验和一般性技能训练，则通常通过中心的实体实验进行实训，以保证学生能够获得必要的操作经验。

部分虚拟仿真实验资源也可以通过相应网站的开放共享实验课程窗口进行远程操作，学生可以在远程完成与实验室同样的实训效果，这为学生提供了更多灵活的学习选择。同时，学生还可以通过课程资源共享平台或手机微信公众号与实践指导教师进行交流，实时地获取指导和反馈，以确保学习效果的最大化。

（三）重视实验教学，拓展资源共享

虚拟仿真实验资源的建设是一个综合的过程，涵盖了单元集成、自主研究和开发以及校企合作开发等多个方面。虚拟仿真技术的发展主要通过研究成果转化和典型工程项目转化实现。在此过程中，强调了实践教学的重要性，特别

关注虚拟视频模拟的仿真再现工作，并将其设计为虚拟实验资源。

通过校企合作共同开发实验软件，形成了"产学研"一体化的实践教学体系。这种合作可以使资源具备良好的科学性、前沿性和实用性，从而保证资源建设的先进性和创新性。

总体而言，虚拟仿真资源的建设主要体现在三个"1＋1"模式和特色上，即"课程＋项目""创作＋竞赛""虚实＋基地"。"课程＋项目"模式强调了实验课程的设计与实践项目的结合，以提高实验的针对性和技能掌握的实用性；"创作＋竞赛"模式注重了资源整体创作训练，通过专业竞赛激发学生的科研创作与实践技能提升；"虚实＋基地"模式强调了理论与实践的融合，校内与校外资源的兼容性，以及校企合作与专业互补的特点，通过校外创新实践基地进行全方位的实体体验，以达到实训效果的全面提升。

二、虚拟仿真资源的设计框架和内容

虚拟仿真资源建设的目标是将仿真平台和教学资源融合，实现教学内容的立体化，教学过程和管理的现代化。教师可以通过该平台实现在线教学管理、学习指导和成绩考核等功能。举例来说，数字电路虚拟实验室教学资源的建设以 Multisim10 仿真软件为核心，将教学资源划分为课前学习资源、实验课教学资源和课后学习资源三部分。这些资源包含了课程信息、实验项目、仿真平台、学习资源和师生交流等内容，构成了一个完整的教学资源体系。

在设计虚拟仿真资源时，需要充分考虑信息特点，采用面向对象的设计方法，并遵循模块化设计理念。各资源模块应该划分清晰、相互独立，并具备高内聚、低耦合的特点，模块间接口采用组件技术。这种模块化设计思想在软件编程和产品设计等领域已得到广泛应用。

在建构虚拟仿真资源时，应当遵循建构主义和情境认知理论的指导原则。资源的内容结构主要包括教学素材资源和相应的网络平台。教学素材资源是资源库建设的核心任务，包括虚拟实验素材、课件素材、图片素材、视频素材和动画素材等。这些素材为学生提供设备参考、操作练习和实验案例等资源。同时，需要设计满足实验教学、互联网教学和课堂教学需求的仿真软件和产品，并加强资源的管理，如操作培训和仿真创新活动等。

（一）"一体两翼多平台"的资源建设体系

虚拟仿真资源的建设应当以"虚拟结合、资源共享、开放融合"的理念构建一体两翼多平台的资源建设体系。这种体系中，"一体"指的是实验资源的整体体系，"两翼"则指的是实体实验资源和虚拟实验资源。实体实验资源即传统的实验平台，而虚拟实验资源则包括了虚拟场景制作仿真实验和特殊虚拟仿真实验等平台。

在这一体系中，实体实验资源和虚拟实验资源之间存在着密切的联系与互动。实体实验为虚拟实验提供内容资源和实训目标，而虚拟实验则是一种高效、便捷、低成本的科学方法，可以有效地达到实体实验的目的，为实验教学提供重要的支撑和补充。

（二）"多维度"的虚拟仿真实践教学体系

虚拟仿真资源的建设致力于满足社会需求和未来发展的要求，紧密结合实体实验和理论教学，构建了虚拟、实体、理论三位一体的课程体系。这种课程体系将虚拟实验课程划分为基础实验、技能实验和综合实验三个层次，强调与理论、项目、企业以及实体实验的紧密融合，旨在打造"产学研"一体化的人才培养模式。

具体而言，虚拟仿真资源的建设涵盖了多个方面，包括但不限于常规实验、实验教学仿真、实践培训仿真以及科研服务等实验项目的介绍。这些资源的形式多样，如部分虚拟仿真实验项目的演示视频、课程和实验项目的多媒体课件等。

通过观看这些实验视频或课件，学生可以了解实验过程，完成部分虚拟实验的操作，从而提高了学习的主动性，并最终获得更好的实验效果。这种融合了虚拟与实体、理论与实践的课程设计和资源建设，为学生提供了更丰富、更全面的学习体验，有助于他们更好地掌握实验技能和理论知识。

（三）"多向度"的虚拟仿真软件和产品

虚拟仿真资源在教育教学中的应用主要包括课堂教学、实验室教学和互联网教学等方面。其中，课堂教学可以利用多媒体教室和互联网进行展示和交流；实验室教学则可借助局域网络版的虚拟仿真资源进行实验操作；而互联网教学则通过在线教学平台，如笔记本电脑、平板电脑、手机等设备进行远程学习。

虚拟仿真资源的建设应遵循"虚实结合、相互补充、能实不虚"的原则，需要开发适用于不同学习者的虚拟仿真软件，并与企业合作开发虚拟仿真产品。这样做有助于弥补传统实验室实验的局限性，解决传统实验中无法解决的问题，提高实验教学的效率和规范性，为开放共享虚拟仿真实验资源奠定基础。

目前，比较有代表性的仿真教学软件包括 NOBOOK 虚拟实验室系列仿真软件和 Multisim 等。这些软件提供了丰富的虚拟实验资源，能够有效地支持教学活动的开展，并为学生提供高质量的学习体验。

三、虚拟仿真资源设计的流程

（一）通用设计流程

虚拟仿真资源是根据用户的业务需求开发的仿真资源，包括系统和设备的三维模型、相关视频和动画、操作流程、典型案例等。其一般设计流程为以下四方面内容。

1. 确定资源类型

首先要明确建设何种类型的虚拟仿真资源，确定项目并提供指导书、设备图片或示意图或录像（展现或说明设备的结构、原理、使用过程）等必要的说明材料。

2. 细化设计脚本

脚本应包括虚拟仿真资源涉及的实验项目、实验软件、仿真环节等设计、展示形式及实验的方法和步骤、实验数据分析方法及评分标准等。其中，"教"的环节，主要提供实验原理、实验目的、实验操作步骤、实验注意事项等方面的文字或视频或语音的介绍；"学"的环节需要展示相关内容，如观看实验步骤，了解实验仪器结构及操作方式等；"练"的环节主要是进行实验练习、模拟演示、实训操作等；"考"的环节主要描述实验数据的分析、处理方法，得出实验结果后的评分标准，对使用者的演示、操练过程进行评价等。

3. 编写设计说明书

依据需求，编写虚拟仿真资源"设计说明书"。列出所需要的设备、仪器、仪表、工具等，制作软件、注意事项以及操作使用方法（如相应设备、仪器，仪表，工具等图片或录像等）。

4. 实施设计与开发

虚拟仿真资源集成了多种教学材料，旨在创建一个技术先进、功能丰富、与现实紧密相连的虚拟空间，以促进学习和创新；同时，这种资源的开发也需适应信息技术的应用，利用信息技术来支持和促进教学模式的转变。因此，基于脚本设计，开发工作需包括虚拟场景和三维模型的构建，以及相关视频、动画、操作过程和操作演示的制作。

设计虚拟仿真资源时，还需考虑三维模型、原理动画、拆解动画和操作场景模型等元素。根据虚拟教学训练平台的接口要求，仿真资源包的设计应包括视频和动画的制作。这一过程应遵循制作脚本的指导来整理素材，如制作动画帧和绘制箭头标记等。接着，利用视频和动画合成软件进行制作、预览和修改，直到最终产品能准确、生动地展示设备的工作原理，以输出所需资源。

(二) 主题设计流程

1. 内容的设计

在"互联网＋"的背景下，为了确保优质教学资源的广泛共享，满足专业发展和课程进步的需求，虚拟仿真资源平台需提供一系列丰富的在线实验教学内容。这包括基础实验、实践操作训练和科研服务等项目介绍，以及一些虚拟仿真实验的演示视频和选定课程与实验项目的多媒体教学资料。学生可以通过观看这些实验视频或教学课件来学习相关的实验课程内容,并进行虚拟实验操作,这不仅提升了学生的学习积极性,还有助于实现更加有效的实验学习成果。该平台支持教学资源的实时更新和补充,为用户提供便利,进一步提升了资源的网络共享效率。

2. 功能的设计

由于受到多种因素的限制,传统的专业实验设备和技术条件往往显得不足且集成度低,仅能提供有限的实验功能,难以满足教学的多样化需求。因此,设计虚拟仿真资源时,应借助数字虚拟现实技术、计算机技术、360°全景技术、网络通信技术以及人机交互技术等现代化教育信息化手段,目标是实现复杂多样的功能。通过情景模拟,如模拟驾驶和事故预警技术,不仅丰富了教学内容,还能为科研提供必要的实验支持和数据分析。以江苏师范大学轨道交通信息与控制的虚拟仿真实验室为例,其通过功能性设计有效克服了传统实验和实训评估的难题,展示了虚拟仿真资源在教育和培训中的巨大潜力。

第三章　数字赋能高校教育技术的创新

第一节　技术创新是互联网时代下高校教育的核心

一、数字赋能教育改革创新

（一）高等教育发展路径

互联网技术与教育深度融合的趋势不可阻挡。虽然"在线教育"不可能完全取代大学校园里的课堂教学，但其运作模式开始触动传统高等教育的根基。高等学校应系统规划，积极探索"互联网＋"背景下高等教育的发展路径，大力推动传统教育信息化发展。

1. 积极推动信息技术在教育教学过程中的全面应用

可以借鉴国外发展慕课（MOOC）的先进经验，在教学实践的基础上构建自己的在线教育平台。通过建设内容丰富、使用便捷的网络化教学平台，有计划地进行试点线上、线下相结合的混合式教学、翻转课堂等新型教育模式，逐步实现课堂教学、师生互动、效果评估等教学过程的在线化。

2. 要审慎选择，认真组织网络课程

开设网络公开课程对于展示学校的教学优势和扩大其品牌影响力至关重要。因此，基于教学实践的成熟经验，学校应当在合适的时机推广自己最具特色和优势的网络公开课程。高质量的教学是在线学习过程的关键。在线教育的成效依赖于为学生提供高品质课程内容和定制化的学习服务的不懈努力。这意味着学校需要慎重挑选课程内容；教师则需投入大量精力进行细致的课程准备和科学设计，而非简单地将传统课堂内容直接转移到网络平台。目前一些在线课程的问题在于，它们往往仅仅包括了课堂录制视频和非常基础的PPT，导致课程内容乏味。因此，有必要对传统课程的内容和结构进行适应网络教育需求的调整和改进。

3. 创新激励机制，加强教学团队建设

在线教育远超过单个杰出教授的个人表演，它代表了一种创新的思维方式和学习方法，涉及专业化的教学服务团队的紧密合作。这种教学模式要求教学设计师、主讲教师、辅导员、IT专家和摄影师等多个角色的共同参与和协作。构建课程不仅需要精心的准备和设计，还需要教师大量的时间和努力。因此，高等教育机构应当致力于促进课程团队的建设，建立激励机制以鼓励教师的参与，支持教师在超越时空的团队中发展和成长。通过构建一个基于信息技术的智能化课程教学服务系统，可以促进教师之间的专业分工和集成管理，从而将教学活动从依赖个别教师的独立工作转变为一个团队协作的过程。

4. 科学设计，提高学生参与程度

在线教育的核心不仅是将社交媒体、在线资源及该领域内的杰出教师资源整合起来，更关键的是创建一个鼓励学生主动参与的学习环境。这个环境应能让学生基于自己的学习目标、现有的知识与技能以及共同的兴趣来自主组织学习。为了最大化网络技术的潜力，应加强设计教师与学生、学生之间互动的环节，比如通过视频会议、在线游戏、虚拟沙盘练习和网络论坛等多样化的方式促进互动。这种互动是学习过程的关键所在。这种方法对教师的时间和精力是一个巨大的挑战，需要大学在政策层面提供支持和优惠，创新教师保障和激励机制。发展在线课程将改变传统的教学与科研之间的平衡。因此，高校应当创新教学模式并调整科研政策，以适应这一变化。

5. 探索科学的运营模式

尽管许多在线教育资源目前免费提供，这种免费模式难以保障在线教育的长期可持续性。网络课程的开发和维护需要持续而大规模的投入，单凭高校自身的资源往往难以承担长期的运营费用。因此，不论是高校自建的开放教育平台还是其他形式的在线教育平台，寻找有效的市场化运营策略以确保资金和技术的持续支持变得尤为重要。从互联网企业的盈利模式来看，主要分为广告收入模式和免费到收费的转变模式：一方面，像新浪、百度这样的企业依靠广告收益作为主要财源；另一方面，如淘宝则采用先免费吸引用户，形成市场习惯后再逐步引入收费服务的策略。在线教育平台可以借鉴这些成功模式，同时也可以通过提供额外服务来创收，如提供付费的结业证书，企业定向培训服务，企业招聘匹配服务，向其他大学出售优质课程内容，等等。随着在线教育的进一步成熟和社会对网络学习习惯的形成，逐步过渡到收费模式将成为可行的策略。

6. 创新高等教育管理体制

"互联网+"时代对传统高等教育体系产生了重大影响，挑战了学术和行政权力之间的现有关系,并促进了它们之间关系的解构和重构。在目前的体制下,我国的高等教育机构边界明显、封闭,导致教学合作不足,课程重复,资源浪费严重。现行的教育制度,如学籍学分管理和学历认证,也成为在线教育发展的障碍。鉴于互联网时代提供的历史性机遇,政府和高校需从战略层面充分认识到这一点,并加速教学模式和管理体系的根本性改革。除了高校需要积极融入这一全球范围内的教育革命之外,从宏观层面看,也应通过创新高等教育管理体系,建立多元化的办学机制,并拓展高等教育的投资来源。

(二)我国"互联网+教育"模式

1. MOOC平台（大规模开放在线课程）

学生无论身在何地,只要有互联网就能参与学习。"互联网+教育"的开放性除体现在授权开放、课程结构开放、学习目标开放以及课程注册和退出自由外,还体现在信息、知识、观点和思想的自由共享等方面。其优点如下。

（1）互动性比较强。学生可以参与网上课程的实际运行,有学习的时间节奏、经常性的小测验、预习阅读、课后作业等教学活动。

（2）可获得证书。学生达到课程要求可获得证书。

由此可见,MOOC平台实际上是提供了一个网上课程交易平台,由平台认可的大学及其教师提供课程。

2. B2B平台（为机构客户提供服务）

在线机构将研发的课程或服务直接提供给机构客户,机构客户在此基础上利用课程进行教学,或利用服务（如相关在线课程系统软件、服务和解决方案）建立在线教育体系,在线教育机构和机构客户从学费或者课程中进行分成。B2B平台营利方式主要有平台广告、平台交易、自销产品、平台搜索、增值服务、线下服务、商务合作。

3. B2C平台（自制课程提供给学习者）

在线教育机构提供优秀的教育资源服务,会把教学资料和视频等内容都上传到其服务器上。以学院为中心,学习者可根据需要随时随地学习所需课程,充分体现了现代学习理论中以学习者为中心的理念。学习者遇到问题可以随时在线向教师提问。在线教育机构所聘任的教师提供在线实时答疑服务,及时解决学习者在学习方面遇到的困惑。

4. C2C平台（1对1即时互动学习）

以即时通信工具如QQ、微信等为技术环境,通过网络和即时通信工具相结合的模式营造学习者、教师之间的互动交流平台。教师和学习者之间以及教师之间、学习者之间在这个平台上进行沟通和交流,教师可随时随地进行在线教学及答疑服务,教师间可交流合作,学院间可讨论交流。该平台的营利方式主要为会员费、交易提成、广告费、搜索排名竞价、支付环节收费。

5. SNS 平台（基于社交信任驱动教学）

SNS（社交网络服务）是基于现实社会和人际关系构建的虚拟现实网络社区。它通过其互动性为学习者之间、学习者与教师以及学习者与学科专家提供了一个顺畅有效的交流和合作平台。信息分享在 SNS 中不仅助力学习者接触更多资源，还促进了知识的广泛传播。此外，SNS 上的合作训练、来自他人的评论、建议乃至批评，都能激发学习者的学习动力，帮助他们识别和解决学习过程中遇到的问题。SNS 的社交特性还极大地辅助学习者提升他们的适应能力和社会认知水平。

6. O2O 模式（线上、线下学习相结合）

在"互联网＋"的背景下，教育模式的本地化便于适应不同地区学生的学习需求。在线教育课程减少了对教师的直接依赖，并通过线上线下的结合方式确保学生学习效果的提升。MOOC 通过引入顶尖大学教师的授课具有其独到的优势，然而，哪一种模式更适应"互联网＋教育"的发展需求，仍待进一步探索。B2C 模式直接服务于学生，更能保证教育质量。

"互联网＋"时代对高等教育包括教育理念、教学界限、教学过程及教学质量评估带来了根本性的改变。在教育理念方面，传统的自上而下的教学模式正向着分布式协作的模式转变，学生由知识的被动接收者转变为主动的学习者。在开放的学习环境和社交网络中，学生能够自由分享信息、见解和经验。教学边界方面，以 MOOC 为代表的在线教育模式正在打破传统的物理和地理限制，推动校园的墙壁逐渐消失，使虚拟学习空间得以全球扩展，实现优质教育资源的全球共享。在教学过程管理上，"互联网＋"推动以学生为中心的教学理念，强调学生体验和师生关系的平等化，教师角色从单纯的知识传授转变为重视引导学生的学习过程、评价和体验。此外，传统的考勤和学时管理制度也将变得更加灵活。在教学评价与质量管理层面，MOOC 引入的新问题，比如学习过程的评价、学术诚信、学分认证等，要求对教师的评价体系进行相应的调整，包括课程设计与开发、教学互动以及社会影响等方面。

（三）相关领域创新模式

1. 科研领域从创新 1.0 到创新 2.0 的开放式协同创新模式

在大学中，院系和专业的设置往往按照学科分类进行严格划分，导致学科之间存在明显的界限。这种学科细化及研究的独立性使得科技创新被切割成许多小片段，面对产业的重大需求和战略性调整时，现有的科研模式显得不够适应，难以有效解决技术创新产业化的问题。目前，传统的以技术发展驱动、以研究人员为主体、以实验室为基础的创新 1.0 模式正逐渐向一个以用户需求为中心，以社会实践为平台，强调共创、协同创新和开放创新的创新 2.0 模式转型。

互联网的分布式架构和开源文化为高校科研提供了利用横向联合力量打破学科和研究的界限、超越地理和组织结构障碍的可能。这推动了科技创新组织模式从传统的垂直金字塔等级制向更为扁平化、网络化的横向分布式协作模式的转变。在这种模式下，网络中的每个参与者既有自己的分工也参与协作，推动了科技创新由封闭和分散向开放和协同的转变。研究者跨越不同领域，通过分布式的方式共享知识和信息，打破了传统研究的界限，带来了更开阔的学术视角和跨学科的创新。通过汇聚多方力量和培育协同创新的文化，高校科研能够实现跨部门、跨领域、跨区域和跨行业的合作，通过这种协同创新实现"合作的额外价值"和社会福利的提升。

2. 服务社会领域从传统的科技成果转化到"互联网＋科技成果转化服务"模式

在传统模式下，科技成果的转化主要通过直接技术转让、校企合作、大学科技园转化以及通过技术转移办公室或中心进行。这些方式在实践中经常遭遇诸如科技成果难以适应产业需求、开发过程与市场需求脱节以及寻找合适合作伙伴的困难等问题。"互联网＋"时代为高校科技成果的转化提供了新思路，即通过整合互联网资源与思维，采用在线技术交易的方式，更准确地匹配市场与高校研发的需求，形成了"互联网＋科技成果转化服务"的新模式，从而推动科技成果的有效转化和科技与经济社会发展的紧密结合。

首先，利用互联网进行精确匹配，如通过科易网、中科网等平台，推出在线科技展会、技术交易价格评估系统等，以连接科技成果转化、技术市场、中小企业创新及院校技术转移的各方，实现企业与技术的精准对接，并提供会员服务，将用户需求置于中心。

其次，提供科技成果转化的评价和信用服务，借鉴淘宝等电商网站的用户评价体系，为科技成果转化的参与方设立评级和评分系统，建立相互评价机制，形成评价大数据，以服务未来的技术转化。

最后，利用大数据分析，对高校科技成果的交易需求、过程和项目进行全面分析，对不同类别的科技成果和企业在价值创造、技术转化方面进行量化分析，以提供趋势性的判断和参考，从而优化科研成果的转化效率。

随着移动互联网及智能设备的普及，APP已经成为改变人们日常生活和消费方式的重要力量。在这样的背景下，高校科技成果的转化也可以借助APP营销的方式进行。与传统的移动媒体营销方法相比，APP营销拥有成本效益高、目标精准、互动性强、提供即时服务和增强用户黏性等显著优势。

高校在科技成果转化过程中，应采用APP营销策略，这意味着在详细收集目标用户的历史数据和信息的基础上，通过APP精准地推送科技成果的相关信息。这样不仅可以建立以用户为中心的双向或多向交互通道，还可以实时跟踪科技供需双方的转化进展和遇到的问题，进而深入探索用户的具体需求，促进科技成果的有效匹配和转化。

通过这种方式，高校可以更有效地推广其科技成果，同时为技术转移和商业化提供了一个新的、动态的和互动的平台，进一步提高科技成果转化的效率和成功率。

（四）教育信息化的优势

1. 教育资源丰富化、全球化、共享化

互联网已成为当今世界上最庞大的信息资源库，世界各国网站中都存储着海量信息，它们以 Web 的形式互相关联，构成了一个"万维网"，在海量信息中能够直接或间接服务于教学的信息资源取之不尽、用之不竭，而且信息共享。

2. 校园、课程、考试、评价多媒体化

随着光盘、云存储和大数据等大容量存储技术的发展，教学资源越来越多地采用多媒体形式呈现。这种多媒体材料不仅融合了文字和图像，还包括声音、动画和三维场景的展示，通过超级链接技术将相关信息有机地整合在一起。这种信息的展现方式不仅更加生动实用，而且更加符合学生的学习习惯和需求，使得学习内容更加接近学生的日常生活。

在"互联网＋校园"的新环境下，形成了全新的教学生态系统。这一系统不仅改变了传统的教学和学习方式，还为教育资源的共享和利用提供了更广阔的平台。同时，"互联网＋考试"模式的出现，为学校和国家在选拔人才的过程中提供了更加灵活和多样的方式。此外，"互联网＋评价"机制的建立，能够更加全面和及时地实施教学质量的监控和评估，从而确保教学活动的质量和效果，推动教育质量的持续提升。

3. 教学真正能够实现自主化、个性化

在"互联网＋"的背景下，网络上的学习资源变得异常丰富和多样化，为学生提供了前所未有的学习选择空间。学生能够根据自己的具体学习需要，从众多教材、教师和学习材料中进行挑选，以找到最适合自己的学习方式和节奏。这种学习环境极大地支持了以学生为主体的教育理念，帮助学生实现自主学习、个性化进度调整和知识深度选择。

互联网使得学生与教师之间的互动变得更加便捷，无论是自学、在线讨论还是答疑解难，都能在任何时间、任何地点轻松进行。随时可访问的课件和随时可下载的学习资源，进一步增强了学生根据个人实际情况自主决定学习内容、深度和进度的能力。这不仅促进了学生主体性精神的培养和个性化人格的形成，也有力地推动了学生批判性和创造性思维能力的提升。通过这种方式，学生能够更加主动、独立地参与学习过程，实现个人潜能的最大化发展。

4．加快终身教育的实现和学习化社会的建构

在"互联网＋"时代，网络技术的飞速发展极大地扩展了学习的时空界限，使得人们可以摆脱地点和时间的束缚，随身携带的智能设备如手机和平板电脑成为随时随地学习的工具。与过去网络技术的大型化、固定化不同，当时的网络使用受到了相对的时间和地点限制，人们的学习和生活方式似乎都要围绕着网络的可达性来调整。而在今天，随着通信工具的微型化和便携化，人们与互联网的联系变得更加密不可分，形成了一种"网络围着人转"的局面，极大地方便了人们的学习和生活。

这种变革不仅提升了学习的便捷性和灵活性，还推动了教育模式的创新。随着"互联网＋教育"的持续发展，更多的在线学习资源和教育平台应运而生，为不同需求、不同背景的学习者提供了丰富多样的学习选择和个性化学习路径。这标志着我们正逐渐迈向一个全民学习、终身学习的社会，每个人都可以根据自己的兴趣和需要，随时随地接受教育和提升自我，实现知识的不断更新和能力的持续提升。

5．有利于推进教育公平的发展

由于教学点数字化教育资源全覆盖，突破了时空的限制，使得全国所有学生都能共享同样的优质教育资源，这为解决发达地区与落后地区、城市与乡村教学资源配置不均衡问题提供了一条捷径。

二、数字赋能技术创新支持"互联网＋教育"

（一）"互联网＋"的内涵与核心特征

在技术哲学领域，对技术本质的理解存在分歧，主要围绕"技术非物质本质"与"技术即物质实体"两种对立观点展开讨论。技术由实体、智能和工艺三大要素构成：实体要素涵盖工具、机械和设备等物理形态；智能要素包含了知识、经验和技巧等非物质形态；工艺要素则描述了智能和实体的结合方式及其操作状态。因此，技术的本质不仅限于其物质实体，还包括技术的认知理解和应用工艺，这种全面的视角有助于深化我们对技术本质的理解，特别是对互联网技术的本质认识。

技术不只是人与自然之间的能动性体现，它还是人类社会关系和社会结构形成与演进的基础和尺度，反映了各种社会关系的实现方式。

"互联网＋"本质上是一种关系的构建和智能连接的方式，它对互联网技术中的智能和工艺要素进行了重新理解和定义。"互联网＋"模式不仅强调互联网技术的支持作用，更重视互联网思维如协作、开放、跨界在推动传统产业革新中的重要性。简而言之，"互联网＋"将互联网视为基础设施和创新要素，推动信息与通信技术与各个行业的跨界整合，这种整合不是简单的叠加，而是

在传统行业中创造新的发展模式和业态。

"互联网＋"时代的特征可以归纳为四个核心方面。

新的技术和先进的基础设施：这个时代的基础是集成了云计算、移动互联网、物联网和其他先进技术如3D打印、智能可穿戴设备的数字化和智能化基础设施。这些技术和工具为创新与发展提供了强大的技术支持，使得云、网、端的一体化成为可能。

新的生产要素：数据和信息资源已成为跨行业的核心资产。大数据的出现不仅改变了人们的生活和工作方式，企业运营模式，甚至也促进了科学研究方法的根本变革。

新的社会空间：以互联网为基础，信息通信技术（ICT）促进了跨领域、多维度的融合，形成了紧密相连的社会网络结构。在这种结构下，虚拟世界与现实世界的界限逐渐模糊，为人们提供了更广阔的交流和互动平台。

新的业态体系：互联网促成了新的体制、新的机制和新的分工方式的形成。随着电子信息技术和网络媒介的快速进步，信息的创造、复制、传播速度大幅提升，既促进了事物的外延扩展，也加速了内在的集成和创新。

这四大特征共同构成了"互联网＋"时代的框架，不仅极大地推动了经济和社会的发展，也为人类生活方式和社会运行机制带来了深刻变革。

（二）数字赋能技术支持下的创新学习

教育技术的使命是引领和推动技术驱动的教育变革。教育技术所具有的三项职能为人才培养、科学研究和社会服务。教育的根本目的是培养服务于社会的人才。随着社会的发展和技术的进步，无论是专业人才的培养还是学术人才的培养，都应该顺应时代潮流，符合教育改革的方向，故人才培养的新模式应面向教育改革的实际问题。在"互联网＋"时代下，"互联网技术＋教育"的服务模式将成为今后研究的主题。技术与教育相结合，以便更好地实现终身学习的理念，也就是所有人都能享受优质教育和终身学习，建设公正、和平和可持续发展的社会。

科学探究的方式主要用来学习科学知识，拓展性学习也具有重要作用。知识可以建构与重构，重构可以改变一个领域内的代表性知识或拥有潜力的计算机模型，并能重构代表性知识的模型。该模型常常帮助学生更加深入地在一个科学领域内进行创新学习。利用技术进行科学创新，可以创设一定情境激发学生的学习兴趣，鼓励学生自主创新，设计知识重构模型，促进学生对该领域知识的进一步学习和深入的研究。可见，新技术对教育创新具有一定的推动作用。

数字赋能时代下，智慧校园为师生提供各种便利，学校的管理系统所提供的服务也越来越智能化。数字赋能时代校园服务模式应体现以人为本、阳光透明、扁平简约、智慧物联、全时空、数据财富和信息安全的现代理念。在校园服务模式方面，以计算机应用为基础，通过不断创新，使学校的管理系统越来越智能化，校园后勤管理模式越来越简单化。

（三）信息技术与教育的深度融合

随着信息技术的快速发展，其与教育的融合已经从简单的整合进步到了深度融合的阶段。这种进步表现在精品数字课程的创建、共建共享平台的建立，以及优质教育资源的开发与应用上，有效地推动了信息技术与教育内容的深入结合。

信息化课程的核心特征在于课程内容与信息技术的深度结合。构建信息化课程的基本理念围绕着学生中心、以培养能力为核心以及重视学习过程的原则展开。信息化课程开发的关键在于实现三大转变：一是将传统教材转化为支持学生学习的数字资源；二是将传统的学习内容转变为动态的学习过程和活动；三是将以结果为导向的评价方式转变为以促进学生发展为目的的评价方式。在设计信息化课程时，特别强调平台的搭建、内容的创新与丰富以及活动的设计，确保教育资源的高效利用和学生学习体验的最大化。

信息技术与教育的深度融合标志着一场广泛且深远的教育革新和变革。信息技术不仅重新定义了教学的实施手段，也对教学方法、工具及内容造成了根本性的影响。通过促进教育模式和学习环境的演进，信息技术成为引领教育创新方向的关键力量。随着这种融合逐渐成为教育发展的主流趋势，对于迅速进步的中国来说，既带来了难得的发展机遇，也带来了前所未有的挑战。

要在宏观层面实现信息技术与现代教育的深度融合，并利用这一进程促进我国教育的跨越式发展，关键在于采取全局和战略性的视角进行前瞻性规划。这需要综合考虑国内外教育发展的趋势、技术进步的潮流，以及社会经济的需求，制定符合国情的教育创新策略。通过这样的努力，中国可以有效地把握信息技术带来的教育变革机遇，克服挑战，推动教育事业的全面发展和提升。

第二节　高校教育的云计算与移动化技术

一、云计算

随着全球逐步步入云计算时代，预计在未来几年内，云计算将成为教育领域的一项主流技术。这一变化不仅将改变教师的教学模式，也将改变学生的学习方式，从而在教育和教学上引发一场新的革命。在认识到云计算在中国教育行业中具有巨大的发展潜力之后，教育技术的学者和专家开始探索如何有效地将云计算技术应用于教育信息化，以期通过"云计算"辅助教学来实现这一目标。

云计算在教育信息化方面的应用已经显著推动了我国教育领域的进步。通过利用云计算所提供的社会化服务，学校和教师能够以更低的成本进行教育活动，包括科研经费、人力资源和服务器设备等费用的降低。此外，云计算辅助教学还降低了教师信息技术培训的成本和门槛，使得学校在教育信息化建设方面能够更加便捷和安全。云计算使得每位教师都能够轻松愉快地创建个性化的教学环境，促进学生集体智慧的发展，从而实现教育质量的整体提升和教育公平的进一步实现。

（一）云计算的定义

云计算构建在大规模计算机集群的基础上，利用分布式计算和虚拟化技术创建数据中心或超级计算机，目的是实现数据处理的高效率和资源的最大化共享与协作。它提供了一种新型的计算模式，允许用户通过互联网以免费或按需支付的方式获取计算、存储等服务。

在概念上，云计算不依赖于个人电脑或单个服务器，而是依托于一个对用户透明的"云"结构，即用户不需要了解云的内部工作原理即可使用其资源。云资源具有高度的可扩展性和即时可用性。云计算的终极愿景是将计算资源像水电等公共设施一样普及，让人们可以随时随地、按需使用计算资源。

简而言之，云计算可以从两个维度来理解：云平台和云服务。云平台指的是提供计算力、网络和存储能力的硬件服务基础设施；而云服务则是基于这些底层硬件基础设施，向用户提供的可按需弹性伸缩的各类服务。

（二）云计算的特征

云计算主要有以下特征。

1. 超大规模

大多数云计算中心都具有相当大的规模，比如 Google 云计算中心已经拥有几百万台服务器，而 IBM、亚马逊、微软等企业所掌控的云计算中心规模也毫不逊色。云计算中心通过整合和管理数量庞大的计算机集群，赋予用户前所未有的计算和存储能力。

2. 较高的可靠性

云计算采用分布式数据中心将数据备份到不同地点相互隔离的数据库主机中，这不仅有利于数据恢复，也使网络病毒和黑客攻击变得盲目，大大提高了系统的安全性和容灾能力。

3. 可应付过大的访问量

在日常的网络应用服务中，许多资源网站的访问量都有可能遇到突发性的增长。在云计算环境下，利用云存储的服务器集群和虚拟化技术，临时调用计算和存储资源，分配给服务器和存储子模块，可以很好地解决因访问量过大而导致的网站无法访问或服务器崩溃等问题。

4．硬件可作为一种服务提供给用户使用

云计算对硬件资源进行整合并虚拟化处理后提供给用户使用，既提高了资源的利用率，扩大了资源的共享范围，又降低了 IT 系统维护的复杂度。

5．按需部署

用户针对不同应用的运行及部署需要使用不同的计算能力和存储资源，云计算平台可以按照用户的请求动态部署计算和资源，这种机制保证了资源的高效利用，避免了资源浪费。

6．高性价比

云计算通过虚拟资源池的方式管理云端所有资源，这种方式对物理资源要求比较低，通常使用廉价的 PC 即可组成云，投入成本相对较低，但获得的计算性能却可以超过大型主机。

（三）云计算辅助教学的新特征

云计算辅助教学除了拥有计算机辅助教学的特性外，还拥有独特的新特征。

1．方便快捷性

云计算的普遍应用为学习者提供了极大的便利，允许他们快速而轻松地访问所需的基础设施资源。这一服务的便捷性意味着学习者可以毫不费力地获取必要的资源和服务，而无需了解云计算背后的复杂技术原理。这种随时随地、通过各种终端设备如个人电脑或移动电话接入互联网即可获取信息和服务的能力，极大地增强了学习的灵活性和可及性。

云计算的这一无处不在的特性确保了学习者可以在任何时间、任何地点进行学习，不受物理位置的限制。无论是通过 PC 还是移动设备，只要连接到互联网，学习者就能够访问广泛的学习材料、应用程序和服务，从而实现个性化学习和自主学习的目标。这种模式不仅提升了学习效率，还拓宽了学习的边界，使得知识的获取和分享更为自由和广泛。

2．共享协作性

每一个参与进来的学习者都可以贡献优质资源、分享优质资源，借助于此优势可以有效解决有限资源无法被充分利用的问题。云计算辅助教学"资源无限性""服务无限性"的特点支持远程协作学习和校级协作学习的实施开展，有利于我国教育信息化进程中"校校通""班班通"工程的推广。

3．数据安全性

云计算技术为学习者提供的数据存储解决方案带来了极大的便利和安全保障。由于数据存储于云端，学习者无需担心数据丢失或遭受病毒攻击等问题，也不需要手动进行数据备份。客户端上的每一次操作都能实时同步到云端，保证了数据的实时更新和安全。

　　云计算背后依托的是由大量商用计算机组成的庞大机群，这些机群构成了高度可靠和安全的数据存储中心及数据处理服务。通过采用多种硬件和软件的冗余机制，云计算系统能够确保数据的安全性和系统的稳定性，即使面临部分系统故障也能保证服务的连续性和数据的完整性。这样的维护和运行机制得益于云计算提供商的专业技术和规模经济，为学习者提供了一个更加专业和完善的学习环境。

　　4．应用扩展性

　　当前绝大多数的软硬件资源对虚拟化技术都有一定程度的支持，不同类型的信息技术资源、软硬件虚拟化放在云计算平台中统一管理控制，在信息技术教学管理活动中可以很方便地使用软件、获取资源和对软硬件进行动态的扩展、升级、维护。

　　5．经济高效性

　　对于学习者而言，云计算辅助教学大大降低了信息技术教育的资金投入。教育机构只要支付极少的维护费用（有些服务甚至是免费的）就可以享受便捷高效的云服务。云计算的基础设施往往由第三方提供，教育机构不需要为了一次性或非经常性的计算任务购置昂贵的硬件设备。

　　6．低碳环保性

　　借助于云计算辅助教学，教育机构只需要为学习者提供配置低、能耗低的上网本，然后结合云计算辅助教学平台，学习者就可以参与到信息化教学活动中去，而这恰恰适应当今生态社会对构建低碳型教育的要求。

二、数字赋能教育的移动化

（一）移动教育的特点

　　在中国，移动教育应用的普及率已经相当高，得益于先进的多媒体技术、互联网及无线通信网络的发展，越来越多的用户开始通过移动设备如手机、平板电脑、PDA等开展互动式的教学活动，并进行科技教育方面的交流。移动教育的一个显著优势在于其对时间和空间的超越，使得学习者可以在日常生活的碎片时间，如散步、等车或乘坐地铁时进行自主学习，这种灵活性的学习方式可以帮助学习者逐渐积累知识、提升素质。

　　随着手机媒体成为继报纸、广播、电视和网络媒体之后的"第五媒体"，其携带方便、随时可用的特性使得移动教育在传统教育模式中占据了独特的地位。手机等移动设备的便携性和可移动性为学习提供了前所未有的灵活性和便捷性，这是传统媒体难以比拟的。因此，以手机和其他移动设备为学习终端的移动教育，不仅能够满足现代人快节奏生活中的学习需求，还为教育提供了更加个性化、灵活的学习方式和教学策略。这种教育方式能够更好地融入学习者的日常生活中，使学习成为一种无处不在、随时可进行的活动，极大地提高了学习的效率和效果。

1．灵活性

移动通信设备的便携性和可移动性方便人们随时随地使用，这就决定了移动教育的灵活性。移动教育（网络教育、电化教育等）与传统教育相比，不受场所局限，也不受网络接入和固定网络设备的局限，人们能更好地利用零散、空余时间安排学习，拥有很大的灵活性。

2．普及性

我国有一多半的人能用手机接受移动教育。此外，我国移动网络信号覆盖面几乎遍布包括西沙群岛在内的所有地区，这就为移动教育的普及打下了良好的硬件基础。

3．个性化

移动教育的个性化特征显著，能够在教育内容与形式、学习方式以及移动设备的选择等多个层面满足学习者的独特需求。首先，内容和形式的个性化让学习者拥有广泛的选择自由度，他们可以根据自己的需求和情况，从大量的网络教育资源中挑选，并通过定制化服务或选择不同的传输方式（如流媒体、短消息服务或 WAP 浏览等）来获取知识。其次，学习方式的灵活性使得移动教育用户能够依据自己的工作和休息时间灵活安排学习计划。最后，根据学习需求、经济条件和个人偏好，用户还能选择最适合自己的移动设备和运营商。

在移动教育的发展初期，一些研究者过于强调"技术为核心竞争力"，将移动教育视为仅仅通过移动设备开展教学活动的手段，这限制了移动教育的发展潜力和应用范围。他们主要关注于提升移动设备的技术创新和功能完善，试图通过改进硬件来优化教育过程。这种观点往往忽略了移动教育更广泛的可能性，即不仅仅是将电子教学材料简单地传输到移动终端，而是应该更深层次地探索移动技术如何与教育内容、教学方法和学习体验相结合，创造更加丰富、互动和个性化的学习环境。

4．移动性

在设计移动教育过程时，应本着"以学生为中心"这一理念，设计重点不应单一关注移动终端设备，移动教育用户的特点也应得到足够的重视。现今学者们针对移动教育的研究主要集中在移动终端的使用感知和突破时空限制的信息传播过程上。移动教育的移动性表现在三个方面—空间的移动性、学习环境的移动性和时间的移动性。

（二）移动学习设备支持

移动学习终端是任何用于学习的通用型终端设备，目前比较流行的移动学习终端设备主要有 PDA、智能手机、笔记本电脑等。

1. PDA

PDA 全称为 Personal Digital Assistant，即个人数字助理。PDA 顾名思义就是辅助个人工作的数字工具。PDA 最初用于个人信息管理（Personal Information Management，PIM），以替代纸笔，帮助人们进行一些日常管理工作。PDA 主要的功能有四个：日程安排、通信录、任务安排和便笺。随着科技的发展，PDA 产品增加了通信功能。

市场上的掌上电脑主要采用两类操作系统：一类是日趋完善的 Palm 操作系统，另一类则是微软 Win CE 系列。后者虽然起步晚，但已经打破了 Palm OS 一统天下的局面，而且由于 Win CE 授权比较广泛，现在国内大部分掌上电脑都使用 Win CE 系统，包括国内的联想、方正以及国外的 HP、COMPAQ 等公司都推出了 Win CE 掌上电脑。目前，各类厂商纷纷进入中国电子阅读器市场，汉王、翰林、易博士、方正、大唐相继推出电子书 PDA，运营商也加入竞争市场。

2. 智能手机

智能手机在外观和操作上可能与传统手机保持一定的相似性，包括那些带有触摸屏、非触摸屏数字键盘，以及全尺寸键盘的手机。与使用厂商专有封闭式操作系统的传统手机相比，智能手机的功能显著更为丰富和灵活，传统手机的功能受限于其操作系统的能力，而智能手机则以其开放性和扩展性为特点。

智能手机基于更先进的第三代数字通信技术，继承了传统手机轻巧便携的特性，并具备了强大的网络功能，支持图像、视频、音乐等多媒体格式的处理。这使得智能手机在全球范围内实现无缝漫游成为可能。智能手机的内存容量更大，图像和声音还原能力更强，因而在访问学习资源、进行沟通交流以及播放多媒体文件等方面具有优异的性能。

智能手机内置的嵌入式处理器支持多媒体化的学习内容，并能在一定程度上运行更多类型的软件应用。这种多功能性和高度的兼容性使智能手机成为学习、工作和娱乐等多方面的理想工具，极大地丰富了用户的数字生活和学习体验。

3. 笔记本电脑

笔记本电脑，也被称为手提电脑或膝上型电脑，作为较早推向市场的移动学习终端设备之一，其设计宗旨是将小型化、便携性与个人电脑的功能强大相结合。这种设备通常质量在 1～3 千克。随着技术的进步，笔记本电脑的发展趋势表现为体积进一步缩小、重量更轻，同时功能更加强大和全面。

尽管如此，相较于其他移动设备，笔记本电脑在便携性方面表现较差，电池续航时间也较短，通常在 2～3 小时，这就需要频繁地外接电源或使用备用电池，这在一定程度上限制了其移动学习的便利性。此外，笔记本电脑在移动终端设备中属于价格较高的一类。

不过，随着 Wi-Fi 技术在城市的广泛普及，笔记本电脑在网络接入性方面具有明显的优势。它不仅能够通过以太网连接互联网，还可以利用内置的无线网络进行连接。更重要的是，笔记本电脑在数据处理能力方面遥遥领先于其他移动终端设备，这使得它能够胜任系统要求更高、更为复杂的计算机辅助学习任务。这些特点使笔记本电脑成为在需要强大数据处理能力和高度网络接入性的移动学习场景中的理想选择。

（三）移动学习的关键技术

世界通信技术总的发展趋势是数字化、综合化、智能化、宽带化和个人化。新的通信方式将更便捷、更快速、更小型，功能也更强大。移动学习涉及的关键技术有无线移动通信、互联网、WAP 与 WML、蓝牙技术和语音识别软件。

1. 无线移动通信

无线通信技术通过将数据信号转换为电磁波或光波，并直接通过空间传送，从而免除了架设电缆或光纤的需要。

随着通信技术协议的不断发展、移动终端应用平台的普及、移动设备与通信网络的通用标准制定，以及语音技术、定位技术、数据安全技术等关键技术的突破，基于互联网的移动教育应用预计将迎来巨大发展。技术进步预示着无线数据传输速率的显著提升，将使移动教育系统实现更高的服务水平。

这种技术进步将极大地提升移动教育的便利性和服务质量，使得教学活动不再受时间和地点的限制，并保障高质量的教学成果。用户将能够通过移动设备随时随地享受到互联网提供的全面服务，包括轻松浏览网页、收发电子邮件、进行视频会议以及开展移动学习等活动，从而开启移动教育的新纪元。

2. 互联网

互联网作为全球最大的多媒体网络和信息库，已经成为继传统媒体之后的第四媒体或网络媒体，引领人类进入了一个媒体民主的新时代。它实现了同网全球、即时交互的传播理想，将信息和交流无缝集成，为用户提供了前所未有的互动体验。互联网的迅猛发展，尤其是在远程通信、宽带和广域网络技术上的突破，对教育体系的改革、教学手段的革新、教学方法及模式的转变产生了深远影响，促成了真正全民教育的实现。通过互联网，世界各地的人们都能接触到高质量的教育资源，获取最新的信息和知识。

为了进一步优化互联网服务，提供个性化的用户体验，减少信息筛选的时间成本，避免错过重要信息，专家们正在开发和完善互联网的信息过滤功能。这一功能通过识别信息的内在逻辑，实现信息的自动分类和过滤，使用户能够"定制"个性化的信息服务，从而更快捷、更准确地获得所需信息。

互联网还能为师生提供互动式网页，成为信息交流和发布的有效平台，支持多媒体内容的展示，确保教学内容既生动又形象。在移动教育系统中，互联网和教学服务器扮演着教育资源的主要承载角色。移动学习者依靠无线网络接入，能够自由地搜寻、筛选和利用各类信息，主动构建自己的知识体系。无线网络接入是实现真正移动学习的关键，它不仅保证了教学内容能随时随地被有效传递，还为学生之间以及师生之间的互动提供了平台。为了支持大量数据的传输，包括声音和多媒体内容，采用如 UWB 这样的无线数据传输技术变得尤为重要，以满足日益增长的教育网站和在线学习资源的需求。

3. WAP 与 WML

WAP 即无线应用协议，是移动通信设备实现接入互联网的全球标准。WAP 语言支持位置和个性化，支持用户登录表（关于用户爱好和接受能力的信息表）。WAP 实现了移动通信系统和数据通信系统的结合，它使移动用户可以不受网络种类、网络结构、运营商的承载业务以及终端设备的限制，充分利用自己的无线终端—手机，随时随地接入互联网，访问教学服务器，并进行浏览、查询，实时交互，类似于普通的互联网用户。

WML 是无线置标语言，主要应用于移动网络和小型掌上设备。WML 主要用于创建静态内容，WML 标记符号有限，但这些符号足以创建移动互联网应用。WML 使开发者能够创建用户界面，这个界面将在移动设备屏幕上展示。

WML 简单易学，使用合适的 WWL 符号，开发者能够轻易地在移动设备屏幕上展示内容形式，如文本、链接、图像、数据登录和选项。WML 命令程序基于 JavaScript，WML 命令程序用于动态内容如数据检查和错误更正。

4. 蓝牙技术

蓝牙技术作为一种开放性的全球无线通信标准，专注于实现设备之间的低成本、近距离无线连接。它通过在微芯片中嵌入特定程序，允许不同制造商生产的便携式设备在无需电缆或电线的情况下，实现近距离内的互通和互操作。这种技术的主要目标是替代传统的物理连接线，促进设备间的无线通信。

在移动学习领域，蓝牙技术扮演着至关重要的支持角色，为数字网络和外围设备之间提供了一个通用的接口，便于构建特殊连接的设备群，从而实现与互联网的无缝、灵活连接。这意味着移动学习者可以克服物理障碍，跨越时间和空间的限制，实现"即连即用"的无线上网学习体验，无论身处何地、何时。

利用蓝牙技术在教学内容呈现上的优势，可以结合多媒体技术，实现信息的多元表达，促进学习者多样智能的发展，增强学习过程的互动性。然而，每项技术和媒体都有其局限性，并非万能，蓝牙技术亦是如此。它存在一些不足，例如蓝牙芯片的成本相对较高、蓝牙模块的生产难度大、全面测试的复杂性以及传输距离的限制等。

尽管如此，随着技术的持续进步和完善，蓝牙技术的发展前景仍然乐观。它预计将在远程教育领域引发重大变革，促进移动学习的广泛普及和发展，为学习者提供更加灵活、便捷的学习方式。随着蓝牙技术的不断改进，它在教育领域的应用将越来越广泛，为移动学习带来更多的可能性和机遇。

5. 语音识别软件

用户可借助该软件用语音操控手机和掌上电脑的大部分功能。与其他语音识别技术不同的是，用户不需要事先存储自己常用的控制命令，只需在使用某项功能时自然地用较标准的英语说出自己的需要。在移动通信装置中加入语音输入的功能有助于实现和普及移动学习。因为语音输入比用键盘输入更为便利，也更具有吸引力。通过语音输入，不懂计算机的手机用户也可以很容易地获取和处理移动互联网上的信息，这就大大拓宽了教育的范围，对终身教育、教育的民主化以及个性化学习将产生巨大推动力。

第三节　信息化教学人机交互技术

一、人机交互技术的发展分析

（一）人机交互的基本概念

人机交互（HCI）科学涵盖了设计、评估和实施供人使用的交互式计算机系统的全过程，以及对这些过程的主要现象进行研究。它的核心在于促进人类与计算机之间的有效沟通，通过人机接口技术实现双方的互动。计算机通过特定的界面展示与人的互动结果，使用户能够理解他们操作的后果。

人机交互技术是一个跨学科领域，融合了认知心理学、人机工程学、多媒体技术、虚拟现实等多个学科的知识。其中，认知心理学和人机工程学为人机交互提供了理论基础，而多媒体技术和虚拟现实则与人机交互技术相互融合，丰富了交互方式。

多媒体人机交互技术指的是人们通过文本、图形、图像、动画、声音和视频等多种媒介与计算机进行通信的技术。它不仅关注信息表示的多样性和自然性，也涵盖了用户如何通过多种输入输出设备与计算机进行交互的方式。虽然多媒体外设如声卡、视频卡、触摸屏、图像扫描器等已相对成熟，但设备的集成化和人机交互的软件开发仍面临挑战。

在虚拟现实系统中，为了提供逼真的用户体验，需要采用先进的计算机技术来生成一个包含视觉、听觉、触觉乃至嗅觉的综合感觉世界，让用户可以使用自己的自然技能与这个虚拟环境进行互动。这要求系统具有更高水平的集成性和互动性。因此，多媒体人机交互技术是多媒体技术与人机交互技术结合的产物，代表了多媒体技术发展的一个更高层次。

（二）人机交互技术的发展与展望

人机交互技术的发展历程体现了从最初让人们适应计算机的方式，逐渐转变为使计算机能够适应人的需求和行为的历史。这一过程中，计算机交互方式经历了从精确到非精确、从单一通道到多通道、从二维界面到三维交互的显著变革。

在人机交互的早期阶段，使用的交互设备相对原始，如穿孔纸带、面板开关和显示灯等，这些设备要求用户具备特定技能来操作计算机。随着技术的发展，交互设备开始拥有多种感知能力，如动作追踪、语音识别和感觉反馈等，使得交互更加自然和高效。

人机交互的发展可以分为以下四个阶段。

（1）手工作业阶段。这一阶段主要基于物理开关和灯光指示，用户需要手动操作机械设备来输入指令。

（2）语言命令交互阶段。这一阶段计算机能够接受和理解基于文本的命令语言，用户通过键入命令与计算机交互。

（3）图形用户界面交互阶段。这一阶段引入了图形用户界面（GUI），使得交互更加直观和易用，用户通过图形和图标进行操作。

（4）自然和谐的人机交互阶段。这一阶段注重自然语言处理、手势识别、虚拟现实等技术，旨在实现更自然、更和谐的人机交互体验。

用户界面的发展同样经历了从批处理、联机终端、文本菜单到多通道多媒体用户界面和虚拟现实系统的演变。同时，信息载体的类型也从以文本为主的字符用户界面（CUI）发展到以二维图形为主的图形用户界面（GUI），再到多媒体用户界面，最后是综合多种感官（包括触觉）的虚拟现实系统。

从信息维度上看，人机交互从一维文本信息、二维图形信息，发展到三维图形技术，最终实现了多维信息空间的构建，这标志着计算机与用户之间的通信带宽和交互能力的不断增强和提升。

1. 手工操作阶段

计算机通过穿孔卡片或纸带来输入程序和数据，计算机的状态用指示灯来显示，计算结果由打印机输出。程序和数据是二进制机器码，人们手工将它输入穿孔机制成穿孔卡片或纸带，再由阅读机读入计算机。这时的人机交互相当原始，交互的特点是由设计者本人（或本部门同事）来使用计算机，他们采用手工操作和依赖二进制机器代码的方法去适应现在看来十分笨拙的计算机，若输入错误则不能修改，只能将纸带报废，输出界面也很不直观，更谈不上实时交互了。

2. 语言命令交互阶段

由于有输入缓冲器，所以输入的错误可以及时修改，终端显示器的输出也比打印机的速度要快得多，而且便于连续使用。后来，随着汇编语言和一些高级语言如 FORTRAN、COBOL、LISP、PASCAL 和 BASIC 等语言的出现，为了便于操作和控制作业，逐步发展了交互式命令及其有关标准。当时的终端分为批处理终端和交互终端，在批处理终端上一次提交的是整个作业，计算机按照指令顺序执行；而在交互终端上，人们可以每次向计算机输入一条命令或数据，计算机逐条解释执行，并在显示器上输出结果。为了便于输入数据，人们还编制了文本菜单程序，用户可以在计算机的提示下通过问答的方式输入数据，这一时期的人机界面是第一代真正的人机界面，被称为命令行界面（Command Line Interface，CLI），由熟练的操作员通过键盘输入文本命令，系统以文本方式表示对命令的响应，输出为静态字符。通过这种人机界面，人们可以采用批处理作业语言或交互命令语言的方式进行人机交互。虽然要记忆许多命令和熟练地敲键盘，但也可用较方便的手段来调试程序，了解计算机的执行情况，其缺点是：交互方式单一、自然性差、效率低。

3. 图形用户界面阶段

20 世纪 60 年代，出现了第二代人机界面——图形用户界面（Graphic User Interface，GUI），又称 WIMP 界面，它由窗口（window）、图标（icon）、菜单（mum）、指点设备（pointing device）组成，从而形成桌面，输出为静态或动态的二维图形或图像。

GUI 的特点是以窗口管理系统为核心，以键盘和鼠标为输入设备，能同时输出不同种类的信息，用户可以在几个工作环境中切换而不丢失几个工作之间的联系，通过菜单可以执行控制型和对话型任务。其主要思想是桌面隐喻技术、直接操纵和所见即所得。

由于 GUI 简明易学，它减少了敲键盘的次数，实现了事实上的标准化，用户只需轻点鼠标即可完成所有操作，非常简单、易于掌握，因而使不懂计算机的普通用户也可以熟练地使用，开拓了用户人群，极大地推动了计算机的普及和应用。但它们都属于单通道人机交互界面，不具备使用多种媒体以及三维交互的能力。现在的人机交互技术向多媒体、多通道、网络化和智能化方向发展，为新一代人机交互界面的开发提出了新的课题。

4. 网络用户界面阶段

网络用户界面（Network User Interface，NUI）是指将网络功能融入以桌面为中心的图形用户界面当中，从而实现以网络为中心的用户操作界面。例如，在客户端程序中，增加了 Web 浏览器、电子邮件（E-mail）、文件传输（File Transportation Protocol，FTP）、HTML 编辑器等功能。所有网络用户界面的共同特点是把网络资源看作本地资源，提供统一风格的浏览器接口，既能导航本地文件，又能导航远程文件。

5. 多通道、多媒体的智能人机交互阶段

人机界面的发展经历了从第一代命令行界面到第二代图形用户界面，现在正在向着第三代多通道用户界面（Multimodal User Interface，MUI）的发展。所谓多通道交互就是利用人的多种感觉通道和动作通道（语音、手写、姿势、视线、表情等输入），以并行、非精确的方式与（可见或不可见的）计算机环境进行交互。它主要关注用户向计算机输入信息以及计算机对用户意图的理解，所要达到的目标是交互的自然性和高效性。图形用户界面侧重于解决计算机信息表现及输出的自然性和多样性问题，而多通道用户界面侧重于解决计算机信息输入及识别的自然性和多样性问题，多通道用户界面主要关注用户向计算机输入信息以及计算机对用户意图理解的问题。目前，多通道人机交互技术的研究主要集中在语音识别和自然语言理解、手写识别等方面。

6. 未来展望

21世纪后，人机交互的特点是多通道、多媒体。以虚拟现实为代表的计算机系统拟人化，以及以手持电脑、智能手机为代表的计算机微型化、随身化、嵌入化，是当前计算机的两个重要的发展趋势。通俗地讲，就是手机越来越大、计算机越来越小。鼠标和键盘为代表的GUI技术不再是主导，而是以MUI为主导，从而大大提高人机交互的自然性和高效性。

二、人机界面设计

人机界面（Human Machine Interaction，HMI），又称用户界面或使用者界面，是人与计算机之间传递、交换信息的媒介和对话接口，是计算机系统的重要组成部分。人机界面是系统和用户之间进行交互和信息交换的媒介，它实现了信息的内部形式与人类可以接受的形式之间的转换。凡参与人机信息交流的领域都存在着人机界面。人机界面设计的好坏直接影响到用户使用计算机的效率以及计算机软、硬件性能的发挥。

（一）人机界面设计原则

1. 以用户为中心的设计原则

在系统的设计过程中，设计人员要不断征求用户的意见，抓住用户的特征，发现用户的需求。系统的设计决策要结合用户的工作和应用环境，最好的方法就是让真实的用户参与开发，这样开发人员就能正确地了解用户的需求和目标，设计的系统就会更加成功。

2. 顺序原则

按照处理事件顺序、访问查看顺序（如由整体到单项、由大到小、由上层到下层等）与控制工艺流程等设计监控管理和人机对话的主界面及其二级界面。

3．功能原则

按照对象应用环境及场合、具体使用功能要求、各种子系统控制类型、不同管理对象的同一界面并行处理要求和多项对话交互的同时性要求等，设计分功能区、分多级菜单、分层提示信息和多项对话栏并举的窗口等人机交互界面，从而使用户易于分辨和掌握交互界面的使用规律和特点，提高其友好性和易操作性。

特别是用户经常要做的事，应尽量让它变得简单。让用户在使用产品时感到简单的最好办法是提供能方便修改的默认值，如果退出程序并重新开始，新默认值应已保存并重新加载。用户没必要在每一次启动程序时都去修改它们。

4．一致性原则

"一致性"包括色彩一致、操作区域一致、文字一致。即一方面，界面颜色、形状、字体与国家、国际或行业通用标准相一致；另一方面，界面颜色、形状、字体自成一体，不同设备及其相同设计状态的颜色应保持一致。界面细节美工设计的一致性使运行人员看界面时感到舒适，从而不分散注意力。对于新运行人员，或紧急情况下处理问题的运行人员来说，一致性还能降低操作失误率。这是从任务、信息的表达和界面设计的角度让用户理解到模式的相似性。一致性能减少人的学习负担，并通过提供熟悉的模式来增强认识能力。它可使用户基于以往使用软件的经验，预测出在某些特定情况下该软件是如何运行的。

5．频率原则

按照管理对象的对话交互频率的高低设计人机界面的层次顺序和对话窗口菜单的显示位置等，提高监控和访问对话的频率。

6．重要性原则

按照管理对象在控制系统中的重要性和全局性水平，设计人机界面的主次菜单和对话窗口的位置和突显性，从而有助于管理人员把握好控制系统的主次，实施好控制决策的顺序，从而实现最优调度和管理。

7．面向对象原则

按照操作人员的身份特征和工作性质，设计与之相适应和友好的人机界面。根据工作需要，宜以弹出式窗口显示提示、引导和帮助的信息，从而提高用户的交互水平和效率。

对于人机交互界面，无论是面向现场控制器还是面向上位监控管理，两者是有密切内在联系的，它们监控和管理的现场设备对象是相同的，因而许多现场设备参数在它们之间是共享和相互传递的。人机界面标准化设计应是未来的发展方向，因为它确实体现了易懂、简单、实用的基本原则，充分表达了以人为本的设计理念。各种工控组态软件和编程工具为制作精美的人机交互界面提供了强大的支持手段，系统越大越复杂则越能体现其优越性。

8. 指导性原则

界面的指导性包括两方面的含义：预测性——用户能从一个系统目前的状态预测到下一步该做什么；返回性——在用户发生错误时能按照其愿望回溯。好的用户界面在特定情况下应能给出完成下一步操作的线索，在试图完成想要做的工作时，用户不至于产生迷惑。窗口化界面提供了关于用户下一步如何动作的反馈信息，它给用户提供了组织及显示有关信息的方法和指南，因而使得用户可以对信息进行逻辑有序的浏览。指南可被看作一种使用户缩小有效的选择范围的方法，它告诉用户当前的一些必要信息，诸如是否能做、当前做什么合乎逻辑，怎样去做等。

9. 健全易用原则

虽然在软件中应向用户提供完成某项特定任务的方法指导，但不应当人为地限制用户采取某些有益的尝试。一方面，界面应当含有足够的引导信息以使用户能在界面中完成有意义的任务，并尽可能少地产生疑问；另一方面，界面也应允许有能力的用户完成较复杂的任务，而不应对其干预太多，用户应该处于控制的地位，而不是计算机指挥人。好的界面应在这两者之间，使界面功能强大以使人们能完成工作，但又不可过于琐碎以使人不胜其烦。

10. 友好原则

好的用户界面的一个重要方面是给用户提供恰当级别及恰当种类的反馈信息。反馈信息就是用户在使用产品时收到的有关他们已做了什么、怎样做的以及结果是什么的信息。这三部分缺少任何一个，反馈信息都是不充足的。反馈是用来保证用户能够得到足够的信息，从而使用户体验到是他们在运行计算机，而不是计算机想干什么就干什么的。例如，当某项操作不能继续进行时，不但要提示不能运行这一事实，而且还要提示不能运行的原因。反馈信息应非常简短、直接、及时，并且要从用户的角度而不是从程序员的角度来给出提示。

（二）人机界面设计过程

人机界面的设计过程可以分为以下几个步骤。

1. 创建系统功能的外部模型

在软件设计中，模型的构建不仅需要考虑数据结构、整体架构和过程描述，还需重视用户界面设计。虽然界面设计往往被视为次要环节，但其实它对软件的使用效率和用户满意度有着直接的影响。设计有效的用户界面前提是深入了解用户的需求和使用场景。

创建用户模型是根据最终用户对未来系统的预期（系统假设）进行的。这个过程的目标是确保最终系统的外部特征与用户的预期相吻合。当用户感觉到系统满足了他们的期望并且能够有效使用时，才能算是成功的设计。在建立用户模型时，必须细致考虑到由系统假设提供的信息，确保系统能准确地展现其语法和语义层面的信息。

总而言之，深入理解用户和任务是设计优秀人机界面的关键。只有当设计师充分考虑到用户的实际需求和操作习惯，才能设计出既满足功能需求又便于用户操作的界面，从而提高软件产品的整体质量和用户体验。

2．确定为完成此系统功能人和计算机应分别完成的任务

手工或半自动应用系统的深入分析，旨在识别并转化成一系列可以在人机界面上执行的相似任务。通过审查系统的需求规格书来定义一组任务，这些任务应与用户的期望和系统预设目标保持一致。

为了深化任务分析，逐步求精和面向对象分析等技术被广泛应用。逐步求精方法通过连续细化任务为更小的子任务来增强任务理解，直到清晰地明确每个子任务的具体需求。同时，面向对象分析方法关注于识别应用中的关键对象及其相关行为，这有助于明确应用与用户交互的具体对象和动作。

这两种技术方法不仅有助于全面理解任务的细节和结构，还能确保最终设计的人机界面能够满足用户需求和系统功能的预期，从而提高用户满意度和系统的使用效率。

3．考虑界面设计中的典型问题

设计任何一个人机界面，一般必须考虑系统响应时间、用户求助机制、错误信息处理和命令方式四个方面。系统响应时间过长是交互式系统中用户抱怨最多的问题，除了响应时间的绝对长短外，用户对不同命令在响应时间上的差别亦很在意，若过于悬殊用户将难以接受；用户求助机制宜采用集成式，避免叠加式系统导致用户求助某项指南而不得不浏览大量无关信息；错误和警告信息必须选用用户明了、含义准确的术语描述，同时还应尽可能提供一些有关错误恢复的建议。此外，显示出错信息时，若再辅以听觉（铃声）、视觉（专用颜色）刺激，则效果更佳；命令方式最好是菜单与键盘命令并存，以供用户选用。

4．借助 CASE 工具构造界面原型，并真正实现模型设计

软件模型一旦确定，即可构造一个软件原形，此时仅有用户界面部分，此原形交用户评审，根据反馈意见修改后再交给用户评审，直至与用户模型和系统假想一致为止。一般可借助用户界面工具箱或用户界面开发系统提供的现成的模块或对象创建各种界面基本成分的工作。

（三）Web 界面设计

WWW 技术对 Internet 的普及起到了至关重要的作用。下面就 Web 界面设计中网页的内容、网页的风格、网页的布局、网页的色彩、网页的字体、多媒体元素以及页面的导航等方面介绍如何设计 Web 界面。

1. 网页的内容

Web界面的内容要符合确定的设计目标，面向不同的对象要使用不同的口吻和用词。在设计网页内容时，要注意以下几点。

第一，HTML文档的效果由其自身的质量和浏览器解释的方法决定。不同浏览器的解释方法不尽相同，所以在网页设计时要保证所有的浏览器都能正常地浏览。

第二，网站信息的组织没有任何简单快捷的方法，吸引用户的关键在于总体结构的层次分明。应该尽量避免形成复杂的网状结构，因为这样的结构不利于用户查找信息，而且还会使维护工作变得非常困难。

第三，图像、声音和视频等多媒体信息比普通文本信息更生动、更具吸引力，但浏览速度远低于文本信息。要权衡多媒体信息和文本信息所占的比例，在不影响网站效果的前提下，尽量减少图像的数量和所占的面积。

第四，网站的首页非常重要，它给用户的是对该网站的第一印象，好的第一印象能够吸引用户驻足浏览。

第五，网站的内容应该不断更新，并在首页上注明更新日期和相关链接，这对经常访问的用户非常有用。

第六，网页中应该提供一些联机帮助功能，比如关键字查询等，千万不能让用户不知所措。

第七，网页中的文字应该简明、通俗易懂。所有的内容都要有针对性，不要节外生枝，更不要出现低级的语法错误和错别字。

2. 网页的风格

网站风格是网站整体形象给用户带来的综合感觉，包括网站标志、色彩配色、页面布局、字体选择、交互方式、内容价值以及其传达的意义等多个方面。类似于企业形象的设计和塑造，一个优秀的网站风格也需要精心设计和包装。设计网站风格时应考虑以下几个关键因素：

标志设计：网站的标志（Logo）应在网站的每一个页面上有所体现，可以安置于页眉、页脚或背景中，以增强品牌识别度。

色彩统一：选择一组网站的标准色彩，并确保文字、图片、背景和边框等元素的色彩与之一致，以营造统一和谐的视觉效果。

字体一致性：在网站的关键位置，如标题、菜单和图片描述等，使用统一的标准字体，以保持网站风格的一致性。

宣传语：选择易于记忆的宣传语，并将其放置在网站的显眼位置，以传达网站的核心价值和理念。

语气和人称统一：在网站内容撰写时，使用统一的语气和人称，以保持信息传递的一致性和专业性。

图片处理：对网站中使用的所有图片应用统一的处理效果，如相同的阴影效果、方向、高度和模糊度等，以增强视觉上的连贯性。

设计元素统一：在网站设计中使用统一的装饰元素，如花边、线条等，以强化网站的整体风格和美感。

通过以上这些细节的统一和精心设计，可以塑造出具有独特个性和高度识别度的网站风格，从而有效提升用户体验和品牌形象。

3．网页的布局

在网站设计的实施阶段，首先要设计版面的布局。页面布局是指在有限的面积内合理地安排图形、图像和文字的位置，将零乱的页面、混杂的内容按照整体布局的需要进行分组、归纳，根据其内在联系进行组织、排列，反复推敲文字、图形与空间的关系，使浏览者有一个流畅的视觉体验。在Web界面设计中，应努力做到布局合理化、有序化、整体化。

（1）页面布局要遵循的原则如下。①平衡。平衡是指画面中的图像、文字的视觉分量在上下、左右几个方位基本相当。②呼应。呼应是指同一种设计元素同时出现在不同地方，形成相互联系的结构。③对比。对比是指用不同的色彩、形态、线条等视觉元素形成对比，造成画面的多种变化，达到丰富的视觉效果；④疏密。疏密是指充分利用页面的空白，保证疏密有度，使画面产生韵律感。

（2）常见的版面布局如下。①"同"字形结构布局。"同"字形结构布局就是页面顶部为主菜单，下方左侧为二级栏目条，右侧为链接栏目条，屏幕中间显示具体的内容。其优点是页面结构清晰、左右对称、主次分明；缺点是结构过于呆板，需要运用细节色彩的变化来调剂。②"国"字形结构布局。"国"字形结构布局是在"同"字形结构布局的基础上，在页面的下方增加一个横条菜单或广告。其优点是充分利用版面、信息量大、切换方便。还有的网站设计成镜框的样式，显示出设计师的艺术气质。③左右对称布局。左右对称布局是采取左右分割屏幕的方法形成对称布局。其优点是自由活泼、可显示较多的文字和图像，缺点是将两者有机地结合较为困难。④自由式布局。自由式布局打破了上述三种布局的框架结构，常用于文字信息较少的时尚类或艺术类网站。其优点是布局随意、外观漂亮、吸引人，缺点是显示速度慢。

网页是一种视觉语言，在设计过程中，应做到整体布局合理、有序、赏心悦目。好的作品善于用巧妙的、合理的视觉语言来诠释用文字无法表达的意境。

4．网页的色彩

网站给人的第一印象来自视觉冲击，而色彩的运用对网站内容的展示和认同感起着非常重要的作用。一个网站的风格、文化背景可以通过网页中色彩的运用体现出来，所以确定网站的标准色彩至关重要。标准色彩是指能够体现网站的形象和内涵延伸的色彩，它与企业的形象密切相关，如IBM公司的深蓝色、肯德基的红色线条等，使人一眼就可以联想到公司的形象。下面是网页色彩搭配的一些原则。

（1）色彩的合理性。网页的色彩搭配要赏心悦目，风格雅致，切不可大面积地使用刺眼的颜色，以使人产生视觉疲劳。

（2）色彩的独特性。色彩搭配要有自己的风格，与众不同，形成独特的氛围，使人流连忘返。

（3）色彩的艺术性。色彩的搭配一定要有艺术内涵，最好请专业的艺术人员来设计，这样才能凸显出网站的品位和内涵。

（4）色彩的联想性。色彩的运用要能使人产生联想，例如，浅粉色使人想到女性的柔美、妖媚，适合于女性网站；黑色使人想到黑夜，可作娱乐性网站；绿色使人想到生机盎然，可作环保网站。

（5）色彩的和谐性。在设计 Web 界面时，常常遇到的问题是色彩的搭配问题。不同的色彩搭配会产生不同的效果，并可能影响到访问者的情绪。一般来说，普通的底色应柔和、素雅，配上深色文字，使访问者读起来自然、流畅。而为了追求醒目的视觉效果，可以使用较深的颜色，然后配上对比鲜明的字体，如白色字、黄色字或蓝色字。

5. 网页的字体

为了有效地使用字体，需要了解一些基本的排版内容。字体的选择与它们在网页中的排版位置密切相关，在不同位置上恰当地选择不同的字体和颜色，使网站内容的展示既清晰又活泼，易于浏览和导航。下面是选择字体的一些原则。

（1）一致性原则。一旦选择了某种字体，就应该在整个网站上统一使用，同一种字体表示相同类型的数据和信息，字体的颜色也应该一致，使用户易于根据不同字体和颜色来区分内容。

（2）统一性原则。字体的选择要和网页的整体风格融为一体，不要为了寻求变化而选用多种字体，使网页显得凌乱不堪。

（3）匹配性原则。在同一篇文章中，最好使用同一种字体，为了突出标题可选用不同的字号，切不可多种字体混排。

6. 多媒体元素

多媒体元素，如图像、音频和视频，能够丰富 Web 页面内容，提升网站的视觉效果和艺术表现。在 Web 设计中融入这些多样的多媒体元素，能够让网站变得更加生动并提高吸引力。

图形和图像，包括背景图、按钮、图标和图片等，是设计中的基础元素。设计师需巧妙地将这些元素布置在页面这一"大画布"上。大多数浏览器能够直接展示这些图形和图像，无需依赖额外的程序或模块。

动画是 Web 中的一种关键多媒体形式，它包括简单的 GIF 动画到复杂的

3D 虚拟环境。常见的动画类型有 GIF、Rollover 效果和 Macromedia Flash。其中 GIF 和 Rollover 效果大部分浏览器都能直接显示，而 Flash 动画则需要专门的插件才能播放。

全景图作为虚拟现实的一种形式，能够带给用户身临其境的体验。声音和视频元素则可能需要下载至本地存储后，通过特定的外部程序播放。使用浏览器插件，可以支持播放更多种类的多媒体文件。

因此，合理地在 Web 页面中使用多媒体元素不仅能够补充文本内容的不足，还能显著提升网站的整体吸引力和用户体验。

7．页面的导航

在网页设计中，导航元素的布局是至关重要的，因为它直接影响用户的导航体验和页面的可用性。网页通常设有五个主要区域来放置导航元素：顶部、底部、左侧、右侧和中心。为了确保用户界面的一致性，导航的布局必须保持一致。例如，如果选择将主导航置于顶部而辅助导航置于左侧，则整个网站的所有页面都应遵循这一布局规则。尽管如此，主页的导航布局可以与网站内其他页面的导航布局不同，以突出主页的独特性。

导航元素的安排不仅要与页面布局相匹配，而且在其位置、顺序和内容上应保持稳定性。此外，页面的尺寸也应该是固定的，以维持设计的一致性并增强用户的预期性。通过实施这些原则，可以为用户提供一个清晰、一致且可预测的导航体验，从而提高整个网站的可用性和访问者的满意度。

（四）人机交互界面的测试与评估

开发用户界面是一个迭代的过程，涉及设计、实现和评估三个关键步骤。在这个过程中，评估阶段是确保用户界面质量的关键环节。简而言之，用户界面的评估主要是将界面的性能、功能、外观和可用性等方面与既定标准进行对比，以便作出相应评价。

用户界面评估可以分为两种主要类型：设计阶段的评估和界面完成后的评估，分别称为阶段性评估和总结性评估。这两种评估在用户界面开发过程中均占有重要位置，构成了界面设计不可或缺的一部分。

阶段性评估着重于设计过程中的评价，倾向于使用开放式的方法，例如通过访谈、问卷调查和量化量表等方式收集用户反馈和意见。这种评估有助于及时调整和优化界面设计，确保最终产品能更好地满足用户需求。

总结性评估则通常在界面开发完成后进行，更多采用严格的定量方法来评估，如通过测量用户的反应时间和记录错误率等指标。这种评估旨在全面评价界面的最终性能和可用性，确保产品达到预期的设计标准。

综上所述，阶段性评估和总结性评估是用户界面设计不可分割的两个部分，它们共同保障了用户界面的高质量和良好的用户体验。

1. 可用性的定义

可用性定义为在特定环境中，用户使用产品实现目标的能力、效率以及满意度。它是一种衡量产品性能的量化体系，描述了用户与产品交互的有效性。用户对产品的需求可以通过五个核心方面来评估。

（1）有效性：用户实现目标的准确性和完整程度。这一点反映了产品是否能够帮助用户达成所需的结果。

（2）效率：关注用户完成任务所需的时间长度。高效率意味着用户可以在较短的时间内完成任务，从而节省时间资源。

（3）吸引力：涉及产品对用户的吸引力程度。一个具有吸引力的产品能够激发用户的兴趣和愿意进行探索，提升用户体验。

（4）容错性：产品对错误的容忍程度以及纠正错误的能力。一个好的设计应能够减少用户犯错的机会，并在错误发生时提供有效的纠错手段。

（5）易学性：衡量用户学习和掌握产品使用方法的难易程度。易于学习的产品可以让用户快速上手，减少学习时间，提高用户的接受度。

总体而言，可用性评估强调了用户在使用产品过程中的体验和感受，旨在通过以上五个方面的考量，确保产品设计能够满足用户的实际需求和预期目标。

2. 可用性测试和评估的作用

可用性测试和评估的作用有：①降低产品的技术支持费用，缩短用户的培训时间；②减少由于界面问题而引起的软件修改和改版问题；③使产品的可用性增强，易于用户使用；④更有效地利用计算机系统的资源；⑤帮助系统设计者更深刻地领会"以用户为核心的设计原则"。

3. 可用性测试与评估的方法

可用性测试与评估的方法主要有用户模型法（User Model）、启发式评估（Heuristic Evaluation）、认知遍历（Cognitive Walkthrough）、用户测试（Usability Test）和问卷调查（Questionnaire）。

（1）用户模型法。用户模型法采用数学模型模拟人机交互过程，将人机交互视为一个问题解决流程。这种方法基于人们使用软件是目的驱动的观点，即一个宏大的目标可以分解为多个小目标。为了实现这些小目标，用户可以选择不同的操作和方法。通过对每个微小步骤完成所需时间的计算，该模型能够预测用户完成整个任务所需的时间。该方法尤其适用于无法直接进行用户测试的场景。在人机交互研究领域，最为知名的预测模型之一是 GOMS（Goals, Operators, Methods, and Selection Rules）模型，它为理解和预测用户行为提供了一个结构化框架。

（2）启发式评估。启发式评估是一种由雅各布·尼尔森（Jakob Nielsen）

及其团队开发的可用性检查方法，它依据一组简单、广泛适用且具有指导性的可用性原则进行。这种方法要求专家依据一套被称为"启发式原则"的规则来评估用户界面的设计，如对话框、菜单和在线帮助等，以判断这些界面元素是否遵循了这些原则。评估过程中，专家通过模拟典型用户操作产品的场景，以识别可能存在的问题。这种评估方式因不涉及用户直接参与和不需要复杂设备而成本相对较低、过程快捷，因此也被称为经济评估法。其十大启发式原则如下。①系统状态的可见性：确保用户随时了解系统的当前状态，如通过进度条显示耗时操作的进度，选中的对象通过高亮显示。②系统的可理解性：使用用户熟悉的术语和习惯操作，采用诸如桌面隐喻来增加系统的易理解性。③用户操作的灵活性：提供灵活、自由的交互方式，如实现撤销（Undo）功能，赋予用户更多控制权。④界面的一致性：保持系统使用的术语、风格和操作顺序的一致性，以减少用户的困惑。⑤错误预防机制：通过错误预防机制来避免错误发生，如在执行删除文件操作前要求用户确认。⑥界面的可视化：优先考虑可视化的交互选项，避免用户需要记忆复杂命令或参数。⑦交互的灵活性与高效性：使交互方式灵活简便，提高效率，如通过拖放实现文件复制。⑧界面美观、简洁：界面布局合理，内容精简，色彩搭配美观，字体清晰可见。⑨出错提示功能：当用户操作出错时，系统应明确指出错误并给出改正建议，而非仅显示错误代码。⑩帮助与文档：提供易于浏览和查询的帮助文档和上下文帮助，确保用户在需要时能获得必要支持。

（3）认知遍历。认知遍历是一种通过模拟用户与界面互动来完成特定任务的评估方法，旨在评价用户界面的可用性。这一方法要求评估者根据系统的设计说明书或原型构建具体的任务场景，并让用户在这个虚拟环境中"遍历"界面，以此来评估界面设计的有效性。进行认知遍历评估需要满足以下四个条件：①系统原型的详细描述：提供清晰的系统原型或设计说明，以便评估者和用户都能理解其功能和界面布局；②具体的任务描述：明确定义用户需要完成的任务，确保任务既具体又有代表性；③完整的操作步骤清单：列出完成每个任务所需的详细操作步骤，以指导用户和评估过程；④代表性的用户选择：确保选定的用户代表了目标用户群体，以提高评估的准确性和相关性。

认知遍历的过程分为三个基本步骤：①寻找行动方案：用户在交互界面上寻找能够帮助他们完成任务的可行行动；②选择最佳行动方案：用户从可能的行动方案中选择他们认为最佳的一个；③根据反馈判断任务进展：用户根据系统提供的反馈信息判断任务完成的情况。

在评估过程中，评估人员需对用户的每一步交互进行观察和评价，并围绕三个核心问题进行分析：界面中正确操作的控件是否显而易见，用户是否清楚如何正确操作以达成预期结果，用户是否能够依据系统反馈判断自己的操作是否正确。在认知遍历过程中,记录的所有信息均极其重要。任何一个负面的回答都可能指向界面设计中的潜在问题,为改进界面提供了重要依据。

(4)用户测试。用户测试是评估产品是否满足用户需求的关键过程,它通过在特定环境下让目标用户操作软件,同时由测试人员观察、记录和测量,来收集用户使用产品的直接体验和反馈。这种方法被认为是所有可用性评估方法中最能准确反映用户实际需求的。

用户测试通常根据测试地点的不同,分为实验室测试和现场测试两种形式。实验室测试在专门的可用性测试实验室内进行,提供了一个受控的环境,便于记录和分析;而现场测试则是在用户的实际工作或生活环境中进行,可以获得更加真实的用户使用情况。

此外,根据测试的设计方法,用户测试又可以细分为有控制条件的统计试验和非正式的可用性观察测试。统计试验通常侧重于通过严格的实验设计和数据分析,探究特定变量之间的因果关系,能提供量化的结果。非正式的观察测试则更加灵活,侧重于收集定性的反馈,以理解用户的行为和偏好。

这两种测试方法在实际应用中可以相互补充,有时也会被结合使用。不管是单独还是混合使用,它们通常被统称为可用性测试。可用性测试的目的是在产品的实际应用环境之外,对特定的环境、条件和使用者进行测试,记录系统的性能,从而验证特定因果关系并得到量化数据,以优化产品的设计和功能,最终提高用户满意度。

(5)问卷调查。问卷调查是用于收集统计数据和用户意见的常用方法,它与访谈有些相似,用来了解用户的满意度和遇到的问题。问卷需要认真地设计,可以是开放式的问题,也可以是封闭的问题,但必须措辞明确,避免出现误导,以保证所收集的数据有高可信度。常见的可用性问卷有:①用户交互满意度问卷(Questionnaire for User Interaction Satisfaction,QUIS);②软件可用性测量目录(Software Usability Measurement Inventory,SUMI);③计算机系统可用性问卷(Computer System Usability Questionnaire,CSUQ)。

以上介绍的可用性测试方法都是经过多年实践证明的切实有效的方法。在各种方法的实际运用中,可以根据具体情况对某些细节灵活掌握。在特定的产品开发项目中,如何选择所使用的可用性方法直接关系到产品可用性的效果。所以一定要根据产品开发所处的阶段、结合各种方法所能提供的信息,选择一组适合具体情况、能够互补和相互衔接的方法,使得"以用户为中心"的设计理念得到尽可能充分的体现。

三、人工智能教学模式

人工智能是研究智能信息处理和开发具有智能特性的各类应用系统的核心技术,现已成为当今科学技术发展的前沿学科,扮演着越来越重要的角色。世界各国都十分重视人工智能前沿研究、技术发展与教育培养。

（一）人工智能的定义

人工智能（AI）作为一个研究领域，尽管已有70余年的发展历史，但至今仍没有一个统一和严格的定义。简而言之，人工智能可被理解为通过人工方法在机器（如计算机）上实现的智能，或是利用机器模拟人类智能的过程。因为这种智能是在机器上实现的，所以也被称为机器智能。虽然目前对人工智能的完整定义尚存在挑战，但我们仍可从不同角度对其进行较为狭义的描述。

作为计算机科学的一个分支，人工智能学科关注于智能机器的研究、设计和应用。智能机器能够在多种环境下独立或互动地完成多种类似人类的任务。该领域涵盖了设计和构造智能机器（或系统）的研究，目的是让机器能模拟、扩展乃至增强人类智能，使其具备类人智能。

从另一角度看，人工智能的研究致力于如何让计算机模仿人脑进行推理、证明、识别、理解、设计、学习、思考、规划和解决问题等思维活动。这种研究旨在解决一些复杂问题，这些问题通常需要人类专家的知识和经验，如医疗诊断、气象预报和交通管理等决策性问题。

从实用主义的视角出发，人工智能也可被视作一门知识工程学科，主要关注知识的获取、表示和应用。在这个框架下，人工智能不仅是关于使机器行动起来的技术，也是关于如何捕捉、表示和有效利用知识以支持机器的推理过程。

总之，人工智能既是一项涉及计算机科学、认知心理学和哲学等多学科交叉的前沿技术，也是关于知识与智能如何在机器上得以实现和应用的科学探索。

（二）人工智能教学模式的基础理论

1. 人工智能的教学体系

人工智能创新教学体系框架展现了其在教学内容更新、案例教学、全英文授课和教学实践等方面的国际化和多元化特征。这一框架通过以下方面体现其创新性和先进性。

（1）国际化维度。①学科国际化：通过引进国际先进的教学体系和更新人工智能的教学内容，确保教学与全球前沿技术同步，为学生提供最新的知识和技能。②学术国际化：教学过程中融入最新的人工智能学术研究成果，通过举办前沿学术讲座，让学生接触国际研究动态。③学者国际化：邀请国际知名的人工智能专家加入教师团队，采取"1＋1"双课堂模式，丰富教学内容和方法。④学生国际化：实施全英文授课和评估，培养学生的国际视野、创新能力和英语沟通技能。

（2）多元化维度。①多元化的管理和评估制度：建立一套全面的管理和评估体系，确保教学改革的多样性和有效性。②教学思路的多样化：采用不同的教学思路，以适应不同学生的学习习惯和需求。③教学风格的多样化：鼓励教师采用不同的教学风格，以提高课堂互动和学习效果。④教学方法的多样化：实施多种教学方法，如案例教学、实践教学等，增强学生的学习体验和实践能力。

通过这种国际化和多元化的教学体系结构，人工智能创新教学旨在培养具备高专业素养和强大创新能力的复合型人才，同时也体现了教学理念的先进性、教学内容的领先性及教学实施的科学性，强调了对学生专业素质和创新能力的重视。

2. 人工智能的教学内容

在人工智能（AI）的教学中，教师可以按照四个层次来组织核心教学内容，以确保学生能够全面理解人工智能的概念、原理和应用。这四个层次如下。

（1）底层，涉及人工智能的基础技术和理论，如神经网络、适应性原理、仿生机制等演化计算技术，以及辅助感知机制。它还包括人工智能如何与物理世界进行交互的形式理论和方法。这为学生提供了人工智能技术的底层理解和基础。

（2）抽象层，围绕着问题求解的知识抽象、表达和理解。这一层次反映了知识在智能创建和运用中的作用，帮助学生理解知识如何被人工智能系统所利用。

（3）高级层，包含学习、规划和推理等高级过程的模型和方法。这一层次让学生了解人工智能如何模拟人类的高级思维过程，包括如何学习新信息、如何规划行动以及如何进行逻辑推理。

（4）应用层，侧重于智能化智能体和智能系统的构建，展示了人工智能技术在实际应用中的表现。这使得学生能够看到人工智能技术如何被应用于解决实际问题，以及在各种场景中的实用性和潜在价值。

通过涵盖这四个层次的内容，人工智能课程不仅能帮助学生建立扎实的理论基础，还能让他们了解人工智能技术的最新进展和应用，从而为将来在人工智能领域的研究和实践奠定坚实的基础。

（三）我国人工智能教学模式的发展

1. 创新教学内容

在制定人工智能教学计划时，教师应遵循"精简教学内容、彰显课程特色、融入前沿议题"的指导原则。这要求教师精心挑选并确定一个科学合理的人工智能知识体系，同时设计出与之匹配的教学大纲和内容。目标是确保教授的内容能充分反映人工智能学科的核心精神、发展动态以及其与其他学科的交叉融合，同时覆盖到人工智能研究的各个理论、方法和技术的最新国际进展，从而达到足够的广度和深度。

具体来说，教学内容的设计应包括以下几个方面。

（1）形成科学的知识体系。确立一个明确、逻辑清晰的人工智能知识架构，覆盖从基础理论到应用技术的全域，强调学科的基本原理和核心概念。

（2）突出课程特色。根据教学目标和学生背景，挑选具有代表性和挑战性的教学内容，体现课程的独特价值和吸引力。

（3）融入前沿议题。紧跟人工智能的最新研究和应用趋势，将国际前沿的研究成果和热点问题融入教学内容，激发学生的学习兴趣和创新思维。

（4）反映差异性和先进性。特别是在全英文教学中，应体现出与中文教学和双语教学相比的内容差异和先进性，如采用国际通用的专业术语、案例和文献，培养学生的国际视野和英语能力。

通过这样的教学内容设计，不仅能够提高课程的学术质量和教学效果，还能为学生提供一个全面、深入和国际化的人工智能学习平台，帮助他们掌握最前沿的知识和技能，为未来在全球范围内的学术研究或职业发展打下坚实的基础。

2. 运用案例教学法

在教授人工智能课程时，考虑到其含有大量抽象概念和复杂算法，教师可以采用案例教学方法，通过设计和使用一系列规范化的教学案例，帮助学生更好地理解这些复杂内容。这需要教师基于人工智能课程的知识体系和关键知识点，进行案例库的总体和详细设计，并有效地利用多媒体教学资源来展示和解释这些案例。

在案例教学过程中，教学重点从传统的"掌握知识"转变为"创新应用"，同时，教学模式也从以"课堂讲授"为主转变为"课堂与实践并重"。这种教学方法不仅能增强学生对课程内容的理解，激发他们的学习兴趣，还能提升学生的实践操作能力和创新思维能力。

3. 创新教学实践

在执行国际化教学，特别是采用英文教材时，我们需要考虑到中外教育体系的差异以及学生英语能力的不同。为此，对英语教学方法进行适当调整和改善是必要的，这包括教学模式、案例教学、教学内容和教学手段等多个方面。为了适应这些需要，我们实施了"1＋1"双课堂模式，并采用了"二三二"教学策略，该策略结合了过渡式双语和沉浸式全英文两种英语教学方式，以及激励自主学习、启发式互动和体验式学习三种学习方法，进一步通过参与式学习和自我展示式学习的两种实践机制来加强教学效果。

我们还鼓励学生参与课外的科研和科技活动，重点培养学生的创新精神、创业意识，并努力保护学生的创造力。这些措施旨在不仅提高学生的英语水平，还着重于提升他们的专业技能和实践能力，为他们在国际化环境中的学习和未来职业发展奠定坚实的基础。

第四节　技术创新与教育质量提升

一、对教育各要素的系统整合和优化

最初的教育技术主要是把各种媒介作为教学辅助手段,这通常被称为视听教学。20世纪30年代之后,随着无线电、广播和录音技术的发展以及有声电影的出现,视听教学迅速发展,并从原先的视觉教学扩展到了视听范畴。

早期,教育技术研究主要集中在不同教学媒介的特性上。而现代教育技术更重视系统性、整体性和效果性。传统教学模式以教师为中心,学生在教学过程中大多是处于被动接收知识的状态,由教师掌控课堂。这种模式在传递有限的知识体系时效果尚可,但忽视了学生的主动参与。

近年来,教学改革强调了教师的引导作用和学生的主体地位,重视教学过程中的双向互动。通过合理分配讲课和练习时间,鼓励学生积极参与讨论,集中注意力,并关注学生的生理和心理发展。这种改革显著提高了教学效果,是一次重大进步。然而,面对当前信息量急剧增长的现实,要在有限的时间内向学生传递大量信息,实现学科间的融合,以及促使学生利用各种感官参与学习过程,依然面临挑战。

现代教育技术是一门应用系统化方法来分析教育问题,并开发、利用各种学习资源以优化教学过程的学科。自20世纪70年代初以来,系统化方法在教育技术领域引发了观念的转变和领域的拓展,它通过引入"整体大于部分之和"的思想,强调了教育系统中各个组成部分的相互作用和联系。

在系统理论的指导下,教育被视为一个整体,其中各个要素相互作用,共同形成具有特定结构和功能的组织。这种整体性和功能性的本质特征指导我们将教育系统中的所有职能和资源有机结合,创造出具有独特效果的新教育系统,这是通过单独应用某些职能或资源所无法实现的,这种现象被称为系统的整体效应或"协同作用"。

教育技术领域将系统方法作为其核心理念,这使得该领域得以正确定位自己:通过鉴别、开发、组织和利用所有学习资源及管理这些过程,促进学习效率的提升。这种综合使用系统方法的做法在教育技术理论体系的形成和发展中扮演了关键角色,成为该学科最重要的方法论基础,同时也为现代化教育技术的实践提供了重要指导。

现代教育技术不应单独存在,而是应作为常规教学系统的一个子系统,通过与传统教育技术的优化组合,为教学系统注入新活力,满足教育整体改革和发展的需求。

信息技术，尤其是计算机网络，为教育改革开辟了新途径，使得信息技术与学科内容的融合成为改革的关键策略，旨在培育具有创新精神和实践能力的人才。这种融合并非仅将计算机网络用作教学演示的简单工具，而是要实现信息技术与学科教学内容的有机整合。例如，通过虚拟现实技术开展那些在现实条件下无法进行的实验；利用多媒体技术的图像、声音等元素在轻松的学习环境中传授知识；借助网络资源使学生能够轻松查找所需资料；通过电子邮件解决作业批改和答疑问题；以及使用视频会议和电子白板等技术提升互动教学的直观性和形象性。随着计算机、多媒体和网络技术在教育领域的深入应用，这些探索和研究正日益深入。

同时，人们也逐渐认识到，教育技术不仅仅关乎现代技术手段和工具的应用，更关键的是现代科学理论和方法的运用。教育技术的目标不仅是解决教学过程中的局部问题，而是从根本上改革教育教学体系。它涉及利用现代科学理论、方法和技术工具，对教育教学进行全面改革的实践与研究领域。因此，现代教育技术应被视为一门全面的学科，其研究和实践必须基于整体性的思考方式。现代教育技术覆盖了学习过程和学习资源的设计、开发、应用、管理及评价等广泛领域，且每个领域都涵盖了多个方面。因此，只有从整体和全局的视角出发，考虑所有相关因素并进行优化整合，才能实现最佳的教育实践效果。

二、数字赋能教育技术的支撑、核心及应体现的思想

（一）信息、网络技术和媒体技术是现代教育技术的支撑

信息化教学基于技术的发展，在数字化、网络化、智能化和多媒体化方面展现出了其基本特性。数字化使教育信息系统的设备更为简化和标准化，提高了性能的可靠性。网络化则拓展了信息资源的共享范围，减少了时空限制，并促进了人际间的协作。智能化提升了教学系统的人性化和通信的自然性，使复杂任务的代理化成为可能。多媒体化实现了信息呈现的多样化和真实性的虚拟化。

从教学实施角度看，信息化教学呈现出以下显著特点：教材利用多媒体和超媒体技术变得更加动态和形象；全球网络资源为教育界提供了一个共享的信息海洋；人工智能技术使得教学可以根据学生的个性和需求提供定制化帮助，实现教学的个性化；学生作为知识的主动构建者，推动了学习的自主化；合作学习模式通过计算机协作、团队作业及与计算机的合作加强了学习活动的合作性；教学管理的自动化，如计算机化测试、学习诊断和任务分配，提高了管理效率；教学环境的虚拟化，使教学活动能在一定程度上摆脱物理空间和时间的约束。

总之，信息化教学利用现代技术优化了教学过程，提高了教育的质量和效

率,同时也为学生提供了更加个性化和自主化的学习体验。

多媒体网络教学是以多媒体网络教室和校园网为主要特征的教学形式,是现代教育技术发展的一个中间层次,也是当前国内乃至世界教育重点发展与建设的主流。在这一阶段,除了校园网络和多媒体教室的硬件设备之外,还有一个关键因素就是教学软件系统,它是多媒体网络教学的灵魂。现代教育技术在这一阶段的应用与发展已经从根本上改变了传统的教学思想、教学观念、教学方式和方法,需要人们去适应并推进这一过程的深化,在此基础上去探究新的教学思想、教学目标和教育理论。

(二)教学设计是现代教育技术的核心

教学设计作为一种将教育理念具体化、系统化的过程,融合了多种学术理论成果,采用系统方法来识别、分析和解决教育与教学问题,旨在优化教学成果。这个过程视教育活动中的各个环节(如课程设置、课程大纲、单元教学计划、课堂教学过程以及教学媒体材料等)为不同层级的系统,并以这些教学系统为研究对象。通过分析教学问题、确定教学目标、制定解决方案、实施方案并对结果进行评价和调整,教学设计旨在以学习、教学及传播学理论为基础,实现教学效果的最大化。

教学设计依托教育技术,系统地规划解决教学问题的策略,包括确定方法和路径及后续的成效评估。它强调教学目标的明确设定,认为教学活动和流程应由教学目标驱动。教学过程视为一个动态的、开放的系统,涵盖教学活动、学习过程和学习者。深入分析这个系统的各个组成部分,是进行有效的教学结构设计的前提。此外,教学设计还包括应用决策技术对方案进行评估、比较和选择,确保选择的教学策略最符合教学需求;利用反馈机制修正和优化教学过程,确保教学结果与目标相符合。

教学设计的核心原则包括目标导向、要素分析、最优决策和反馈评价,是进行多媒体教学内容和总目标选择后的关键工作。这项工作涉及将教学内容细化、组织知识结构、选择和优化媒体资源、规划教学环节以及制定评价标准和方法。总之,教学设计是多媒体教学成功的基石,确保教学内容具有明确的科学性和实用性,对提升多媒体教材的整体品质至关重要。

观察我国教学设计理论的发展,可以看出很多理论仍然在很大程度上跟随国外教学设计的脚步,导致了理论框架与中国的教学实际之间的不匹配。这种差异主要体现在理论上所反映的教育观念、学习理论和教学模式,与中国长期形成的教育观念和实践之间存在明显差异。在理论上,多数教学设计理论倾向于强调学生创造力和科学精神的培养;而在实践中,中国的教育往往受到"儒家"教育观念的影响,以应试教育为主,侧重于学生对知识的掌握。这种理论与实践之间的差异,导致教学设计在中国实践中面临"两张皮"的尴尬局面。

教学设计理论的早期模型主要基于行为主义理论,随着认知心理学对教育技术领域的影响日增,教学设计的理论基础开始向认知主义转变。与行为主义教学设计相比,认知主义教学设计的显著特点在于其更加注重分析学习者的学习动机、认知策略和智力技能,尤其是对教学内容的认知结构和教学过程的认知策略进行细致的组织设计。

因此,为了缩小理论与实践之间的差距,有必要将国外的教学设计理论与中国的教育实际相结合,考虑中国的文化背景和教育传统,发展适合中国国情的教学设计理论和实践策略,从而更好地促进学生的全面发展和教育的现代化进程。

(三)数字赋能教育技术应当体现以人为本的思想

自教育技术兴起以来,其研究领域经历了从关注媒介特性到探讨学习过程和资源的理论及应用的转变,旨在优化教学效果。历史上,教育技术研究主要聚焦于教学系统的策略性和技术性设计,强调技术在教育中的科学作用,但相对忽略了技术应用的人文关怀。然而,随着现代教育技术的快速发展,不仅未削弱教师的作用,反而对教师提出了更高要求,这预示着新型教师形象的出现。在未来教育中,尽管教师与学生的面对面交流可能减少,教师仍需具备专业知识、计算机技能及教育艺术的综合能力。

核心在于人本思想,即激发教师的主动性和积极性,让他们主动参与现代教育技术的发展,推进教育现代化。这也意味着培育学生的创新思维和能力是教育的根本任务。创新思维指的是以问题解决为出发点,创造出有社会价值的新观点和方法的心理过程;创新能力则是将这些新思想实现并转化为社会或物质产品的能力。自主性是创新的基础,促使学生在教师的引导下,以学生为中心进行自我学习、发现和探索,构建知识体系。

在多媒体交互式学习环境下,学生能根据自身的学习基础和兴趣选择合适的练习,调节学习进度,采取个性化的学习策略。这种教学环境不仅能激发学生的学习兴趣,形成学习动机,还能充分体现学生作为认知主体的作用,实现学习过程的可控性,促进自主创新性学习。

三、数字赋能教育技术提升教学质量的方法

通过技术创新提升教学质量的途径有很多种。下面就来阐述具体的几种应用方法。

(一)通过信息技术加强教育数据的采集

信息技术在教学中的应用可以实现数据的自动化收集,这对于教学质量的监控和评价至关重要。手动收集数据容易导致数据的不完整和不准确,同时也

非常耗时,从而影响数据的时效性,进而影响教学质量的准确监控和评价。相反,自动化数据收集可以有效避免这些问题,保证收集的数据是详尽、全面、准确且及时的,这对于建立一个系统化的数据支持体系,进而提高教学质量非常有利。这种自动化的数据收集方式极大地便利了教师的工作,使教师可以将更多的精力投入教学方法的改进和创新上。例如,通过计算机网络自动阅卷系统,可以自动评分客观题并收集相关数据,极大地节约了教师的阅卷时间,让教师有更多时间关注主观题的评分,提高评分的合理性和科学性,保证阅卷质量。自动化数据收集方法不仅关注教学结果,更重视教学过程,通过全面的数据收集避免遗漏关键信息,为教学质量的监测和评价提供了新的视角,有助于优化教学流程,全面提升教学质量。

利用电脑软件进行学习使得对学生学习过程的监控变得自动化和精确。该软件能够详细记录学生解答各类题目(如填空题、选择题、简答题)所花费的时间及使用辅助材料的情况。通过这些数据,教师可以洞察学生对特定知识点的掌握程度:用时短且答案准确表明知识点掌握牢固;用时长且答案错误则显示出对知识点理解不足;而用时短但答案错误可能反映出粗心或缺乏理解。手动收集并分析这些数据不仅费时费力,而且难以不影响学生答题,且准确性和教学质量提升的效果有限。

在国内,随着信息技术在教学中的广泛应用,部分高校已开始采用智能终端进行教学。智能终端自动记录学生在学习平台上的活动,包括页面停留时间、习题完成情况以及提问情况,通过智能算法汇总分析后的数据可以直接展现在教师的设备上。这使得教师能根据实时反馈调整教学计划和重点,从而有效提升教学质量。这种智能化的数据收集和分析方法不仅提高了教育评估的效率和准确性,还为个性化教学和即时反馈提供了可能,是现代教育技术发展的重要趋势。

(二)通过信息技术加强对数据的统计分析

在实施信息化数据收集后,将产生大量数据,若不进行信息化的统计与分析,这些数据将处于孤立状态,难以发现其内在联系,可能还会包含许多无效数据。这会导致教学质量评估的不准确性,限制了其在教学质量提升中的作用。信息化的数据统计分析可以自动化地对收集到的数据进行筛选和分析,排除干扰强的无效数据,揭示数据间的内部联系,并能以图表或表格的形式清晰呈现,为教学的每个环节提供全面、多角度的评估,充分利用数据的价值。基于这种评估,教师可以制定改进计划、调整教学方法和内容,实现教学质量的数据驱动提升。

数据信息化统计分析的核心特点是全面性、系统性、及时性和科学性。它能对教学过程中的原始数据进行分类整理,更合理、准确地识别教学中的问题。例如，在传统考试评估中，教师通过手动分析成绩来评估教学质量，这种方法只能提供一个宏观的视角。而信息化统计分析通过全样本的综合分析，不仅能对试题的难度、区分度进行更深入的分析，还能详细呈现不同知识领域、能力层次和题型的得分情况，这是传统方法无法比拟的。此外，它还能进行各种关联性分析，如学习成绩与阅读、记忆、理解能力之间的相关性，为教学提供更科学、精确的指导。

信息化的数据统计分析为教学质量评估和提升提供了一个关键的基础，并且可能对学校的管理决策产生显著影响。这种分析方法的发展和完善，基本上能实现对学生学习状况的全面评估。它通过分析学生的学习成绩、学业表现位置、学习模式等多个相关因素，综合评定学生的总体表现，并通过图表方式清晰展示，便于观察学生成绩的波动，从而使教师能及时对学生进行反馈并调整教学策略。

这种分析不仅超越了依赖平均分或总成绩的传统评估方法，而且纳入了诸如学生的课内学习时间、课程内容的均衡性、作业投入时间以及学校之间的差异等多种因素，实现了对学生高分、低分和中等成绩的比较分析。这种全面和多维度的评估，可以揭示教学过程中的潜在问题，促进教学质量的整体提升。

重要的是，数据的信息化统计分析应当根据具体需求来执行，必要时调整分析参数以适应不同的评估目标和教学环境。这样的灵活应用保证了分析结果的实用性和准确性，为教学改进和决策提供了有力的数据支持。

（三）通过信息技术实现教学质量跟踪监测

提升教学质量是一个持续性的进程，受教育者、教育内容及环境等因素的影响较大。在教学的各个阶段，提升的程度呈现出不同的特点。这一过程要求教师持续、大量地投入时间和努力，并且重视其连续性，因为断断续续的努力很可能导致之前的努力白费。信息化的跟踪监测系统实现了对教学质量的动态和连续性评估。教学改进过程中涉及众多数据的变动，要实现对这些数据的及时、准确和全面掌握，需要对教学全程进行持续跟踪与分析。通过分析这些数据，可以评估教学质量的改进情况，为教师提供改进教学方法的依据。信息化跟踪监测强调以发展视角看待教学质量的改进，提供发展性评价和建议。此外，教师通过分析收集到的数据，不仅可以引导其改进教学方法和策略，也能指导学生的学习行为，因为教学质量的提升依赖于教师与学生的共同努力。跟踪监测还包括对教学改进的各个因素的考量，例如，通过比较学生过去的考试成绩，分析成绩和试卷难度的变化，确定学生的优势和不足，教师能够针对性地进行教学，从而提高教学质量。同时，建立预测模型，利用收集的数据预测学生未来的行为，教师能够前瞻性地调整教学策略。已有研究通过跟踪学生的日常成绩来预测其在主要考试中的表现，这为预测和提升教学质量提供了重要启示。

  信息化的跟踪监测实现了对教学质量的持续和动态评估，通过全面记录学生的学习行为并通过数据呈现。电子学籍卡成为综合反映学生学习成绩的指标。为了全面展示学生的成长，还可以记录其他信息，如兴趣爱好、身体状况等，这有助于教师全面了解学生，进而提高教学质量。信息化的教学质量跟踪监测旨在加工处理教学质量数据，为教学改进提供依据。确定教学质量提升的重点后，选择合适的监测内容和方法，便可实时监控教学质量并提出建议。通过建立多维数据模型，进行动态监测，最终达到提升教学质量的目标。

  同时，加强多媒体教学系统的硬件建设对于适应信息技术发展和加快教育改革非常重要。现代教育技术的发展，需要教师不仅要引进先进的教学媒体，更要积极开发符合教学需求的教学软件，利用多媒体技术优化教学过程。教师的学习能力和对现代教育技术的掌握是多媒体教学成功的关键。教师应通过多媒体教学激发学生的学习兴趣，引导学生自主学习，提升其主动学习的能力，为学生的全面发展和终身学习奠定基础。在信息化社会中，多媒体教学不仅仅是一种辅助手段，而是现代化教育理念的重要组成部分，它能够便捷地对知识和信息进行筛选与集成，对教育教学领域带来新的生机和活力。

第四章 数字赋能高校课堂教学模式改革与创新

第一节 移动自主课堂教学模式的构建

一、数字赋能云课堂中师生进入自主学习角色

(一) 数字赋能云计算支持下的教学模式诉求

在云课堂环境下,学生、教师和管理员通过 Web 界面或平板设备与服务器互动,完成各自的教学活动,如编制和布置试题、作业,进行考试和批改等。Web 界面主要供管理员和教师操作,便于进行系统管理任务,如设置系统参数、管理用户和题库、组织考试和分析教学质量等。平板设备的交互则服务于所有用户角色,允许管理员监控教师和学生活动,教师进行实时的教学管理,而学生则可即时参与学习、测试和练习。

此外,云课堂还采用了一种分阶段的自学模式,名为"四步学习法",它包括预学、深入讲解、测试反馈和进一步学习几个阶段。首先,教师通过学习支持系统向学生分发学习资源,如学习指南、课件、练习题和其他辅助材料;学生利用这些资源自主预习,并记录疑问;随后,学生可通过平板电脑展示学习成果或通过系统完成预测测试,反映学习情况;对于学习过程中遇到的难点,可由学生提出,经过师生互动后由教师给予指导;最终,通过学习平台进行的评估活动,系统会自动分析成绩并提供反馈,便于学生和教师共同审视学习成效。

(二) 数字赋能云课堂中师生的自主学习角色

1. 学生角色

在云课堂环境中,学生登录后会面对待完成的任务清单,这些任务可能包

括教师分配的考试、作业以及提供的学习资料。学生还能设置并跟踪自定的学习目标，例如，复习特定的课程内容或练习错题。云课堂通过学习曲线算法，能够智能地根据学生的学习活动，定时推送针对性的学习任务。若学生在一段时间内未复习某知识点，系统将自动推荐相关的练习和学习材料。

学生能查阅近期的学习记录，包括使用各种资源的时间、测试反馈等，从而及时掌握个人学习进度。通过"错题本"功能，学生可以根据不同标准（如时间、错误频次、知识点分类或随机方式）回顾错题，并对每个错题即时练习，系统会根据练习结果自动调整错题权重，并推荐相关知识点和学习资料以实现针对性补习。

云课堂的测试和作业系统可自动排除学生已熟练掌握的题目，优化学习效率。学生还可以通过系统自主选取或系统推荐的方式，从题库中提取练习题。此外，系统能够根据优秀学生的学习路径为当前学生提供学习资源和练习题，不断调整推荐算法以发掘最适合个别学生的学习策略。

云课堂将知识点与学习资源网络化，根据教师设定的难度和实际测试数据形成的层次结构，使得庞大的学习资源得以高效分类，适应每个学生的学习特征和需求，从而实现个性化学习路径的优化。

2. 教师角色

教师能通过平板电脑等设备快速创建题目，并设置题目相关属性，如所涉知识点、能力考核点和预设难度等。系统能根据学生答题表现动态计算题目难度，将易错题目标识并向教师反馈，帮助完善题库内容。系统还能监控教学资源的应用情况，识别过度或不足使用的材料，并据此发送提醒，以优化资源分配。

通过分析学生对指定学习材料的互动情况，教师可获得深入的学生学习行为分析，如最常访问的学习材料、学习投入时间及测试成绩等，助力教学策略的调整。在课堂内，教师可即时发放练习题，快速掌握学生的学习状况，并即时解决疑难，保证学习效果。

考试系统的智能筛选功能可自动调整题库，淘汰答对率高或频繁出现的题目，同时突出易错或少见题目，引导教师制定更精准的教学计划。此外，系统为教师提供了学生学习详情的全景视图，包括学生在特定知识点和题目上的表现，以及学习资源的使用情况，使教师能够深入了解学生的学习难点和兴趣，实施更个性化的教学指导。

（三）营造师生及生生互动的学习空间

1. 师生、生生互动

云课堂通过采用"先学习、详细讲解、之后测试、再次学习"的模式，并结合教师的指导，实施了一种互动和反馈结合的教学方法。在这个模式下，教师可以依据学科的需求、知识点的特性、学生的差异、教学目标及内容等因素，灵活选择适宜的教学方法。同时，云课堂能够自动捕捉并记录学生和教师的行为数据，为教学提供支持。

教师能利用系统收集的数据深入了解每位学生的学习状况。学生则可以通过简单的反馈方式，如使用"点赞""不赞成"标记或表情反馈（笑脸/哭脸），来直接表达对学习内容、教学效果或教师讲解的感受。学生可以就特定知识点展开竞争式学习，或者参与由教师或学生发起的知识点讨论，增强课堂互动性和学习的动态性。这种教学模式不仅促进了师生和生生之间的交流，还生成了用于学习分析和管理的宝贵数据，为优化教学策略和提高教育质量提供了有力的数据支撑。

2. 个性化学习

在课堂教学中，虽然学生是在教师的安排下进行有序学习，但课上时间主要集中在教师对疑难问题的解答或教学内容的精讲上。而那些在课上没学会或缺课的学生，则可以在课外登录云课堂，自主学习与在课堂教学中相同的内容。在课外，系统会根据每位学生的学习路径和近期的学习情况，针对教学过程中的重难点和每位学生学习过程中的错误点进行个性化推荐。根据系统记录的学生错误试题的数据，教师也可以进行个性化指导。

3. 学习轨迹与成长记录

数字赋能云课堂可以详细记录学员的学习过程和学习习惯等相关数据，再加上教师的指导，更能充分发挥这些数据的作用。

二、数字赋能云计算移动自主课堂的改革突破

云课堂是基于无线网构建的课堂教学支撑平台，它充分吸收了无线互联的优势，教师可根据教学目标、教学内容、教学方法等，利用教学资源完成备课、上课等教学环节，并建立知识点之间的内在联系。

（一）构建自主学习的移动课堂

自主学习是教学过程中一种以学生为中心的高效学习方式。它强调学生的自我指导、自我激励和自我监控，旨在使学生在教师的引导下通过自学明确问题并提出疑问，进而在课堂上通过小组讨论等合作方式寻求解答。自主学习的核心是促进学生的自我成长和发展，通过自定学习目标、主动参与和自我评价的过程，培养学生解决问题的能力和将学习原理应用于更广泛情境的能力。

自主学习的实施，意味着赋予学生在学习的内容选择、学习的节奏和学习路径上的更多自主权。这种学习方式旨在打破传统教学中教师全面主导、学生被动接受的模式，通过激发学生的学习兴趣、鼓励学生的质疑精神和创造性思维，促进学生全面而有效的学习。学生在自主学习的环境中不仅能够获得知

识,更重要的是学会如何学习,并培养解决问题的能力和终身学习的能力。

自主学习的实践证明,当学生在一个关怀、支持并鼓励探索的学习环境中,他们更有可能积极参与学习,体验到学习的乐趣,并在成功完成学习任务并获得积极反馈后感受到成就感。这种学习方式不仅仅是获取知识的过程,更是一种富有意义的个人成长和自我发现的过程。

(二)构建合作学习的移动课堂

合作学习是一种将学生置于小组合作环境中,通过集体协作完成学习任务的教学策略。它与个体独立学习或基于竞争的学习形式不同,强调的是学生之间的互助、共享以及师生之间的互动与交流。在合作学习的模式下,每个学生不仅仅是自身知识的学习者,更是对同伴学习成长有贡献的参与者。这种学习方式鼓励学生共同探索、讨论和解决问题,分享成功与挑战,通过这一过程,学生能够培养出良好的人际交往能力和团队合作精神。

合作学习的核心在于每位成员对共同任务的积极参与和个人责任感,通过小组内的积极互动和面对面的促进性交流,以及对小组内部分工与合作的有效沟通和信任的建立,促进小组内成员之间的相互支持。小组共同讨论、加工个人任务并评估合作活动的成效,不仅促进了学生个体的学习,也加强了团队的凝聚力。

合作学习通过转变传统的个体竞争学习模式,激发学生之间的合作而非竞争,有助于培养学生的社会性品质,如团队意识、共享精神和开放态度。同时,它为教师提供了一种因材施教、满足不同学生需求的有效教学方式。在这个过程中,学习不仅仅是认知发展的渠道,更是社交、情感发展的重要途径,为学生的全面发展提供了丰富的土壤。

(三)构建探究学习的移动课堂

将课堂还给学生的核心是推动以学生为中心的探究式学习,目标是使学生不仅掌握现成的知识,还能深入理解知识产生的背景和原理。探究式教学强调以学生的主动参与、探索和实践为主轴,借由教师的有效引领,旨在培养学生的综合能力和全面素质,特别是创新思维和实践操作能力。与传统的被动式接受学习形式相比,探究式学习更加注重以问题为中心的学习方法,鼓励学生通过实际操作、调查研究和信息搜集等方式,自主学习和构建知识体系,同时在这一过程中培育积极的情感态度和价值观。

探究式学习的特点在于其问题驱动、操作性强、参与度高和开放性明显,通过这一过程,学生不仅能获得深层次的认知体验,还能掌握问题解决的策略和方法。这种学习方式有助于学生形成如爱好学习、尊重事实、持续自我完善以及寻求美好事物等优良品质,进而促进其智慧品质的全面发展。

探究学习的本质在于鼓励创新和探索，它要求学生在学习过程中保持开放和进取的心态，勇于尝试新事物和方法，这正是形成健康人格和实现自我价值的关键。通过在仿真的研究环境中主动发掘问题、进行实验和交流，学生不仅获得知识和技能，更重要的是，他们的探索精神和创新能力得到了极大的提升，从而拓宽了学习的途径和过程。

（四）教师落实数字赋能移动课堂的教学模式

在"激趣—探究"教学模式中，教师摒弃了传统的讲授式角色，转而成为学习的促进者和引导者，这一变化使课堂变得生动而充满活力。通过激发学生的学习兴趣作为起点，引导学生提出问题并自主做出假设，进而通过设计实验方案、小组合作探索，到分析实验数据，最后整合所得，形成结论。此过程不仅加深了学生对知识的理解，还培养了其分析问题和解决问题的能力。这一教学方式使课堂成为一个平等、协作、共享的学习空间，极大地激发了学生的主动学习欲望。

在这个教学模式下，学生成为课堂的核心，而教师则扮演着指导者的角色，引领着整个学习过程，确保学习活动的有效进行。这种模式强调了学生在学习过程中的主体地位，鼓励学生积极探索和发现，通过实践活动获得知识和技能，同时也促进了学生批判性思维和创新能力的发展。教学的这种转变，使得学习过程更加符合学生的认知发展规律，更能激发学生的学习潜能。

此外，"激趣—探究"教学模式还强调了师生之间的互动与合作，通过共同探讨和交流，师生可以共同进步，实现共同成长。这种模式不仅让学生从课堂的边缘走向中心，而且让教学活动更加贴近学生的实际生活，从而更有效地促进学生的全面发展。这种以学生为中心的教学模式，不仅是一种教学上的创新，更是一种教育观念和教育方法的更新，它强调教育应当回归到培养学生的能力和素质为核心，为学生终身学习和全面发展奠定坚实的基础。

三、构建数字赋能移动自主课堂教学的重要性

数字赋能移动自主课堂是对传统课堂的变革，是在优秀教师的指导下，先学后教的课堂教学模式。它以发挥学生参与性与主动性为目标，充分尊重学生各方面的差异，注重学生个性发展；它在知识高效传送的基础上，推动课堂教学从"知识导向"向"综合素质导向"转变。

（一）数字赋能移动自主课堂的价值定位

数字赋能移动自主课堂，是利用当前多媒体技术的条件和大数据分析的优势，为改变学生学习方式和教师教学方式所做的一种教学改革尝试。它是指把由教师重复讲授的内容，如概念讲解和事实展示等放在课堂教学之前，通过视频或其他形式来供学生学习，从而让学生学习更加主动，让学生逐步学会对自

己的学习负责。

1. 数字赋能移动自主课堂的指向——让学生对自己的学习负责

在数字化赋能的自主学习环境下,重点在于鼓励学生主动承担学习责任,而非依赖教师或家长。这种自力更生的学习态度不仅对学生在学校的表现至关重要,而且对其未来解决复杂社会问题的能力发展至关重要。自主学习能力的培养并非自然而然就能实现,它需要教师与家长的共同努力与指导。在我国教育界,对学生自主学习能力的关注正逐渐增加,其中一个理论是将学生的学习责任划分为"自己当家""他人当家"和"无人当家"三种情境。研究表明,能够自我管理学习的学生,在学习成就和未来的逆境应对能力方面表现更优。

在当前的单胎家庭中,由于家长的过度保护和教育的高度竞争,学生很难有机会发展独立自主的学习意识和能力,这对其学习和未来生活的自立能力均有不利影响。因此,如何在基础教育阶段培养学生的自主学习能力成为教育工作者共同关注的重要议题。

数字化赋能的自主学习课堂采用"先学后教"模式,能够有效地促进学生自主学习,此模式允许学生按照自己的学习节奏和步骤进行学习,减轻了学生的心理压力,提高了他们参与学习和讨论的积极性。在传统的班级授课模式中,教师无法个别关注每一位学生,导致一部分学生在没有完全理解学习内容的情况下就进入下一学习阶段。相比之下,通过微视频等数字学习工具,学生可以在掌握了基础知识后,在课堂上更积极地参与讨论,增强了课堂互动和学生的学习动力。

数字化赋能的自主学习课堂不仅提供了学习内容的自主探索机会,还为学生创造了展现自我、增强自信的平台。这种学习方式激发学生内在的学习动机,无论是内在的对学习的热爱、对探索的兴趣还是外在的同伴认可、教师表扬,都能有效提升学生的自主学习能力。数字化学习环境给学生提供了一个展示自己的舞台,这对于激发学生学习的自主性、培养学生对自己学习和未来负责的态度有着重要的作用。

2. 数字赋能移动自主课堂的目标——让每个学生成为最好的自己

客观地说,现行的课堂是在历史发展过程中形成的,与特定的历史阶段相匹配,它有着极大的合理性。然而,随着社会的发展,人们对教育的要求越来越高,它的一些弱点也逐步显现出来。

(1) 整齐划一的教学步骤。在班级授课模式下,教师面对的是具有多样化学习需求和个性化特征的学生群体。由于传统的教学模式倾向于采用统一的教学进度和方法,这种方式往往难以满足每个学生的个性化学习需求。在这种情况下,学生很难获得针对性的指导和支持,他们的学习经常处于被动接受状态,缺乏个性化的学习路径。对于教师而言,想要同时满足班级中每个学生的学习需求,无疑是一项巨大的挑战。

每位学生都有其独一无二的特质，包括不同的学习速度、偏好的学习方式以及各自的优势和挑战。在一个班级内，一些学生可能迅速掌握新概念，而其他学生则可能需要更多的时间和额外的辅助才能理解相同的材料；一些学生可能偏好通过视觉演示学习，而另一些则可能通过亲身实践学得更好；而每位学生在不同学科的学习能力也各不相同。

面对这种多样性，传统的统一教学模式往往不能有效应对学生的多元化需求。这种模式下的教学通常采用固定的教学大纲、统一的教材、相同的教学时长和一致的教学方法，这导致学生的个性化学习需求无法得到满足。对于那些能够快速掌握知识的学生来说，他们可能会感到无聊和挫败；而对于那些跟不上教学进度的学生，他们可能会感到迷茫和沮丧。这种情况下，学生很容易在学习的道路上逐渐落后，最终形成难以弥补的学习差距。

要确保每位学生的成长和成功，就需要对学习过程进行个性化调整，保障学生的发展。大多数落后的学生并非先天不足，而是由于缺乏适应他们个性化需求的教学方法，导致他们在学习过程中逐渐落后。如果这种趋势得不到及时纠正，他们的学习难题会越积越多，最终难以挽回。因此，教学实践需要从传统模式转向更为灵活和个性化的教学策略，以满足学生多样化的学习需求，促进每个学生的全面发展。

（2）相对滞后的教学反馈。教师夹着厚厚的一摞作业本走进教室，课后又带着一摞学生新交的作业本走出教室，这是目前我们在学校最常见的情景。如前所述，作业是学生巩固所学知识的重要手段，也是教师了解学生日常学习情况的主要途径。教师在课堂上布置作业，学生在课后完成作业，教师从学生完成的作业中了解他们学习的情况，这是当前教学的常态。师生们已经习惯了这样的教学反馈模式。然而事实上，当教师在隔了一堂课后即使准确地了解了学生学习的情况，也已经很难在课堂上及时并有针对性地采取补救的教学措施。

（3）多数沉默的互动现实。为改变课堂教学中学生被动接受的现状，不少学者和教师做出了诸多探索和不懈努力，如减少班级规模，尝试班级内的同伴互助、小组合作等策略都是这方面的探索。在实践过程中，这些措施都取得了一定的积极成效，但是在教学流程不变的情况下，其效果注定是有限的。

在大班授课的情况下，人们看到，在班级互动环节中，比较活跃的总是那么几个"尖子"学生，他们思维敏捷，性格开朗，在师生互动中积极带头；而另一批学生往往成了"沉默的多数"，他们或者很少发言，或者只是在被教师点名以后才发言，或者跟在"尖子"学生后面发言，他们担心自己对教学内容理解不深、掌握不透，因而发言水平不高，有可能被教师和同学小看。长此以往，就造成了班级内的成绩分化。

（4）让每个学生成为最好的自己。如何让教学顺应学生的差异，从而为每个学生的充分发展提供指导和帮助，一直困扰着全球的教育工作者。数字赋能移动自主课堂让每个学生成为最好的自己成为可能。

首先,"先学后教"的模式为在教学过程中给每个学生提供公平的机会创造了条件。学生的差异是客观存在的。作为一种"先学后教"的模式学生在课下就已经掌握了基本的知识,尽管他们掌握这些知识所花费的时间,及所采用的方式可能各不一样,但是,由此他们就有了在课堂讨论中的发言权,他们就不再甘心于充当"沉默的多数"这样的角色,他们也要在班级各种活动中积极参与,找回自信。

3. 数字赋能移动自主课堂的追求——让教育从知识本位走向综合素质本位

所谓综合素质,当然包含学生的认知、情感与身体各方面的素质。所谓教育从知识本位走向综合素质本位,也就是说教育要从以往只注重知识的掌握,走向也要注重学生能力——主要是学生高级思维能力的发展,同时更要注重学生态度、情感、价值观的养成,注重学生身体与心理的健康。从知识本位走向综合素质本位,是社会发展对教育的要求。重视学生综合素质的培养,尤其是价值观的养成,是基础教育阶段自始至终的重要任务,并在当前越来越受到世界各国的重视。

(1) 国际视野与本土情怀的融合。国际化并不是把更多的孩子送出国,或者给予孩子在学期间有更多的国际交流的机会。爱国是社会主义核心价值观之一。国际视野与本土情怀的融合就是要让孩子热爱祖国、热爱家庭、热爱父母,这几项缺一不可。一个人如果对家庭都不热爱、对家乡都不热爱,就很难有什么东西值得他热爱了。

(2) 精英素质与平民意识的结合。一些优质学校提出,要培养各行各业的领袖人才。当然,这里所说的"领袖人才"不一定是政界的领袖,可能是IT界的领袖,引领IT技术的发展;可能是物流界的领袖,引领物流业的发展;也可能是商贸界的领袖,带动商贸界品质的提升。

中国的发展呼唤在每个行业的国际竞争中都能涌现出领袖级的人。社会需要这批精英,他们能为社会带来财富,创造财富。但是千万不要忘记,这些精英一定要有"平民"的意识,要培养他们理解创造财富是为了解决民生,是为了服务大众,是为了每个百姓;要使他们能够关注社会中的弱势群体。那些高高在上、整天在炫富的"精英"不是我们教育的追求。为此,我们要特别强调把"精英素质"和"平民意识"结合起来;否则这些所谓的"精英"可能飞扬跋扈,他们最终也会被社会所抛弃。

(3) 科技能力与人文素养的统一。没有科技的进步就没有经济和社会的发展,就不可能有产业的提升和转型。因此,我们培养的人才还需要有人文素养,有人文关怀,能够始终从人性出发,从而以高质量的人文素养把握科技发展的方向。唯有如此，我们的社会才有可能持续地发展，我们的地球才有可能持续地成为人类栖息的家园。

现在社会发展在很大程度上是依赖于高科技的。为此，学校要让学生懂得科学，懂得技术，这样他们才能为社会创造财富。但是客观地说，相比较而言，当今社会的人们对科学技术重视有余，而对人文精神敬慕不足。所以我们要珍惜生命、关爱他人，要有人文情怀、人文素养。所谓人文情怀，就是要关注生命的意义、生命的价值，学会相互理解，懂得包容和谐。

（4）身体发展与心理健康的和谐。在追求教育成果和准备孩子面对未来社会竞争的过程中，许多父母和教师选择通过增加学生的学习负担来确保孩子获得尽可能多的知识。这种做法源于对未来社会日益激烈的竞争的预见和对孩子未来前途的期望。确实，教育作为选拔人才的一种方式，在某种程度上被视为相对公平的，因为它基于个人的能力和知识水平，而非家庭背景或经济条件。

然而，学习的过程应当是启发性和乐趣并存的，而不应转化为对学生的折磨。尽管社会的发展和个人价值的实现确实需要通过勤奋学习来获得，我们也应该鼓励学生克服学习中的困难，培养他们的毅力和勇气。但当学习负担超过学生的心理承受极限，导致其出现反常行为时，我们必须反思：我们对学生的要求是否过高，所要付出的代价是否合理。特别是当学习成为一种沉重的负担，而不是一种愉悦的探索时，社会、家长和教育者需要深思是否可以通过减少不必要的负担来减轻学生的心理压力，同时还能有效促进其个人成长和学习效果。这要求我们重新考量教育的目的和方法，寻求一种既能满足社会需求又能保护学生心理健康的教育平衡。

（5）鲜明个性和团队意识的协调。个性与创新紧密相连，每个人的独特性构成了其个性的核心。在当代社会中，尽管个性十分重要，但团队合作和协作精神同样不可或缺。因此，现代教育的目标是培养孩子们既具有鲜明个性又能够在团队中有效协作的能力，使他们能够在未来的社会中进行良好交流并拥有健康的生活方式。传授知识一直是教师职责的重要部分。虽然新的课程改革提出了学生培养的三维目标——包括知识与技能、过程与方法、情感态度与价值观，但受现行考试评价体系的限制，过程与方法、情感态度与价值观这些方面在传统的纸笔考试中难以得到充分体现，导致在实际教学活动中，学生和教师依然将焦点放在知识的记忆、理解与应用上，而对过程与方法、情感态度与价值观的教育与培养则相对较为忽视。

微视频学习为数字赋能的移动自主课堂提供了基础，而移动自主课堂旨在补充微视频学习所无法实现的部分，如师生、生生之间的讨论交流，以及在此过程中进行的思维碰撞、情感交流和价值观的塑造。这些元素需要在课堂上进行培养和加强，微视频学习与数字赋能移动自主课堂的结合，共同实现了课程目标的全面发展。

（二）云计算对数字赋能移动自主课堂教学的重要性分析

1. 有利于学生多元化地获取知识

科学技术的发展，尤其是信息技术的到来，已大大变革了学生的学习方式。电子白板、移动学习终端等学习工具、教学工具的推广和普及，改变了由教师作为单一的知识来源的局面。云课堂教学模式让学生获取的信息量更多，探索的空间更为宽广，可利用的学习形式更为丰富有趣，从而使学生的学习从单一向多元化转变，从被动学习变为主动学习，从而真正成为学习的主人。

2. 有利于激发学生学习的热情，增加师生的互动

在传统的教学中，如果教师不能用丰富的知识去吸引学生，用优美的语言去感染学生，课堂教学就会呈现教师"单脚跳独舞"的现象。随着时间的推移，学生听得枯燥乏味，教师讲久了自己也觉得没劲。云课堂教学模式最大的好处就是全面提升了课堂教学的互动性，教师的角色已经从"内容的呈现者"转变为"学习的教练"，教师有时间与学生交谈，回答学生的问题，或参与到学习小组观察学生之间的互动，对每个学生的学习进行个别指导。在这样的环境中，学生更深刻地体会到了教师是在引导他们的学习，而不是发布指令，也不会因怕答错问题而拘谨，而是轻松、自信、想学、有意义。

3. 有利于让学生掌握学习的主动性

每个学生的学习能力和兴趣是不同的。在传统课堂教学的方式中，最受教师关注的往往是看起来"最好"和"最聪明"的学生，他们在课堂上积极举手、响应或提出很棒的问题。而与此同时，其他学生则是被动地在听，甚至跟不上教师讲解的进度，也无法真正实现分层教学。云课堂教学则利用教学视频，使学生能根据自身情况来安排和控制自己的学习深度，真正实现分层教学，每个学生都可以按自己的速度来学习。学生可以在课外回放教师的视频讲解，使得其学习完全可以在轻松的氛围中进行，而不必像在课堂上教师集体教学那样紧绷神经，担心遗漏什么，或因为分心而跟不上教学节奏。学生观看视频的节奏快慢全由自己掌握，懂了的则快进跳过，没懂的则倒退反复观看，也可停下来仔细思考或做笔记，甚至还可以通过聊天软件向教师和同学寻求帮助。

4. 有利于改变课堂管理模式

在传统教学课堂上，教师必须全神贯注地注意课堂上每个学生的动向，关注自己所讲的每一个知识是否讲清、讲透。大家都清楚，讲课不可能每一节都有趣，一旦知识较难或教师准备不充分，或一些学生稍有分心就会有跟不上的情况出现，学生就会感到无聊或搞小动作，这样可能影响其他人学习。实施云课堂教学模式，每个学生都在忙于活动或小组协作，这样使缺乏学习兴趣而想捣乱课堂的学生也有事可做，"表演失去了观众"，课堂管理问题也就消失了。

5. 有利于让教师与家长深入交流

云课堂教学模式改变了教师与家长交流的内容。以往每次开家长会，父母问得最多的是自己孩子在课堂上的表现和成绩如何，如是否专心听讲，行为是否恭敬，是否举手回答问题，是否完成作业，等等。这些看起来很普通的问题，其实在那种情景回答起来却很片面、很笼统。而在实施云课堂教学后，在课堂上这些问题也不再是重要的问题，取而代之的是：孩子们是否在学习；如果他们不学习，家长能做些什么来帮助孩子学习。这些更深刻的问题会带领教师与家长商量如何把学生带到一个学习的环境，从而引导学生主动地去学习，帮助学生成为更好的学习者。

6. 有利于转变传统的教学模式

在传统的教学场景中，主要以教师的讲授和学生的被动接受为主导。这种教学模式虽然展现了教师的教学投入，却往往未能激发学生的学习热情，导致师生互动和学生间的互助交流难以实现。特别是对于注重实践和探究的信息技术课程，传统教学模式下学生的学习积极性并未得到充分激发，导致部分学生对信息技术学科缺乏足够的兴趣。

数字化移动学习模式对传统课堂进行了创新性的转换：通过倒置课堂的方式，让学生成为学习过程的中心；通过教师的精心设计和引领，学生可以在合作探究中主动寻求知识，在讨论中彼此启发；通过竞争与合作共同提升，教师的教学策略和专业技能也得以进一步提升。这种教学模式有效地提高了学生对信息技术学科的兴趣和学习效率，促进了学生主动学习和探究学习的积极态度。

7. 有利于营造个性化的学习环境

在传统的教学模式中，教师如果准备一堂课，理论上这堂课要顾及班级里各个学习层次的学生。而现实是受讲授时间等条件限制，这堂课的内容仅仅能适合其中一部分的学生，对于其他部分的学生是不合适的。在这样的情况下，新课改所倡导的分层次教学就无法得以实施。而数字赋能移动自主课堂的出现就打破了这一僵局。它要求学生在课前充分地预习课本内容，这样预习课的学习时间就变长了，从而提高了教学效率；并且教师在上课的过程中，利用多种教学情境引导学生相互协作、积极探究，在触发学生学习能动性的同时，内化了所学知识。这样的课堂适合于每一个学生，适合于每一个层次的学生，使他们能根据教师发放的学习任务书来达成自己的学习目标。

8. 有利于构建互动、协作、探究的学习模式

数字化移动学习环境通过延伸和丰富传统课堂的界限，为学生提供了一个持续的、互动的学习平台。这种学习模式不仅限于课堂内部，学生在课外也能够持续接触和吸收知识，实现了知识内化过程的连续性和深入性。通过多媒体

和网络资源的支持，学生能够在任何时间、任何地点对教学内容进行重温和深入探究。如视频的暂停、回放功能让学生能够根据自己的学习节奏和需求，反复学习某一知识点，促进了学生的主动思考和深入理解。

此外，数字化移动学习模式促进了师生和生生之间的互动交流，无论是通过在线讨论、即时反馈还是合作探究项目，都使学生在学习过程中不再是被动接受者，而是变成了积极参与者和贡献者。在这样的学习环境中，学生不仅学习知识，更学会了如何与他人共同解决问题，如何在团队中协作，以及如何将所学知识灵活应用于实际问题中，从而达到深层次的学习和理解。

9. 有利于促进教学评价的改变

在传统的教学过程中，教学评价的方式简单而又直接，即利用考试成绩来评价学生的学习努力程度和学习态度，但这种方式有一定的局限性。自数字赋能移动自主课堂实施以来，教学评价方式也发生了相应的转变：不仅仅评价学生的学习结果，还利用学生档案的形式评价了学生的学习过程；不仅仅做到了定性评价和定量评价相结合，更做到了形成性评价对总结性评价的总结和补充。另外，数字赋能移动自主课堂还注重以学生的自评和互评相结合的方式对学生进行评价，不仅仅让学生知道自己有哪些方面做得不足，还可以请同学对自己进行监督和评价。这样，学生能够随时看到自己的不足，也能够随时根据评价内容来调整自己努力的方向。

第二节 数字赋能背景下高校课堂教学模式改革实践

一、数字赋能背景下高校课堂教学模式改革

随着我国高等教育改革的深化，作为高等院校教学工作重心的课堂教学也在积极探索改革的方法，以适应信息时代对高素质专门人才和拔尖创新人才培养的需要。特别是在数字赋能背景下，高校课堂教学与传统的课堂教学相比存在很多差别。这就要求新时期高等教育的课堂教学模式要紧跟时代的步伐，改革现有的教学模式，实现教学能力和水平的全面提升。

（一）高校课堂教学模式变革的动因

1. 学习模式的转变

数字赋能背景下，教育模式发生转变，从教师中心的传授模式向学生中心的探索模式演进。互联网和智能设备的广泛应用，打破了知识获取的时间和空间限制，学生可以根据自己的兴趣和需求，随时随地接触到几乎无限的信息资源。这种变化要求教师从知识的单向传递者转变为学生学习过程的促进者和引导者，帮助学生在海量信息中进行有效筛选，引导他们批判性地思考，以及如

何将信息转化为知识。

在个性化学习指导方面，教师需要深入了解每个学生的学习风格、兴趣爱好以及学习需求，利用互联网和智能技术提供个性化的学习资源和学习路径。同时，教师应鼓励学生采取主动学习的态度，通过项目式学习、协作学习等方式提高学生的参与度和学习效果。

此外，高校教育模式的变革也应包括评估方式的创新。传统的以考试成绩为主的评估方式已难以全面反映学生的学习成效，应当引入更多元化的评估方式，如基于项目的评估、同行评审等，更加注重学生能力的培养，如批判性思维、解决问题的能力、创新能力等。

总而言之，互联网时代下的学习模式要求教育者不断创新教学策略，充分利用技术手段提高教学效果，同时更加关注学生的个性化需求，引导学生构建自主、合作、探究的学习方式，以适应快速变化的社会环境。

2．大规模网络开放课程的兴起

随着互联网与高等教育的日益融合，网络开放课程不断涌现。首先是国际性的慕课的兴起，即国外大学的公开课程引发了翻转课堂、微课等新型教学模式的探索。慕课的兴起开启了信息时代学习的新篇章，为课程开发和学习提供了全新的可能性和机遇。其次是来自"爱课程"的中国大学优质共享课程的建设与开放，展示了中国大学视频公开课程的优秀成果。学生可以随时进入这些开放课程进行学习，免费享受高质量的共享课程学习体验。

成功的慕课要求教师具备优秀的课程设计能力和出色的演讲表达能力。教师不仅需要像电子游戏的设计师一样精心设计课程环节，还需要像杰出的演讲家一样将每一个环节生动形象地讲授出来。因此，在大规模开放课程的冲击之下，单一的照本宣科和满堂灌式的教学方式将逐渐失去市场和学生的认可，而更加注重互动、创新和个性化的教学方式将更受欢迎。

（二）数字赋能时代高校课堂教学模式的意义

数字赋能背景下"互联网＋"是将互联网技术与传统行业技术相互融合、相互整合而发展的一种新形态和新业态。"互联网＋"对提高高校课程教学质量和人才培养质量具有重要的意义。"互联网＋"使高校教育的生态环境得到了改善，使高校传统教育焕发出新的活力，也为高校教育教学发展带来新的契机。"互联网＋"使得高校的教学模式从封闭走向开放，实现了高校"教"与"学"的深度融合，高校学生学习的主观能动性得到了极大提高，师生良性互动显著增强。

（三）数字赋能背景下高校课堂教学改革路径的选择

1．转变教学观念，构建以学生为主的教学模式

在数字赋能的环境下，教师的角色正在发生深刻的转变，从传统的教学者

转变为学习者的导师、参谋、设计者、协作者、促进者和激励者。这种转变要求教师更加注重培养学生的应用能力和创新能力,因此,教师需要具备更高层次的教育教学能力,熟练掌握现代教育技术,深入研究教学的各个环节,以满足数字赋能环境下的新的教育需求。

作为从事高校教育的教师,应当学会适时转变教学观念,紧跟现代教育思想的发展,不断更新知识,提高自身素质,努力适应学习化社会的需求。这意味着教师需要不断地探索新的教学方法和策略,促进学生的自主学习和创新思维,激发学生的学习兴趣和动力。同时,教师还需要借助数字化技术和教育资源,为学生提供个性化、灵活性和互动性强的学习环境,使他们能够更好地适应未来社会的发展趋势和挑战。

2. 转变学习方式,提高学生的积极性、主动性

倡导以弘扬高校学生的主体性、能动性、独立性为目标的自主学习,是目前高校教学改革的一个重要举措。首先,在进行自主学习的时候,学生要加强自我管理,清扫学习中的干扰因素,使用固定的学习区域、固定的学习时间,最终养成习惯并且固化。其次,加强合作互助式学习。学生可以以建立学习小组、利用互联网建立讨论组、参加学习论坛、参加学校的社团的方式进行合作互助式学习。通过合作互助增强学习效果、提高学习效率。最后,在自主学习中,学生要积极与教师沟通交流,这样不仅可以增强师生友谊,还可以增强学生自主学习的效果。

3. 转变教育理念,营造有利的教学氛围

数字赋能改善了高校教学资源分布不均、发展不平衡的情况,其教学方式不再受时间和空间的限制。在数字赋能环境下,高校要转变教育理念,可以让学生通过跨校选课、学分互认、师资合理流动等方式实现优质课程资源的共建共享,为社会培养的优质的人才。数字赋能为高校课程教学改革提供了新的机遇和挑战。数字赋能时代的高校教师应当时刻把握互联网信息技术的发展与进步,才能更容易让新时期的学生理解和掌握自己所授的专业知识,真正实现教学效果的提升。

二、数字赋能时代高校教师信息化教学能力的提升

(一)数字赋能时代高等教育发生的变革

1. 培养目标的改变

在数字赋能的时代背景下,社会大环境正在发生巨大的变化。社交网络的普及和大数据热潮的出现,意味着教师和学生必须具备信息技术应用能力,并且需要不断创新以应对新环境下的竞争挑战。在这个新时代,人才核心竞争力的改变要求高等院校重新审视人才培养目标,从过去单一强调知识传授和基本

技能培养，转变为注重传授学生在信息化社会中生存所需的方法和能力。

与传统的知识传授相比，获取知识的技能变得越来越重要。这些技能包括学习创新技能、数字素养技能和职业素养技能等。其中，"数字素养技能"的内涵更加丰富和重要，因为它涉及对数字工具和信息技术的熟练运用，以及对数字信息的理解和分析能力。在数字赋能的时代，拥有良好的数字素养技能不仅可以提高个人的竞争力，还可以为社会发展和创新做出更大的贡献。

2. 培养对象的变化

美国著名学习软件设计家马克·普伦斯基（Marc Prensky）在《数字原住民，数字移民》一文中按人类信息技术接受与应用程度将学习者分为"数字原住民""数字移民"和"数字难民"三大类："数字原住民"是指在数字时代成长的新生代，他们能易如反掌地应用数字工具和现代通讯方法；"数字移民"是指社会中年纪较大的成年学习者，他们成长时没有数字技术工具的陪伴，成年后开始接触数字科技，只有经历较为艰难的学习过程才能适应崭新的数字化环境，才能与周围的"数字原住民"有效沟通；"数字难民"是指社会上选择逃离而不融入本土文化的老年学习者，他们逃避面对，甚至反感数字化生活方式。按照这种分类方式，今天的高等教育所培养的对象堪称真正意义上的"数字原住民"。

3. 教学环境的改变

电脑和多媒体丰富了传统的课堂教学，现在数字终端和互联网成为推动教学创新与教学变革的强大外力。随着数字赋能时代的到来，特别是网络技术与移动通信技术成熟广泛地应用，大大拓展了教学的空间，延长了教学时间；信息密集、快捷方便的远程教学、虚拟学校使得教学不再受时间、地点的约束，学习环境更加自由，教师教学灵活性提高，学生学习自主意识不断增强。

（二）数字赋能时代信息化教学与传统教学的辩证关系

从技术与教学互动的发展史来看，教学形态出现了从传统教学、多媒体教学到信息化教学的发展趋势。"互联网＋"是个新生事物，它的出现与教育教学相互融合渗透，创造出无限可能的教学形态。"互联网＋"热潮的出现，一方面要求教育工作者要关注时代为现有教育教学带来的机遇与挑战，思考现有教学方式的不足，利用"＋"号的无限可能改进现有教学方式，提升教学效果；另一方面，数字赋能时代的信息化教学改变了知识传播的载体，相比于传统教学，信息化教学在知识传播方式与传播效率方面具有显著的优势，但这并不意味着传统常态教学方式会完全被信息化教学所取代。

（三）数字赋能时代对教师信息化教学能力的新要求

随着计算机网络的迅速发展，互联网已经渗透到生活的方方面面。在数字赋能的背景下，出现了各种新的教学技术手段，如微课、慕课、翻转课堂等，这些新技术不仅提升了课堂教学的效率，还促进了学生的创新能力。传统的教学方法已经无法适应时代的发展，教师需要不断更新知识，掌握新的技术，特别是在互联网时代，将信息化应用于教学成为一种必不可少的能力。

新的教学方法都以学生为主体，教师为辅助，这意味着教师的角色由主导转变为引导。然而，这种角色和地位的转变可能会让一些教师感到不适应。因此，教师需要及时转变思维，积极采用新技术，提升信息化教学能力，为学生提供新的教育方式和方法。

（四）高校教师信息化教学能力的提升策略

"基于大数据的学习分析""云计算"这些新技术和新理念改变了学生的学习方式和教师的教学方式；视频公开课、开放教育资源，丰富了教学资源形式；翻转课堂、网络社交媒体拓展了知识的获取形式，为教学改革创新带来了新的契机。高校教师及相关管理部门应该从以下几个方面着手提升教师的信息化教学能力。

1. 教师需加强自身的学习意识，更新教学理念

在数字赋能时代的信息化教学中，利用新的载体与手段进行教学只是表面现象，教师自我更新与提升才是至关重要的。只有教学理念跟上时代步伐，让先进的理念指导教学实践，才能达到理想的教学效果。对数字赋能的整体把握和信息化教学的正确理念认知至关重要，否则将无法展开有效的信息化课堂教学，这是高校信息化教学亟待解决的首要问题。

在部分高校教师中，特别是所谓的"数字移民"和"数字难民"群体，他们经过多年甚至几十年的教学，已经形成了个人固有的教学模式与习惯。让他们在短时间内改变这些固有的模式，接受新兴的教学方式是相当困难的。对数字化与信息化不敏感的教师普遍认为，信息化教学就是简单地使用多媒体手段展示教学内容，然而这实际上是对信息化教学本质的错误理解。真正的信息化教学应该是教师能够充分利用现代信息技术手段，根据教学内容构建合理的学习情境，引导学生通过资源与信息的搜集，根据自身认知水平与学习能力进行自主探究和协作学习。

2. 教师要善于利用互联思维与大数据思维

在数字赋能的信息化教学中，不仅仅是简单地将多媒体教学内容呈现在终端设备上，而是要根据教学内容和学习对象的特点，面向智能终端或移动终端的中小屏幕，结合互联思维，整合各种优质资源，根据学生的碎片时间学习特点进行合理的教学设计，为学习者提供传统互联网所不具备的移动互联网创新教学功能。

在传统教学中，高校教师往往依靠经验教学思维，分析总结学生的学习情况，改进教学方法。然而，在数字赋能时代，随着物联网、云计算在教学中的

运用，教育领域积累了大量的数据。教师应该善于运用大数据思维对学生的学习过程和行为进行解释与分析，评估学生的学习效果，获取每个学生的真实情况，发现潜在问题并实施有效的教学改进。

举例来说，利用信息技术收集的数据，可以检测学生的学习行为和学习历程，方便教师针对整体和个体学生进行有针对性的教学；利用大数据进行学业质量评价，帮助教师优化教学内容，调整教学安排，为学生提供个性化的学习服务。

3. 学校开展全方位的理论学习与业务学习

教师培训是提高教师专业素质及教学技能的重要且有效的途径。高校教师的信息素质直接影响信息化教学设备的应用水平、利用效率与信息化教学的应用效果。高校本身以及教育主管部门应当根据教师的年龄结构、专业结构、知识结构、既往学习情况等提供分层次的进修培训，通过为教师提供信息教育技术方面的培训，为数字赋能信息化教学提供人才保障。

除了培训对象应该分类以外，培训内容也应该分模块地系统化层层推进。首先是信息化教学基础理论学习。学校可以组织全体教师以教研组、专业为单位，学习与信息化教学有关的内容，从抽象的文字概念上对教师进行信息化教学普及，建立初步的印象。其次是提升认识学习。在了解了信息化教学的相关内容后，邀请开展信息化教学的同行与专家进行专题讲座。专题内容具体涉及信息化教学资源建设、信息化教学设计、信息化教学实施与信息化教学效果评价等方面，分专题细化信息化教学的内容，拓展提升教师对信息化教学认识的广度与深度。再次是具体案例学习。组织经验丰富的教师进行信息化教学案例与作品展示讲解，结合具体课程作品，介绍设计初衷、设计思路、设计过程，将信息化教学理论落实到教学各环节里，更加直观、生动地呈现在教师面前，使教师能够更清晰地明白信息化教学具体如何开展。最后是实操巩固练习。学校采取相应的激励措施和资金技术支持，鼓励一线教师在日常教学中进行信息化教学的尝试，开展信息化教学比赛，组织全体教师进行信息化教学案例征集，真正通过个人的实际操作将信息化教学理论内化为教师信息化教学的能力。

4. 主管部门加大投入力度，学校加强硬件建设

数字赋能信息化教学打破了传统的教学模式，它通过构建虚拟教学空间，建设以专业教学资源库为核心的教学应用平台，并通过资源共享，为更多的教师提供优质的教学准备、教学演播及教学评估条件。信息化教学能否顺利开展与校园网在日常教学中的应用普及有关。也就是说，校园网的硬件建设在很大程度上影响并决定着师生参与信息化教学的兴趣与热情。对教师而言，校园网意味着能否有效地支持备课以及上课，能否提供便捷流程平台供师生教学交流；对学生而言，校园网意味着能否主动参与到专题讨论以及网上投票当中，

能否利用校园网顺畅地学习教学资源,能否使用即时通信软件联系教师。这些都是影响信息化教学开展的关键因素。随着国家和地方教育主管部门越来越重视教育信息化,而且部分高校信息化教学取得了一定的成效,所有高校要提高认识,紧跟时代步伐,抓住机遇,积极争取更多的资金支持和政策优惠待遇,加快推进学校的信息化软硬件和师资队伍建设。

(五)高校教师信息化教学能力提升的实践

1. 翻转课堂教学模式

随着互联网的发展和普及,翻转课堂的方法逐渐在教学课堂中流行起来。翻转课堂的构建过程主要包括三个阶段。首先是信息传递阶段,这个过程在课前进行。教师发布学习任务和相关视频,学生可以在团队合作的环境下完成任务,他们需要积极查阅资料,主动学习知识,培养归纳总结能力和自我管理能力,同时,教师提供在线指导和支持。其次是吸收内化阶段,这个阶段在课堂中进行。在课堂上,学生对任务进行讲解,教师则进行点评和指导。教师会针对学生的疑点和难点有针对性地进行讲解,学生对于不熟悉的知识点也会有更深刻的记忆。课堂上的师生互动和学生之间的交流讨论,使得知识能够更好地内化并提高学习效率。最后是巩固阶段,这个阶段可以在课堂上和课后双重进行。在课堂上,教师可以进行随机小测试;而在课后,教师可以布置在线作业,检查学生对知识点的掌握情况。此外,评价系统的跟进也能够为教师提供实证性的数据,有助于真实了解学生的学习情况。

2. 微课模式

微课是利用教学视频进行授课,要求教师提前录制教学内容。微课的视频长度通常较短,大约为10分钟,内容要精简、有针对性,专注于讲解某一个具体知识点。微课不同于传统的教学课件和设计,它在传承和发扬传统教学模式的同时,还包括教学反思、练习测试、学生反馈以及教师点评等板块。相较于传统课堂,微课更能够吸引学生的注意力,有助于知识的吸收。由于微课视频内容较少,因此主题更为突出,主要聚焦于学生难以掌握的重点难点,使学习过程不那么枯燥,同时也更有助于知识的消化与理解。微课的设计和组成至关重要,主题必须鲜明,目标明确,结构完整。微视频贯穿整个教学过程,涵盖视频、互动、答疑、反馈等环节,促进每个学生的参与互相学习,形成一个主题鲜明、类型多样、结构紧凑的"主题单元资源包",构建真实的微教学资源环境。因此,微课模式不仅提高了学生学习效果,也促进了教师的专业成长。

3. 慕课模式

慕课(MOOC),即大规模开放在线课程,它是"互联网+教育"的产物。慕课不是个人发的课程,一定是由很多参与者参与开发的大型(大规模)的课程,才能称为慕课。慕课是一种大规模开放的在线课程,学习者不受时间和空间的限制，课程也没有人数的限制。与传统的课堂不同，慕课的上课人数甚至可以达到上万人。要想学习，只需注册一下就可以进来学习，真正实现了资源的共享。慕课打破了地域的限制，随时可以享受一流大学的课程，而且还可以选择自己喜欢的教师和学科进行学习。慕课的整个课程体系是完整的，随时都可以学，学生也可以更合理地安排自己的学习时间，完善自己的知识体系。

4. 信息化教育

技术与传统教学方法的结合是数字赋能背景下教育的重要趋势，但并不意味着传统教学方法就应该被摈弃。传统的教学方法有其独特的优点，比如在进行公式推导等方面，采用板书讲解能够更加详细，有助于学生更好地理解。相比之下，使用视频或课件可能导致学生不清楚推导过程。因此，信息化教育技术与传统教学方法应该相辅相成，共同发挥各自的优势。

一方面，新的教育方式之间需要相互结合，而不是单一形式的运用。可以将慕课与翻转课堂相结合，或者将翻转课堂与微课相结合等，从而增加课堂的趣味性，激发学生的主动性。另一方面，传统课堂与信息化教育技术也必须紧密结合，才能实现从被动填鸭式学习到主动探究式学习的转变。针对不同的教学内容，可以采取不同的结合方式。例如将传统课堂与慕课、微课、翻转课堂等结合，或者同时结合多种形式，以此体现以学生为主体、实时互动、实时参与的特点。

传统教育与互联网教学之间应该取长补短、相互结合，充分发挥各自的优势。这样做不仅可以调动学习者的积极性和主动性，提高其自我管理和自我学习能力，还能够促进其分析和解决问题的能力。

三、数字赋能背景下高校混合式教学模式的研究与实践

（一）混合式教学的特点

随着时间的推移以及人们对传统教学与在线教学各自的优势及不足的深刻反思，人们逐渐认识到"在线教学＋面授教学"能够结合二者的优势，同时弥补多方的不足。

1. 线上线下混合

线上线下混合即网络教学与传统课堂教学相结合，它打破了线上线下存在的界限。这是混合式教学的最表层含义。数字赋能将通过一系列的应用技术实现有形教学与无形教学混合式的复式教学。线上教学与线下教学是两种浑然不同的教学方式：线上教学以互联网、新型技术、媒体为传播媒介；线下教学则侧重于传统的教学。二者虽然是不同的教学方式，但是其追求的基本目标是一致的，那就是高效地完成教学活动，促进有效教学的发生。混合式教学以教学平台为起点，教师、家长、学生、教学资源等要素均被联结起来。如果线上学

习与线下学习过程处于割裂状态,混合式教学将会流于形式,达不到我们所期许的理想状态,反而会适得其反,增加教师与学生的负担。

2. 教学理论混合

在教育领域,尚不存在一种万能通用的教学理论,能够适用于所有的教师和学生。因此,我们需要采用多种教学理论来指导和探索教育实践与规律。当前,影响较大的教学理论包括行为主义、认知主义、情感教育理论以及教育目标分类学等。

每种教学理论都有其独特的优势和局限性。比如,行为主义和认知主义注重知识的传播和转换,关注于教师的教学过程,较少关注学生的学习过程;而建构主义注重教学设计和创造有利于学习的环境,在教与学两方面都力求平衡。教师应根据不同阶段的教学目标选择与之相关的教学理论,这样可以更好地发挥教师的主导作用,同时促进学生的认知发展。

教学理论并不是相互对立和分离的,它们之间存在着一定的重合和相互关联。因此,在运用教学策略时,需要考虑学习者的实际情况、教学目标、教学环境等因素,才能充分发挥其作用。教学策略作为教师从理论到实践的中介,处于观念和操作之间,需要灵活运用以满足教学需求。

3. 教学资源混合

教学资源混合可以从资源内容、资源呈现方式和资源优化与整合三个方面进行分析。

首先是教学资源内容的混合。随着社会对综合型人才需求的增加,学校更加注重培养多样化、整合性人才。文理交融、学科融合将成为未来学科发展的趋势。混合式教学也包含对教学资源内容的混合。学习者接触到的信息不再局限于某一门学科,而是涉及广泛且有条理的知识体系,这有利于学习者在学习过程中进行联想和应用。

其次是教学资源呈现方式的混合。教学资源的呈现方式多种多样,应根据学习者的认知规律选择合适的方式。传统的书本式知识呈现方式有助于学习者系统地掌握知识。然而,传统教材的局限在于阻碍了知识的流动,使知识呈现过于静态,利用率相对较低。此外,知识以文字形式呈现过于单一,不利于调动学习者的积极性和主动性。因此,需要与新型的资源呈现方式结合,以弥补传统教材的不足。这种新型的资源呈现方式就是虚拟资源呈现。在虚拟资源呈现中,知识不再局限于书本或黑板,而是无处不在、随时可得。只有传统与新型混合的知识呈现方式才能满足学习者对各种资源的需求,实现个性化发展。

(二)混合式教学的本质分析

混合式教学是以关联、动态、合作、探究为核心的新型教学模式,有着区别于面授教学与在线教学的本质区别,下面将对混合式教学的本质予以分析。

1. 混合式教学是动态关联的耦合系统

混合式教学过程的各个存在要素组成了相互关联、互为影响的耦合系统。教师与学生双方都具有自我组织教与学的意识与能力，师生秉持共同目标，同时在一定质态、一定数量的教学信息激发下，使得学习过程中产生的问题、障碍达成顺应、一致的过程，继而促进教学过程有序化。混合式教学中的在线教学部分和面授教学部分两者是优势互补关系，不存在谁替代谁的问题，它们具有共同的教学目标，即高效地完成教学活动。

2. 混合式教学是在线教育的扩展与延伸

混合式教学与传统的在线教育、网络教育不同，它可以被理解为在线教育或传统教育的延伸或扩展。首先，混合式教学将传统教学的优势与在线教育的优势相结合，弥补了在线教育和传统教育过程中的不足之处。纯在线教育最大的问题之一是教师与学习者之间的互动和交流不足。教师与学生之间的交互在教学过程中是至关重要的，通过课堂内外的互动，教师可以及时获得反馈信息，便于学生提问、沟通、解决疑惑和探索等活动的展开。缺乏这种互动是限制网络教育进一步发展的主要障碍之一。此外，学生的自我管理能力、信息处理能力以及一些关于"网络教学仅等同于课件教学"的观念也严重制约了在线教育的发展。从传统教学组织形式来看，资源相对单一，接触其他信息资源较为困难，在资源传播途径上稍显滞后。标准化的教学模式也阻碍了学生个性化发展的可能性，统一的进度和教学内容严重限制了学习者的多样化发展。综合考虑了两种教学模式的优势和劣势，将它们有机地结合起来是最有利于学生学业、身心等多方面发展的教学形式。

3. 混合式教学以激发学习兴趣为主旨

混合式教学主要发掘学习者对于课程的兴趣为主旨，进而为了激发求知、探索、整合、创新等行为。教师在制作微课程、PPT、整合课程资源以及设计教学活动的过程中，应时刻以学习者的兴趣为基点，考虑学习者的个性特征与兴趣关注点，激发学生的创造力。所以，明确学习者的学习需求，找准兴趣点，才是混合式教学的根本任务。

（三）数字赋能对于混合式教学的意义

数字赋能促进了信息的双向流动，解构又重构了教学模式与教育体系。它将处于基础形态的传统教学与网络融合起来，发展成"数字赋能教学"的高级形态，从而充分发挥互联网教学的优势，改善教学模式，从原来"以教师为中心"的教学模式转变为"以学习者为中心"的互动教学模式。

1. 打破信息不对称局面

信息不对称在教学中确实是一个常见的问题，可能由多种因素引起。师生交流不畅、教学方式不当、设备陈旧等都可能导致信息传递的不对称。在数字化教学资源的时代,这种问题得到了一定程度的缓解。数字化资源具有零空间存储性、共享性等特点,使得教学资源更具公共性。此外,数字化教学使学习不再受限于特定的时间和空间,因此师生之间信息不对称的格局逐渐被打破。同时,数字化教学也有助于缓解地区和国家之间的信息不对称现象,促进教育资源的公平共享和传播。因此,数字化教学在一定程度上有助于解决信息不对称问题,提高教学的有效性和公平性。

2．激发教学的动态生成

互联网与教育的融合避免了纯在线教育"交往结构的非语言现象"的出现,也在极大程度上转变了传统教育静止、单一、机械,与客观学习相背离的教学情景。互联网与教育的深度融合是传统教育的成长与发展,它将过度一维化与平面化教学赋予了多维性与动态性。教学的动态性体现于信息资源的流通、多元的价值传递、自主选择性、多向立体互动等方面。

教学活动本质上是师生间教与学的互动过程,更是教育资源的传递与共享。互联网具有开放性和非定向性特征,而教育本身也是师生与资源持续交互的动态过程。因此,"互联网+教育"模式呈现出多元化、网络化的新型教育形态。

3．推动教师教学与技术的专业化发展

互联网与教育的结合正在逐渐改变教学与学习的方式,并成为构建教育网络体系中至关重要的一环。首先,互联网的发展使得教师面临着更高的挑战,需要不断提升专业化技能,适应在线授课形式的研究和运行模式的变化,从而促进教师教学与技术的双向发展。其次,教师的角色和职责也发生了相应的转变。教师不再仅仅是知识的传授者,而是扮演着课程资源的开发者、学习者、引领者以及互联网技术的先行者和学习体验的开拓者等多种角色,需要根据具体的学习情景选择最合适的角色扮演。

尽管数字赋能和混合式教学模式在各地区的高校中得到了探索和尝试,但由于各种现实因素的限制,混合式教学还未能在大范围内普及。尽管翻转课堂、慕课、微课、电子书包、电子白板等项目层出不穷,但与一线教师的教学实践尚未真正融合。

数字赋能的混合式教学旨在通过互联网技术为教师的教学带来多样化和丰富化的教学体验,让互联网真正融入到一线教师的教学过程中。当前,我们正处于数字赋能混合式教学的转型期,教育生态综合体正处于变动之中。因此,教师需要从自身的教学经验出发,选择合适的策略和方法,在教学实践中找到线上与线下、课上与课下资源混合的新路径。这样才能更好地适应教育的发展趋势,为学生提供更丰富、更高效的教育体验。

4．打破在线教学与传统授课的单一桎梏

传统课堂教学是教师最熟悉的教学形式之一。它在有限的时间与空间内,通过教师的指导高效地进行知识传递，使得教学更加形象化，并通过培养学习者的竞争与合作意识，发挥情感因素在学习过程中的重要作用。然而，传统课堂教学也存在着一些不足之处：教学内容相对单一，教学方法过于整齐划一，教学规模受限，等等。因此，需要进一步反思和思考如何改进传统课堂教学。

网络在线教育利用网络的高信息传输速度和灵活多样的传播手段，为学习者提供了优质的学习资源，并打破了时空的限制。学习者可以根据自身的情况和知识储备量自定学习步调，从被动接受者转变为学习的积极探索者。然而，网络在线教育也存在着师生之间缺少面对面交互、不利于情感交流以及对学习者自我控制能力和学习能力要求较高等问题。

基于数字赋能背景的混合式教学，将传统授课与在线教学相结合，充分发挥两者的优势，达到更好的教学效果。对于是否所有课程都适合采用混合式教学方式的问题，大多数教师都认为，在一门课程开设混合式教学的前提下，学生应具备足够的精力进行学习与交流。如果每个学习者一学期要修多门课程，并且所有课程都采用混合式教学，学生的精力可能会不够，反而会影响学习效果。因此，混合式教学的应用需要根据具体情况进行灵活调整，以实现最佳的教学效果。

（四）数字赋能背景下改革混合式教学模式的理论依据

1. 数字赋能背景下混合式教学模式设计的理论基础

混合式教学模式需要在多个理论共同指导下建构，不应局限在一个理论视角。综合来看，混合式教学模式理论应包括关联主义理论、掌握学习教学理论、教学交互理论、香农－施拉姆传播理论，这些理论为混合式教学的设计、建构、组织、实施提供了可借鉴的方法与依据。

（1）关联主义理论。关联主义是一种符合网络时代发展特征的学习理论，由加拿大学者乔治·西蒙斯提出。该理论认为学习是动态的知识，可以存在于我们自身之外，而且学习发生在模糊不清的环境中，没有固定的要求和界限。关联主义理论强调知识的流动和循环，认为知识是一个动态流动的整体，需要不断更新和个性化实施。在这个过程中，我们应以原创者没有想到的方式来裁定和运用他人的知识，而不是被动地消费它。

在设计混合式教学模式时，关联主义理论具有重要的指导作用。

首先，根据关联主义理论，教师和学习者需要有意识地对教与学的状态进行把控。教师应提供相互连贯的知识，遵循由浅入深、由易到难的层次，使学习者明晰整体的知识脉络。同时，教师面授的教学内容应与线上组织的教学资源相互关联，确保线上与线下教学相互对应，彼此联系。

其次，教师与学习者之间的关联也至关重要。由于线上教学的时空分离性，师生之间的互动受到限制。因此，教师应利用即时通信软件等技术保持与学习者的沟通，及时了解学习者的进度和问题，并给予指导和支持。通过在线软件的途径，学习者可以相互探讨，教师也能够更好地指导学习过程。

综上所述，关联主义理论为混合式教学模式的设计提供了重要的指导，强调了知识的流动和个性化实施，以及教师与学习者之间的紧密关联。通过充分运用关联主义理论，可以更好地促进混合式教学的有效实施和学习效果的提升。

（2）掌握学习教学理论。掌握学习理论强调学习者只要具备所需的学习条件，大多数学生都可以完全掌握教学过程中要求他们掌握的全部内容。这种理论认为，学习过程可以通过调整认知准备状态、情感准备状态和教学质量来实现。掌握学习模式一般包括五个环节：单元教学目标设计、群体教学形成性评价 A、矫正学习形成性评价 B、整个教学环节适用于基本概念与原理的教学、个体教学效果达到。

在设计混合式教学模式时，掌握学习理论的指导作用主要体现在以下几个方面。

首先，混合式教学模式将部分教学任务转移到课下进行，给学习者提供了更多自由和充分的时间。学习者可以根据自身情况选择合适的学习进度和方法，自定学习步调，通过完成教学任务、观看教师录制的视频以及自主学习资料，进行在线测试，判断自己对基本知识的掌握情况，进行二次学习并完成掌握后进入下一个阶段学习。

其次，教师应为学生设定明确的教学目标，明确学生在课程中应达到的程度、学习方式和指标，以激发学习动力，并为学生提供明确的学习方向。

最后，在保证学生掌握基础知识的前提下，教师可以划分不同难度水平供学生选择，如材料的引申和拓展学习部分等。这样可以解决学生学习过程中的个体差异问题，避免学生因学习进度不一致而产生的困扰，使学生的个性化需求得到尊重。

（3）教学交互理论。信息交互和社会交往的背景下，教学交互成为教学活动中不可或缺的一个环节。无论是何种形式的教学活动，都需要一定程度的交互，因为交互是教学活动发生的必要条件，教学交互与传统的人际交互有所不同，其目的在于促进教师与学习者之间的交流与理解，在引入某种技术的基础上，推动教学活动的高效完成。一些学者将交互分为两种状态：一是适应性交互，指学习者与教师构建的环境之间的交互，如学生对教学平台的操作；二是对话性交互，指学生与教师之间的交互，主要是学习者与教学要素、资源信息之间的交互。

交互在混合式教学活动中至关重要，在混合式教学模式的设计过程中，交互应始终作为核心考虑。教学交互理论对构建混合式教学模式具有重要的指导作用，主要体现在以下几个方面：首先，教师与学习者之间的交互应遵循便捷性和高效性原则，能够实现在线上和线下教学中的即时交互；其次，教师、学生与平台之间的交互应该方便顺畅，针对教师上传课程资源、页面设计的美观性以及学生观看的舒适度等方面进行人性化功能的设置。

2. 数字赋能背景下混合式教学模式设计的原则

建构主义教学理论认为，"情景""合作""互动""自主建构"是教学发生环境的四大要素。混合式教学模式应以上四大要素为前提，遵循以下教学原则。

（1）融合性原则。实践证明，网络教学的优势在一定程度上可弥补传统教学的不足，却无法完全取而代之。网络教学和面授教学具有共同的教学目标，二者互为对方的拓展和补充，二者的实施都不能在脱离对方的基础上进行。所以，网络教学部分的教学设计要依照传统课堂教学过程而进行，不能机械地脱离。网络教学与传统教学的融合非朝夕能至，尚需要进行更深入的探索。

（2）开放性原则。依据系统论的思想，世界上一切事物都可以看作是一个系统。它是由相互影响的若干要素组合而成的结合体，任何系统都不是孤立存在的。如果一个系统要保持长期的稳定，就必须保持其开放性。在这里，我们可以将混合式教学看作是一个系统，同时它也是一个开放的耗散结构，它能及时吸纳外界环境中的新信息、新思想、新理念。因此，开放性原则要求在将混合式教学看作是一个整体的基础上，使之时刻远离平衡态，由封闭状态走向开放状态。首先，教学方式的开放。具体包括教学硬件设施的开放和教学手段的开放。其次，教学内容的开放。教学资源将不再局限于固定的书本、图书馆等有限的学习空间内，而是成为学生无限延展信息的接收源，课堂逐渐像社会、电子网络领域延伸，促进学生学习的发生。再次，教学过程的开放。教育理念从机械、灌输等价值取向转变为对民主、开放、探究、交互等理念的诉求。

（3）交往性原则。交往是人活动的本性，人对于交往有着必需性的要求。由于交往活动的不断扩大，活动及学习能力才能不断提升。在人与人之间的交往中，师生之间的交往活动具有一定的特殊性，它特指发生在师生之间、教学要素之间的资源信息及情感的流动。在这个交往的过程中，师生双方既是信息的发出者又是信息的接收者。交互性原则具体表现在教学过程的组织与管理中，是教学活动的主体构成。

（4）协作性原则。混合式教学模式体现着协作性原则，具体分为两个方面。一方面，从学生的"学"来讲，合作学习是一种有效的学习方式。处于合作状态的学习者往往思路清晰，思维活跃，同时在观点、思路的碰撞下可以产生新的火花及思维闪光点，对于问题能够更做深入的探究，因此在学习过程中能够加深对于知识的理解，同时也能提升相互协作的能力。另一方面，从教师的教来讲，教师的讲授并非只是告诉学习者既有的知识，告诉其最后的结论，这样学习者反而达不到对于知识的深层次思考。教师的讲授指的是促进学生的结构化学习，提供发现式的学习材料，为学习者的合作提供保障，成为学习者的引领者，这也为教师的教学性技巧提出了新的要求。因此，教师在教学过程中应积极与同行或专家进行交流，促进教学水平的提升。

（五）混合式教学模式的构成要素

1. 教学目标

教学目标是将教育目的和培养目标在教学活动中进一步具体化的重要环节。确定教学目标时，必须反映教育目的的基本要求，首先要接受教育目的的规范，然后将教育目的转化为实际行动的追求。混合式教学目标的设定需要遵循一定的教学目的和培养目标，根据学习者的兴趣和教学情境进行制定，并在一定程度上能够体现学科的整体方向以及活动开展的整体方向。在正确且合适的教学目标指导下，教学的有效性将会提高；而在空洞和不切实际的教学目标指导下，教学可能会处于低效甚至无效的状态。

同时，混合式教学的目标并非一成不变的，不同的教学模式能够体现不同的教学目标，对教学目标的具体要求也有所不同。例如，问题导向的教学模式、基于情景的教学模式、探究教学模式和合作教学模式，它们设定目标的侧重点均不同。

在数字赋能的背景下，混合式教学的目标基于时代的特点，旨在培养学习者的信息素养、信息加工能力、合作能力等综合素养，以满足21世纪社会对综合型人才的需求。混合式教学应根据授课学科的特点和结构，在分析课程和学习者特点的基础上，确定单元或课时的教学目标。同时，通过适当的方式使学习者明确教学目标，以及教学活动发生后的预期状态。换言之，教学目标的确定应具体、清晰、可行，避免过于模糊和抽象。

2. 操作程序

操作程序指教学活动的各个流程以及不同阶段的具体做法。任何教学模式都会有相对固定的操作程序，但不是绝对的固化，具体体现教学过程中教学内容的组织与引导、教学手段及方法的混合应用、教学情感价值的传递引导等。

数字赋能背景下的混合式教学的操作程序集中在三部分：线上学习、课堂学习、线下总结。线上学习（基于网络教学平台）流程如下：教师组织教学材料—分发任务—学习者完成任务—提出问题。课堂学习流程如下：学生反馈问题—小组互动—教师对重、难点问题进行讲解—问题解决—布置作业；线下总结：强化盲点—梳理知识—完成作业—作业（作品）展示。

3. 实现条件

条件因素是实现教学目标的重要保障，它们为教学模式的有效应用创造各方面的有利条件，使得任何教学模式都能在特定条件下发挥作用。教学模式的条件因素多种多样，包括教师、学生、技术、环境、时间、空间等。

首先，在互联网＋教学的新型教学模式下，教师的角色和教学方式受到了挑战。教师不再是传统意义上的"建构者"和"决策者"，而是转变为"合作者""指引者"和"帮助者"。教学活动也从传统的课堂转变为"线上＋线下"的形式，教学方式由灌输转变为互动研究，更加突出了学生的主体地位。因此，教师需要尽快适应教学方式的转变，并不断提升专业化技能。

其次，混合式教学模式的实施对在线平台提出了较高的要求。在线教育与传统课堂教学有着明显的区别，教学平台的人性化程度、可操作性和互动性对教学的有效性有着重要影响。因此，教学平台需要具备良好的人性化设计，提供简洁易懂的操作界面，并支持教师和学生之间的高效互动。

综上所述，教学模式的成功实施离不开各种条件因素的支持，包括教师的适应能力和专业化技能提升，以及教学平台的高效可用性和人性化设计。通过不断优化和改进这些条件因素，可以更好地促进混合式教学模式的发展和应用。

4．教学评价

混合式教学评价的确需要一个全新的评价体系来适应其特殊的教学模式和数字赋能时代的背景。这个评价体系应该涵盖线上和线下教学的各个方面，并且更加注重学生的能力培养和综合素养的提升。

在混合式教学评价体系中，可以考虑以下几个方面。

（1）学习成绩评价。这部分评价主要关注学生在课程中取得的具体成绩，包括考试成绩、作业完成情况、项目表现等。这是评价学生学习成果的重要指标之一。

（2）学习过程评价。这部分评价主要关注学生在学习过程中的表现，包括参与度、学习态度、问题解决能力、合作能力等。可以通过观察、访谈、问卷调查等方式进行评价。

（3）自主学习能力评价。混合式教学强调学生的自主学习能力，因此需要评价学生的自主学习能力，包括信息搜索能力、学习计划制定能力、学习资源利用能力等。

（4）合作能力评价。由于混合式教学中常常会有团队项目和合作学习活动，因此需要评价学生的合作能力，包括团队协作能力、沟通能力、领导能力等。

（5）创新能力评价。混合式教学也注重培养学生的创新能力，因此需要评价学生的创新意识、创造性思维、问题解决能力等。

（6）反馈机制。评价体系还应该包括及时的反馈机制，及时向学生和教师反馈评价结果，帮助他们及时调整学习和教学策略。

综合考虑这些方面，可以建立一个更加全面、科学的混合式教学评价体系，以确保评价的全面性和有效性，促进学生全面发展和素质提升。

（六）数字赋能背景下混合式教学模式的应用策略

在数字赋能时代大背景之下，为了更好地推行混合式教学，取得更加高效的教学体验，需要学校、教师、学生的三方密切合作。

1. 充分发挥网络教学优势

在充分发挥网络教学开放性、交互性、共享性、协作性、自主性优势的同时，整合现有的教学资源从实际出发，认识到并非所有的教材均适用于混合式教学，需要根据学科特点及学习者的实际认知情况进行合理运用。教师层面，要充分激发教师的潜力，提高师资的影响力度与效度，缓解师资不均的状态。学生层面，发挥学习者的主体意识与能动意识，实现自我管理的个性化发展。网络教学层面，模糊教学边界、提高教学效率、促进资源流通等特点优势的发挥有利于从本质上有效地推进混合式教学。

2. 提高学习者的自主学习能力

混合式教学的在线教学部分因其跨时空性、灵活性等特点对学习者的自主学习能力提出了极大的挑战。尤其是面对枯燥的学习任务、无监督的学习环境及包罗万象的网络资源，这些都会导致低效的学习效率。相比传统面授教学，在线教学部分需要更大的自制力与判断力，学习者需要合理安排学习时间，妥善制订学习计划，加强对学习时间的管理，可以制定任务完成进程表，同伴之间可以相互督促完成学习任务。

3. 提升师生的信息素养

信息素养是信息化社会学习者能力素质的一个基本构成要素，师生信息素养的高低决定了教学效率的高低。在推行混合式教学改革的前提下，教师是关键，提升教师的信息素养水平是影响混合式教学成效的关键因素。

（1）组建混合式教学专家团队。混合式教学开展初期难度较大，教学设计、教学实施、平台应用等方面会存在诸多问题，这无疑加重了教师的工作任务量。因此，组建混合式教学专家团队有利于教师间相互交流教学的反思与体悟，解决疑难问题，共同提升进步，团结协作，优势互补。混合式教学专家团队由混合式教学专家、网络技术人员、参与混合式教学项目的教师以及管理人员组成。随时待命的网络技术人员保障了混合式教学的技术支持，同时为教师解决疑难问题，提供"顾问式"服务，而将具备多元学科背景的教师集合起来，可以在团队内部开展多元合作。

（2）强化教师专业化培训。校内外培训有助于教师更快、更好地转变教学模式，适应新的角色，拓宽教师成长的专业空间。一方面，先培养一部分教师发展起来，继而带动大部分教师的发展；先探索一部分学科的混合式教学模式，再带动整体的学科探索。另一方面，观摩课程有助于新手教师获得直接的实践经验，提高其教学管理能力。此外，可以开展系列学术沙龙活动进行相关主题研讨，鼓励教师参加校外培训活动，允许教师走出去，去其他学校参观学习、参加学术会议，学习教学经验并加以运用。

4．初步建构起混合式教学共同体

通过混合式教学模式的开展，逐步形成了一个"互动共享、通力协作、自主探究"的学习共同体。在这个共同体中，网络技术的介入赋予了其发展性、流动性和多样性等特点。教师们如果能在教学模式转变的关键时期相互交流合作，将比独自行动更加有效。构建教师共同体的目的是通过交互、共享、合作来提高学习者的学习体验。

教师共同体的构建主要通过交互、共享、合作形成，并以提高学习者学习体验为宗旨。在教师学习教学共同体中，不同专业背景、不同教龄的教师及助教者可以互为补充，相互交流经验，讨论问题，做出决策，尝试从不同的方面与视角重构自身的理解与观点。

构建教师教学共同体需要以下步骤。

（1）转变共同体教学意识。只有具备了共同体意识，才能感受到其价值和意义。

（2）确定一致的共同体教学目标。确保所有成员都致力于实现混合式教学模式的转变，发挥教师的集体智慧。

（3）实施特定的组织与管理方式。例如成立项目研究小组、科研创新小组等，同时可以请专家、学者提供理论与实践方面的指导。

（4）密切关注教师对于混合式教学的态度。注意在实施混合式教学之后的态度转变，并根据反馈及时调整共同体的运作方式。

通过这些步骤，教师可以建立一个紧密合作、相互学习的共同体同促进混合式教学模式的发展与优化。

四、数字赋能时代高校"三方两线"同步课堂教学策略

（一）概念的界定

1．数字赋能同步课堂

数字赋能作为互联网思维的新成果，推动了社会经济生态的转变，同时也为其他产业、行业的改革、发展、创新提供了网络平台。

"互联网＋同步课堂"是指基于数字化信息技术，教师通过网络进行学科专业知识教学，学生则通过网络参与、互动等方式学习相关知识，实现教学资源与信息的网络流动，知识在网络上形成，线上、线下活动相互补充与拓展。在这种同步课堂中，教师、教学内容、学生以及媒体平台共同构成了新的教学系统。《互联网＋同步课堂》的本质是整合网络教学资源，将课堂教学内容进

行碎片化重构。

2. "三方两线"

"三方"主要指教师、学生、高校三个方面;"两线"即线上网络教学与线下传统教学。"三方两线"同步课堂教学主要是指调动大学生、教师和高校三方的积极性,应用数字赋能时代的信息技术,整合优秀的课程教学资源,通过协调、配合等方式来共同建设高校线上线下同步课堂教学策略。

(二)数字赋能时代高校同步课堂教学现状分析

高校之间传统的课堂教学模式在很大程度上相似,然而现代网络同步课堂教学却呈现出明显的差异。尽管我国在互联网的普及、推广、应用方面相对较晚,但高校网络同步课堂教学模式的应用现状并不乐观。

首先,网络课堂的本质具有利与弊。随着Web技术的不断发展,从Web1.0到Web3.0再到如今的WebX.0,这些进步为高校同步课堂教学提供了越来越优秀的教学平台,同时也为全球知识的分配、共享、共建提供了新的机遇。全球范围内大量开放性慕课课程的迅速普及,作为异步网络课堂的慕课创新了一些课程的评价方式、内容呈现形式、教学交互手段等,大大提高了课堂的教学效率,也提升了课堂教学水平。

其次,网络课堂的教学应用存在着利弊。随着网络技术在教育领域的广泛应用,教育资源的社会化程度不断提升,也推动了高校教育教学改革的创新。相较传统课堂而言,网络课堂能够吸引更广泛的学生群体,为学生提供更多学习资源与信息,教学内容的呈现方式也能够提升学生的感官体验。然而,网络学习也存在一些问题,如学生学习效果不佳、师生互动性弱等。网络学习虽然让学生成为课程学习的主角,但也容易让教师失去了对教育过程的控制和监督,忽视了学生学习能力、自律能力、学习基础差异等方面的问题。此外,网络学习也模糊了课程学习效果的评估,替代了教学中的人文关怀引导。

(三)创新完善高校"三方两线"同步课堂教学策略

由上文的分析可知,当前我国高校同步课堂教学的总体情况不容乐观,还存在着网络技术的教学应用不够广泛,同步课堂教学的重视程度不够等问题,有必要从高校、教师、学生等多方面来创新完善高校"三方两线"同步课堂教学策略。

1. 中心高校共享远程同步课堂

远程同步互动课堂教学作为一种分享优势课程师资力量的方式,在不影响优势课程执教教师本校正常教学的前提下,向合作院校输送了优质的课程教育资源。该模式包含了优势课程提供方的主讲教师以及教学点的助理教师,并可以邀请地方专家参与远程课程讲座。远程同步课堂同时包括了面授课程和同步课堂；学生既可以来自中心高校的本专业学习学生，也包括了远程同步课堂教学点的学生。共享远程同步课堂通过整合以往的教学环境和要素，将集中教学分散于不同的网络空间，实现教学的连续性。师生互动主要通过远程直播课程实现，主讲教师需要控制好教学进度，而助教教师则负责及时反馈学生的学习情况。中心高校共享的远程同步课堂首先应选择教学过程容易控制、教学效果容易量化评估的计算机课程，以稳定发展教师、高校和学生三方的远程同步互动课堂教学模式，随后逐步拓展到其他专业课程，以实现同步课堂教学的常态化开展。

2. 建设专业课程网络教学平台

高校应根据专业特色搭建专业课程的网络教学平台。首先，应该建设高水平的本校核心课程。高校可以集中资源开发核心课程和精品课程，以确保共享课程教学的质量和水平。各高校联盟可以统一聘请专家指导精品课程的建设，同时解决课程资源有限的问题。其次，学生通过互动学习获得更多元化的课程内容。高校联盟间可以建立远程同步互动系统，允许任何院校的教师对学生进行指导，教学过程可以实时在平台上展开。利用直播平台，教师可以在本地向其他教学点传授教学内容，同时汇总、借鉴国内外的精品课程，充分调动各方的教学资源和教学素材，打造高校网络教学课程。学生可以在该平台上学习课程知识、下载课程资料，真正实现碎片化教学。

3. 转变教师教学观念，提升教学能力

高校专业教师应及时更新教学理念，积极参与同步教学平台上的微课程设计与互动教学模块，及时更新自身的信息技术知识，利用网络教学与传统教学的优势来开展教学活动，从而提升自身的教学能力。"三方两线"的同步教学过程教师为"两线"的连接点，同时作为"三方"中的一方，教师不仅可以选择"课堂为主、网络为辅""线上线下互补"，还可以将整个课程全部的教学内容提前放置于网络平台。因此，教师应积极地做好教学内容的线上、线下模块划分，确认线上、线下同步课程学习的侧重点。

4. 打造"双线"同步协作学习模式

"双线"的同步协作学习模式是针对网络协作学习逐渐普及而提出的一种学习模式，旨在通过多元化、多维度的互动内容提升学生的学习体验。在线上虚拟与线下真实教学环境相结合的情况下，人机互动与师生人际互动形成了良性互补。教师不仅能够利用现场课堂教学的互动优点，提升对课程学习过程的控制与监督，还能够通过人机互动实现教师与学习小组间的"点面"互动，以及师生间、学生间的"点点"互动。学生可以通过利用网络搜索工具和网络信息资源提升小组协助学习的效率，此外还能够利用网络交流工具与平台展开学习互动。

在小组"双线"同步协作学习模式中，教师需要根据教学任务的特征与难度来分配具体的任务组与角色,从而明确任务流程的各个阶段内容。一般来说,合作任务小组包括 3～5 人。在同步协作学习过程中,教师通过线下的成果评估、人际互动来获取教学反馈,以便对线上学习内容进行调整。小组成员的数量需要根据任务类型进行具体的调整,具体环境包括任务布置、选择方案、角色分工、执行任务和完成任务等方面。

第三节 信息技术与教学课程的整合

一、信息技术与课程整合的基本原则

(一)信息技术与课程整合的含义

在系统科学思维的方法论中,"整合"指的是将两个或两个以上较小部分的事物、现象、过程、物质属性、关系、信息、能量等,在符合具体客观规律或一定条件的前提下,凝聚成较大整体的过程及结果。教育界引用"整合"一词通常表示综合、渗透、重组、互补、凝聚等含义,而不是简单的叠加。目前,关于信息技术与课程整合的定义存在着不同观点,主要分为"大整合论"和"小整合论"两种。

"大整合论"将"课程"理解为一个较大的概念,主张将信息技术融入课程整体,改变课程内容和结构,变革整个课程体系。另一种观点认为,信息技术与课程整合是指通过基于信息技术的课程研制,创立出信息化课程文化的过程。这一观点旨在解决教育领域中信息技术与学科课程存在的割裂和对立问题,通过信息技术与课程的互动性双向整合,促进师生民主合作的课程与教学组织方式的实现,建构起整合型的信息化课程新形态。

"小整合论"则将课程等同于教学,将信息技术与课程整合等同于信息技术与学科教学整合。这种观点将信息技术作为一种工具、媒介和方法融入教学的各个层面中,包括教学准备、课堂教学过程和教学评价等。这种观点是目前信息技术与课程整合实践中的主流观点。

在信息技术与课程整合时,需要特别关注教学实践层面的问题,不能简单地将信息技术作为一种新的教学手段与传统的教学手段叠加。课程整合的广义概念是使分化了的学校教学系统中的各个要素形成一个有机联系的整体,而狭义概念指的是各学科之间(包括各学科内部)的整合,即将各学科关联起来加以学习。在这一整合过程中,课程的各要素之间逐渐产生了有机的联系。

(二)信息技术与课程整合的基本原则分析

信息技术与课程整合是将信息技术有机地融合在各学科教学过程中,它将

信息技术与学科课程的结构、内容、资源以及课程的实施等融为一体，使之成为与课程内容高度和谐的有机部分，从而能够更好地完成课程目标。

1. 正确运用教育理论指导信息技术与课程整合的实践

现代学习理论为信息技术与课程整合提供了坚实的理论基础。在教学和学习的层面上，每种理论都有其正确性的一面。然而，在实际的教学实践中，没有一种理论具有普适性。换句话说，没有哪种理论可以取代其他理论成为唯一的指导理论。否则，就会陷入二元分立的思维方式，试图通过强调一种理论来克服另一种理论的片面性，而最终陷入另一种片面性之中。

举例来说，行为主义学习理论适用于需要机械记忆的知识或具有操练和训练教学目标的学习情境。它主要用于引导和激发学生的学习兴趣，控制和维持学生的学习动机。而建构主义学习理论则倡导为学生提供建构理解所需的环境和广阔的空间，让学生自主地、发现式地学习。

在教学实践中，教师应该根据学科特点、教学目标和学生的需求，灵活地运用不同的学习理论，并结合信息技术与课程整合的具体情境，创造出适合学生发展的学习环境。综合运用不同的学习理论，可以更好地满足学生的多样化学习需求，促进他们的全面发展。

2. 根据教学对象选择整合策略

人类的思维类型可分为抽象思维与具体思维，有序思维与随机思维。对于不同学习类型和思维类型的人来说，他们所处的学习环境和所选择的学习方法将直接影响他们的学习效果。有的学生不能主动地对外来信息进行加工，他们喜欢有人际交流的学习环境，需要明确的指导和讲授；有的学生在认知活动中，则更愿意独立学习，进行个人钻研，更能适应结构松散的教学方法或个别化的学习环境。因此，信息技术与课程的整合应该根据不同的教学对象，实施多样性、多元化和多层次的整合策略。

3. 根据学科特点构建整合的教学模式

每个学科都有其独特的知识结构和学科特点，因此对学生的要求也会有所不同。以下是一些针对不同学科的教学策略。

（1）语言教学的重点是培养学生的语言运用能力，包括正确、流利地表达思想和有效地交流。为了达到这一目标，可以利用信息技术模拟真实语境，为学生提供反复练习的机会，帮助他们在实践中提升语言技能。

（2）数学是一门逻辑经验学科，重点在于开发学生的认知潜能。教师可以通过创设认知环境，引导学生从具体思维到抽象思维的转变，完成对数学知识的建构，促进他们的数学思维能力的发展。

（3）物理和化学学科与生产生活密切相关，注重培养学生的观察、解决问题和实验能力。在教学中，可以通过形象直观的讲解来帮助学生理解和记忆知识,同时也要注重实验操作的培养,因为这是这两门学科的重要特点之一。

在对不同学科进行整合时,需要根据各自的特点选择不同的整合策略和操作方式。同时,整合的过程应遵循相同的原则,即注重学生的参与和实践,促进跨学科的综合应用,以及充分利用信息技术为教学提供支持和资源。

4. 运用"学教并重"的教学设计理论来进行课程整合

流行的教学设计理论主要有"以教为主"的教学设计和"以学为主"的教学设计两大类。这两种教学设计理论各有特点,因此,最理想的方法是将二者结合起来,取长补短,形成"学教并重"的教学设计理论。这种理论也正好符合既要发挥教师的主导作用,又要充分体现学生学习的主体作用的新型教学结构的要求。在运用这种理论进行教学设计时要注意,不能将以计算机为基础的信息技术,仅仅看作辅助教师"教"的演示教具,不论是多媒体,还是计算机网络,更应当把它们作为促进学生自主学习的认知工具与情感激励工具。在课程整合时,要把这一观念牢牢地、自始至终地贯彻到整个教学设计的各个环节之中。

5. 个别化学习和协作学习的和谐统一

信息技术为教学提供了开放性的实践平台,使得在实现相同教学目标的情况下可以采用多种不同的方法。同时,课程整合强调了"具体问题具体分析"的原则,一旦确定了教学目标,就可以通过整合不同的任务来实现这些目标。对于同一任务,不同的学生可以采用不同的方法和工具来完成,这种个别化的教学策略有助于发挥学生的主动性,促进因人而异的学习。

在现代学习中,尤其是在解决复杂问题、进行作品评价等高级认知任务时,社会化大生产要求学生具备协同工作的能力。学生需要能够就同一问题发表不同的观点,并在综合评价的基础上协作完成任务。互联网的出现为这种协作学习提供了便利的平台。

因此,在教学中,教师既要为学生提供个别化的学习机会,满足他们的个性化需求,又要组织学生进行协作学习,培养他们的团队合作能力和社会交往技能。这样的教学方式不仅有助于学生在个人发展中取得进步,也有助于他们在团队合作中共同成长。

二、信息技术与课程整合的阶段和层次

根据信息技术与课程整合的不同程度和深度,可以将整合的进程大略分为三个阶段:第一,封闭式的、以知识为中心的课程整合阶段;第二,开放式的、以资源为中心的课程整合阶段;第三,全方位课程整合阶段。在不同的阶段,技术投入与学生的学习投入是不同的。在教学过程中,教的活动和学的活动对技术有一定的依赖性,根据学生的参与程度以及对信息技术的特征和功能的不同要求,可以将信息技术与课程整合的三个阶段再进一步细化为十个层次,同时对每个层次的教学策略、学生的学习方式、教师的角色、学生的角

色、教学评价方式和依据以及信息技术在不同层次中的作用进行比较、阐述。

（一）阶段一：封闭式的、以知识为中心的课程整合

传统教学和目前的大多数教学方法都处于一个阶段，即严格按照教学大纲、教材的安排和课时的要求来设计所有教学活动。在这种教学模式下，如果课程内容较少，教师会多安排一些讨论或设计一些活动；而如果课程内容较多，就可能采用"满堂灌"的形式。虽然教学中可能会使用一定数量的辅助软件，但这些软件仍然是在以上思路的指导下编制而成。整个教学过程仍然以知识传授为中心，教学目标、内容、形式以及组织方式与传统课堂教学没有太大差异。在这种教学模式下，教师仍然起着主导作用，而学生则是被动的接受者，是被灌输知识的对象。信息技术的引入只是在帮助教师减轻教学工作量方面取得了一些进步，而对学生思维和能力的发展并没有实质性的影响。

根据教学对技术的依赖程度和学生的投入程度，这个阶段可以细化为三个层次。

1. 第一层：信息技术作为演示工具

教师可以利用现成的计算机辅助教学软件或多媒体素材库，选择其中适合自己教学内容的部分应用在教学中。他们也可以利用 PowerPoint 或其他多媒体制作工具，将各种教学素材集成到自己的演示文稿或多媒体课件中，用来讲解课程知识点，形象地展示难以理解的内容，或者通过图表、动画等形式展示动态变化的过程和理论模型。此外，教师还可以利用模拟软件或计算机外接传感器来演示某些实验，帮助学生理解所学知识。

在这个层次的教学中，计算机代替了传统的幻灯片、投影仪、粉笔和黑板等传统媒体，实现了它们无法实现的教育功能。然而，由于教学对信息技术的依赖程度较低，教师只在必要时才会使用这些工具，而学生则只是被动地听和看，缺乏实际操作的机会。因此，这种教学方式是一种被动型的学习方式。

2. 第二层：信息技术作为交流工具

信息技术作为交流工具，在教学中主要用于辅助师生之间的情感交流。教师可以根据教学需求或学生兴趣设立一些专题，并赋予学生自由开设专题的权利，让他们在课后有机会充分交流课程形式、教师优缺点、无法解决的问题等。

在这一层次的教学中，仍然采用讲授式教学作为主要教学策略，学生仍然以个体作业形式完成学习任务，评价方式也与之前的层次相同。唯一的变化在于，教师多了一项工作——对交流的组织和管理。因此，这一层次的学习效果相较于之前的层次有所提升。

3. 第三层：信息技术作为个别辅导工具

计算机软件技术的飞速发展促进了练习型软件和计算机辅助测验软件的大量涌现。这样的信息环境有助于学生在练习和测验中巩固和熟练所学知识，为

下一步的学习奠定基础。在这一层次，计算机软件替代了教师的部分职能，如出题、评定等，因此，教学对技术有较强的依赖性。此外，这种教学方式能在一定程度上注意学生的个别差异，提高学生学习的投入程度。

根据不同的学习内容和学习目标，个别辅导软件提供的交互方式也有所不同，体现了不同的教学或学习方式，从而形成了不同模式的辅导软件，如操练、练习、对话、游戏、模拟、测试、问题解答等。

（二）阶段二：开放式的、以资源为中心的课程整合

信息技术与课程整合的第一阶段基本上是封闭的，以个别化学习和讲授为主。在第二阶段，教学观念、教学设计的指导思想，教师的角色和学生的角色等都会发生较大的变化。教育者重视学生对所学知识的意义建构，教学设计从以知识为中心转变为以资源为中心、以学习为中心，整个教学对资源是开放的。学生在学习某一学科内的知识时可以获得许多其他学科的知识。学生在占有丰富资源的基础上完成了对各种能力的培养。学生成为学习的主体，教师成为学生学习的指导者、帮助者、组织者。按照对学生能力由低到高的培养顺序，可以将此阶段细化为四个层次，每层次着重培养的学生能力分别是信息获取和分析能力、信息分析和加工能力、协作能力、探索和创新能力。

1. 第四层：用信息技术来提供资源环境

信息社会需要具备信息能力的新型人才。信息能力指的是获取、分析和加工信息的能力。随着网络技术的迅速发展，网络资源浩如烟海，如何在广阔的信息海洋中迅速、准确地找到所需资源，如何判断资源的价值并进行取舍，以及如何合理地将资源重新组合为己所用，这是每个人都需要面对的问题。利用信息技术提供资源环境旨在突破"书本是主要知识来源"的局限，通过各种相关资源来丰富封闭的、孤立的课堂教学，极大地扩充教学知识量，使学生不再局限于课本固有的内容。

在这个层次，主要培养学生获取信息、分析信息的能力，让学生能够在对大量信息进行筛选的过程中实现对事物的多层面了解。教师可以在课前整理所需的信息，保存在特定文件夹或内部网站上，让学生访问并选择有用的信息；也可以为学生提供适当的参考信息，如网址、搜索引擎、相关人物等，让学生自己去因特网或资源库中搜集素材。相比之下，后一种方法更能培养学生获取信息、分析信息的能力，但受到网速或学生信息处理能力等条件的限制。采用前一种方式也是很好的，不过要求教师提供尽可能多的资源，以便让学生有选择和筛选信息的可能性。这一层次是所有后续层次教学的基础。在信息社会中，只有找到资源，学生才能进行创作和发明。

2. 第五层：信息技术作为信息加工工具

在上一层次，主要培养学生获取信息和分析信息的能力，强调学生在对大

量信息进行筛选的过程中要对事物进行综合的了解和学习。而在本层次，主要培养学生分析信息和加工信息的能力，强调学生在对大量信息进行快速提取的过程中，对信息进行整理、加工和再利用。本层次的存在必须依赖于信息技术提供的资源环境，如果没有可供探索的资源，就无法实现对信息的获取，更谈不上对信息进行分析和加工。

在本层次的教学中，重点培养的是学生的信息加工能力和思维的流畅表达能力，以达到将大量知识内化的目的。在教学过程中，教师需要密切注意学生的信息加工处理过程，在其遇到困难时给予及时的辅导和帮助。教师可以通过指导学生使用不同的信息加工工具和技巧，如概括、总结、分类、归纳等，来帮助他们更有效地处理和理解信息。同时，教师还应鼓励学生进行思维的自由发挥和创造性的表达，以促进他们对信息的深入理解和应用。

3. 第六层：信息技术作为协作工具

与个别化学习相比，协作学习有利于促进学生高级认知能力的发展，有助于培养学生的协作意识、技巧、责任心等方面的素质，因此备受广大教育工作者的关注。然而，传统的课堂教学受制于人数、教学内容等因素，常常使教师感到力不从心。计算机网络技术为信息技术与课程整合、进行协作式学习提供了良好的技术基础和支持环境。计算机网络环境的出现极大地扩展了协作的范围，减少了不必要的精力消耗。在基于因特网的协作学习过程中，基本的协作模式包括竞争、协同、伙伴和角色扮演。

竞争模式是指两个或多个学习者针对同一学习内容或学习情景，通过因特网进行竞争性学习，争取率先达到教学目标。在竞争模式下，教师通常会提出一个问题或目标，并提供相关信息。学生可以选择在线学习者或计算机作为竞争对手，然后开始独立解决问题。在学习过程中，学生可以看到竞争对手的状态，并根据情况调整学习策略。竞争模式通常需要智能网络教学软件的支持。

协同模式是指多个学习者共同完成某个学习任务，在合作完成任务的过程中，学生互相讨论、帮助、提示或分工合作。学生通过与同伴的紧密沟通和协调合作，逐渐形成对学习内容的深刻理解和领悟。协同模式需要多种网络技术的支持，如视频会议系统、聊天室、留言板等。

伙伴模式是指学生在网络环境中找到与现实环境中类似的伙伴，共同协作、共同进步。另一种伙伴形式是由智能计算机扮演伙伴角色，与学生共同学习、共同娱乐，并在必要时提供建议等。

4. 第七层：信息技术作为研发工具

在教育的最终目标中，培养学生的探索能力、自主解决问题的能力以及创造性思维能力至关重要。信息技术在这一过程中扮演着重要的角色，作为研发工具，可以为教学和学习提供有效支持。

工具型教学软件可以为这一层次的教学和学习提供良好的支持。随着信息技术的发展，新技术的应用为学生的探索和学习提供了强有力的支持。例如，在经济学课程中，虚拟现实技术可以模拟真实的商业情境，帮助学生在复杂条件下做出决策和选择，提高他们解决实际问题的能力。

探索式教学和问题解决式教学等教学模式将信息技术作为研发工具，已经取得了一定的成果。然而，如何更好地发挥信息技术的作用，设计出能更好培养学生创造性思维能力的教学模式，仍然是教育人员需要不断探索和努力的方向。

（三）阶段三：全方位的课程整合

虽然前两个阶段的七个层次彼此之间有很大的差异，但是它们都没有使教学内容、教学目标以及教学组织架构实现全面的改革和信息化。当七个层次在较大范围内得到推广和使用并取得很大的成功时，当教育理论和学习理论得到充分发展和利用时，当信息技术在教学中的应用得到更系统、更科学的探讨和细化时，必然会推动教育发生一次重大的变革，促进教育内容、教学目标、教学组织架构的改革，从而完成整个教学的信息化，将信息技术完全融入教育的每一个环节，达到信息技术和课程改革的更高目标。此阶段亦可细分为三个层次。

1. 第八层：教育内容改革

信息技术在教学中的应用，给传统教学内容、教学结构带来了巨大的冲击。那些强调知识内在联系、基本理论与生产生活相关的教学内容变得越来越重要，而那些脱离实际、基于简单知识传授和简单技术培训的教学内容则成为一种冗余。与此同时，教学内容的表现形式也将发生很大变化，由原来的文本性、线性结构形式变为多媒体化、超链接结构形式。

2. 第九层：教学目标改革

教育内容的改革会对现有的"以知识为中心"的教学目标产生强烈冲击，改革之后，"以能力为核心"的教学目标将成为主体。这些能力包括：信息处理能力（获取、组织、操作和评价），问题解决能力，批判性思维能力，学习能力，与他人合作和协作的能力。目前，这些目标已经在一定程度上受到一些人的重视，随着信息技术和课程改革的不断深入，必将产生新的帮助学生参与真实性任务和产生真实性项目的教学目标。

3. 第十层：教学组织架构改革

随着教育内容和教学目标的改革，教学组织架构和形式也会发生相应的变革。教学目标强调以真实性问题为学习核心，这就要求教学必须打破传统的45分钟或50分钟一堂课、学生都坐在教室中听课的时间和空间限制，学习必须以项目和问题为单位，对学习的时间和空间进行重新设计和规划。在教学的组织形式上、活动安排的分组上，也要打破传统的按能力同质分组的方式，实行异质分组。

第五章 数字赋能高校师资队伍建设

第一节 高校教师素质及其培养

一、高校教师素质的内涵表现

(一) 教师素质的概念

教师素质是教师在教育教学活动中表现出来的,决定其教育教学效果且对学生身心发展有直接而显著影响的思想和心理品质的总和。教师素质指的是教师为完成教育教学任务所应具备的心理和行为品质的基本条件。高校教师不仅是教育教学工作者,还是科学研究工作者。

高校教师必须具备一定的素质才能胜任教育教学工作,但教师到底必须具备哪些素质,抑或教师素质由哪些要素构成,却是仁者见仁,智者见智。

(二) 高校教师素质构成的观点概述

1. 双素质说

高校教师的素质主要包括思想政治素质和业务素质,强调教师的德才兼备。

2. 四素质说

高校教师素质包括思想政治素质、道德素质、知识素质、能力素质。另一种观点认为,高校教师应具备的素质包括思想政治素质、职业道德素质、业务素质、心理素质四个方面,将知识素质和能力素质纳入业务素质的范畴,并引入了心理素质这个命题。还有一种观点认为,高校教师素质包括人格修养、智能素质、人文素质、创新素质。其中，人文素质和创新素质是目前教师素质研究的热点。

3. 五素质说

高校教师素质包括了思想政治品德素质、科学文化素质、能力素质、心理素质和身体素质，将身体素质纳入教师素质结构中，表达了对教师身心的全面重视。另一种五素质说认为教师素质的五要素是身体素质、智力素质、人格素质、道德素质和角色素质。其中，角色素质是指教师与社会地位、身份相一致的权利、义务的规范和行为模式，是教师素质的综合标志。

4. 六素质说

高校教师必须具备良好的思想政治素质、科学文化素质、业务能力素质、开拓创新精神、身体素质和心理素质，单独列出创新素质的命题，反映出时代气息。另一种六素质观点反映在高校优秀教师评选指标的规定上，涉及政治条件、教学实绩、科研与教研成果、育人管理实绩、群众基础、创收奉献等方面。这个观点虽然不是直接探讨高校教师素质结构问题，但从优秀教师评选指标方面可以看出其对教师素质的看法。尤其从群众基础和创收奉献两个指标可以看出，这个观点不仅从教师的特殊职业身份考察教师的特殊作用与意义，还重视教师作为一般"社会人"的社会、经济价值与作用。

5. "跨通"说

高校教师要担当起"智能型、复合型、思维创新型及发明创造型"的人才培养重任，就必须努力达到"双跨与三通"的素质要求。"双跨"是指跨自然科学学科和人文社会科学。"三通"是指通育人教学规律、通科研思路方法、通技术辐射信息。通过"跨通"素质的培养，高校教师要达到"登上讲台能教书、放下课本能科研、转入市场能开发"的目标，也就是要成为"学术型、学者型、开拓型"的复合型高校教师。

二、高校教师素质的培养方式

（一）培养和提高高校教师素质的意义

1. 提高高校教师素质是提高学校综合实力的核心内容

教师是教育的第一人力资源，高校教师队伍是履行高等教育使命的主体，是提高高等学校办学水平和人才培养质量的关键因素。从经济全球化和教育国际化的趋势来看，高水平的教师队伍已成为一所大学综合实力的核心内容，成为一所大学品质的主要标志。

2. 提高高校教师素质是教师队伍结构优化的实质内容

教师队伍的年龄结构、学历结构、职务结构、专业结构、学缘结构及学科梯队等显结构要素，是高校教师队伍结构中既显而易见又可具体量化的基本要素，并在教师队伍建设管理实践中进行调整和控制。教师队伍的思想政治素质、专业素质、创新素质、人文素质和心理素质等潜结构要素，是高校教师队伍结构中既实际存在又不可具体准确量化的重要因素，但是对教师队伍整体功能的发挥起着十分关键的作用，体现了教师队伍质量的实质内容。教师队伍显结构的各种比例无论多么科学和合理，都是外在的，都不能对教师队伍的质量起决定性作用；教师的素质是内在的，是起决定作用的，它们对高校教师队伍的团结、稳定、凝聚力的增强、教学科研水平的提高和整体效应的发挥都起着决定性作用，且教师的高素质还能弥补显结构比例失衡的缺陷。所以，优化高校教师队伍结构，不仅要注重优化教师队伍的显结构，更要注重优化教师队伍的潜结构，要注重提高教师的思想政治素质、专业素质、创新素质、人文素质和心理素质。

3. 提高高校教师素质是实现高等教育培养目标的前提条件

高等教育的培养目标是培养具有高素质的人才，而高校教师的综合素质直接关系到学生的素质提升，进而影响到整个民族的整体素质水平，特别是在培养创新精神和创新能力方面。在当今经济和教育全球化的背景下，高等教育的质量和科技发展的成果密切相关，而高校教师的素质是确保高等教育质量的关键因素之一。

只有拥有创新精神和意识的高校教师，才能够启发学生的创新潜能，激发他们的创新能力。同时，只有那些不断追求最新高新技术发展成果的教师，才能够引领学生探索前沿知识，推动科技发展。具备持续学习和提升能力的教师，能够教导学生如何主动学习，适应知识更新的需求。此外，高校教师的思想品德和心理健康状况也至关重要，因为他们的榜样作用和教育影响对学生的人格健全和道德修养具有重要意义。

因此，高校教师应当不断提升自身素质，包括但不限于知识水平、教育理念、教学方法和专业技能，以及积极参与学术研究和科研项目，以确保他们能够胜任教学任务，并为学生的全面发展和国家的科技进步做出积极贡献。

4. 提高高校教师素质是全面推进素质教育的根本保证

素质教育是全面贯彻党的教育方针，以提高国民素质为根本宗旨，以培养学生的创新精神和实践能力为重点的教育理念。其核心是遵循学生身心发展特点和教育规律，注重开发人的智慧潜能，促进人的健全个性，提高人的独立性、积极性、自主性和创造性等品质。

在高校中，素质教育是一项复杂的系统工程，需要高校教师承担特殊的使命。教师是培养学生个性发展的导航者和引路人。在素质教育实践中，高校教师应发挥主导作用，以"育人"为中心，以"做人"为主线，以"能力"为重点，以"全面"为目标，培养德、智、体、美、劳全面协调发展的合格大学生。

这种教育目标旨在培养学生适应社会进步，身心健康成长，具备较强能力和健康个性，具备人际交往、学习、劳动、生存、审美等方面的能力。

随着素质教育的深入推进，人们越来越认识到，素质教育需要高素质的教师来支撑。高素质的教师不仅具备丰富的专业知识和教学技能，更重要的是具备良好的思想品德、人格魅力和教育情怀，能够成为学生的榜样和引领者，为其个性发展和综合素质提升提供有力支持。因此，高校应该重视教师队伍建设，加强师德师风建设，提升教师的综合素质，以更好地适应素质教育的需要，为培养德智体美劳全面发展的优秀人才做出积极贡献。

5. 提高高校教师素质是高等教育大众化趋势的迫切要求

由于各国的文化历史传统不同，经济政治发展的特点不同，各国高等教育大众化实现的条件、动机和途径都存在着很大的差异，大众化所面临的问题亦各具特点。在我国，大众化所面临的问题之一是教师队伍建设跟不上高等教育大众化的快速进程。最显著的表现是高校学生数量激增，但教师数量增长相对缓慢，跟不上高等教育快速增长的需求。

6. 提高教师素质是实现高等教育国际化的必备条件

高等教育的国际化是指高等教育机构（主要是高等学校）与国际研究、国际教育交流与技术合作相关的各种活动、计划和服务。我国高等教育的对外合作与交流不断推进，双边和多边合作交流不断扩大。截至 2024 年 9 月，我国已与英、德、法等 59 个国家和地区签订了学历学位互认协议，我国高等学校与世界各大洲著名高校、科研机构开展了"强强合作"与"强项合作"。

在国际化、全球化的观点下进行高等教育改革，是高等教育现代化建设的重要内容。国际化已经成为高等教育发展所面临的关键性问题。高校师生的国际交流和科研项目的国际合作已成为评价高校办学水平、影响高校发展空间的重要因素。国内许多大学设计了国际化目标，如实现教师国际学术交流、承担国际合作项目，为所在地区培养面向世界的高质量人才或开展留学生教育等。高素质的教师队伍是实现上述国际化目标的前提条件。高等教育国际化趋势决定了高校必须加快提高教师素质，以适应全球化竞争与合作的需要，促进高等教育的跨国交流与合作，推动学校的国际影响力和竞争力的提升。

（二）培养和提高高校教师素质的策略和行为

从教师队伍建设的角度出发，培养和提高教师素质的策略和行为主要包括了高等教育行政主管机构、学校、教师的策略和行为。

1. 高等教育行政主管机构要从宏观层面上做好制度建设和制度保障工作

首先，要认真实施教师资格制度，严格把好高校教师的"入口关"。这是确保高校教师素质的最基本、最重要的制度保障。近年来，国家教育行政部门已经努力实施了教师资格制度。然而，学历偏低是导致教师专业素质和学术水平偏低的重要原因之一，因此高等教育行政主管机构应加强对教师资格制度的研究，确保新进入高校教师队伍的人员学历（学位）适应教师队伍显结构优化和教师素质提高的要求。

其次，在确保和提高高校教师素质方面，与教师资格制度同等重要甚至更为关键的是实施教师聘任制。真正意义上的教师聘任制应该是教师职业聘任和教师岗位聘任的统一。通过"公开招聘，平等竞争"，从众多应聘者中，挑选素质最高、最胜任岗位职责的人选，是提高高校教师整体素质和水平的最有效手段之一。

最后，实施制度化的继续教育且不断丰富、完善和创新高校教师继续教育形式。在知识量成几何级数增长的今天，对高校教师实施制度化的继续教育是不断提高高校教师个体和整体素质的重要措施。除了基础知识培训和学历补偿教育外，应着眼于开展旨在掌握学术前沿动态、提高知识创新和教育创新能力的高层次培训。这需要高等教育主管行政机构积极参与制度建设和政策研究，以推动高校教师队伍素质的全面提升。

2. 学校培养和提高教师素质的策略和行为

（1）师德建设是培养和提高教师素质的首要工作。培养和提高教师素质是一项系统工程，其中师德建设是基础和核心，必须把师德建设摆在教师素质培养和提高工作的首位。教师是人类灵魂的工程师，是大学生成长的引路人。教师的思想政治素质和职业道德水平直接关系到亿万大学生的健康成长，关系到国家的前途命运和民族的未来。不断加强和改进师德建设工作，提高教师师德水平是培养德才兼备的高素质社会主义接班人的必然要求。学校要培养广大教师对教育事业的使命感、责任感和荣誉感，为培养高素质人才尽职尽责。

（2）从学校制度建设和校园文化建设上增强教师提高自身素质的意识，鼓励教师不断提高自身修养和素质。就教师本人来说，不断加强自我修养和努力提高自身素质，是一名高校教师义不容辞的责任，但是需要外部环境的支持和激励。学校重视学术创新与否，所在集体成员的思想道德素质、合作精神、敬业精神等都对教师个体有着潜移默化的熏陶和影响。良好的校园文化、浓郁的学术氛围能够鞭策教师个体奋发努力，不断提高自身修养和素质，从而使教师整体素质不断提高。制定有凝聚、导向和激励作用，着力于人才资源开发的教师队伍建设政策，如鼓励教师在职攻读学位、进修访学、学术交流、科研激励、带薪学术休假以及优秀教师、师德标兵评选表彰制度等；营造积极向上、教书育人、团结合作的校园文化和潜心钻研、严谨治学、开拓创新的学术氛围，建设尊重教师、爱护教师、支持教师、帮助教师，使教师有强烈的主人翁感和自觉的责任心的"软环境"，将极大地调动教师提高自身素质的积极性。

这也是以人为本和在学校教师管理中贯彻人文关怀的具体体现。

（3）重视青年教师的专业素质的培养。具有高学历的青年教师在校学习期间跟随导师掌握了本学科专业的知识，具备了从事科研的基本能力。但是，在目前的教师培养体系中，他们中除了从教育类专业毕业的人之外，其他人在不同程度上缺乏高等教育学科方面的知识。他们进入高校后，学校提供的在职培训注重的还是以学术为中心的学科专业知识的拓宽与加深，或学历层次的提高。青年教师虽然获得了硕士学位、博士学位，提高了专业知识水平，但缺乏教育学、心理学知识的学习，对先进的教育教学理念知之甚少。

3. 教师自我提高素质的策略与行为

从教师本人来说，意识到素质提高对学校发展和教师职业发展的重要性，树立自我提高的意识和终身学习的理念并付诸实践，是教师自我素质提高的策略和行为。

教师提高自身素质，是践行学校发展目标、学校培养人才目标对教师的要求。但对教师本人而言，是自身职业发展的内在需要，是实现自我价值、获得自我成就感的内在要求，应当成为教师的自觉意识和行为。教师有了提高素质的自我意识，树立终身学习的理念并付诸实践便顺理成章了。

第二节　高校师资队伍建设规划

一、高校师资队伍建设的内容与程序

（一）高校教师队伍建设规划程序

程序规范是内容科学的基本保证，通过履行规范的程序，提高规划的深度和水平，提高教师队伍建设规划的科学性与合理性。简单说来，教师队伍建设规划制订要经过如下程序：进行学校外部环境和内部情况的分析，包括机遇与挑战、优势与不足等，特别要进行与国内外著名大学的对比分析；进行顶层设计，提出规划纲要框架，组织专家和职能部门进行研讨，形成规划纲要；校领导讨论审定规划纲要；根据规划纲要的要求，完成规划（征求意见稿）；校领导讨论审定规划（征求意见稿）；广泛征求院系和教师意见，修改形成规划（讨论稿）；校领导讨论审定规划（讨论稿）；提交教代会讨论审定；由校务委员会（或办公会）批准；在全校公开，并采取多种形式进行广泛宣传和讲解。在规划制定和实施过程中，以下几点应引起特别注意。

1. 民主参与

高校教师队伍建设规划编制必须注重民主参与。一是健全规划编制专家咨询制度，组织规划咨询、论证、评估等活动。二是采取多种形式保障教职员工

和相关组织参与规划编制过程。在规划制订过程中，充分听取专家、教授的意见，特别要重视吸收基层专业教师的意见，全面了解不同群体的利益与诉求，以尽可能保证规划的科学性、合理性与可操作性。

2．衔接

规划衔接是保障各级各类规划协调配合、形成合力的关键环节，各级各类规划要与相关的规划衔接，下一级规划要与上一级规划衔接，区域规划、专项规划要与总体规划衔接，相关规划之间要相互衔接，同级规划相互协调。高校教师队伍建设规划也应当与其他规划做好衔接工作，进行高校教师队伍建设规划的主要职能部门也应与相关单位做好沟通与衔接。如高校教师队伍建设规划需要以学科建设规划目标为指导，要与校园建设规划紧密配合。

3．论证

论证主要是指专家论证，是高校教师队伍建设规中最重要的环节之一。要尊重教授治学的权力，充分发挥学术委员会、教学指导委员会、规划委员会等组织的作用，让其积极参与到教师队伍建设规划当中来，充分听取其意见和建议——只有专家学者才能更准确地把握学科发展的前瞻性，只有学科带头人才能更深刻地认识到教师队伍存在的不足与其发展方向。只有这样，才能为下一步教师队伍建设规划提出更科学、合理的建议，才能使教师队伍建设规划起到更重要的政策指导作用。

4．评估

规划评估是确保规划有效实施的必要环节。要改变"规划编制时大张旗鼓，编制完成后搁置一边"的现状，必须加强对规划实施的检查监督，并对实施过程进行评估。根据以往的经验，规划实施中出现的问题可能是实施不力造成的，也可能是规划编制不合实际造成的。通过规划评估，可以更好地认识问题，及时采取调整措施。此外，规划实施是一个动态过程，环境的微小变化都会导致规划的调整。通过评估，可以及时了解变化，调整相关内容，提出更有针对性的建议，以保障规划总体目标的实现。评估内容应包括明确评估的时间、评估的内容、评估的方法、评估的程序和评估的效果。在制订发展规划之前，必须有一个明确的指导方针或指导思想，并体现在规划中。高校教师队伍建设规划的指导思想应是制订和实施规划的根本准则，要能够充分反映国家、地方和学校自身的利益与要求，并与国家和地方的教育发展指导思想相一致。

（二）高校教师队伍建设规划内容

高校教师队伍建设规划编制工作的主要内容有：总结和分析前一个时期（通常为五年）教师队伍建设规划的实施情况、取得的经验与存在的问题；分析未来一个时期（通常为五年）面临的形势，对教师队伍建设的现状、发展趋势、需求与供给进行分析、预测和判断；规划未来一个时期（通常为5

年）教师队伍建设的发展战略、方针、目标、任务、重大项目及保障措施，并且制定逐步的实施计划和步骤，并将每一个目标分解到实施步骤当中。制订教师队伍建设规划是为实现学校的战略规划服务，需要与战略规划进行有机结合。

1. 教师队伍建设规划的指导思想与发展目标

指导思想主要包括国家或省市对教师队伍建设的指导思想以及学校的发展战略和教师队伍的发展方向。在学校层面，教师队伍的发展方向和程度、性质和类型多种多样，如教学型、教学研究型、研究教学型或研究型等，也可定位为国际一流、国内一流或西部一流，甚至是这些方面的结合。总体而言，高校教师队伍建设规划应遵循科学发展观和"人才立校"的战略，根据学校的实际情况和办学特色，重点培养高水平的学科带头人和学术骨干队伍，引进和培养一流学科带头人和国内著名学者，坚持人才引进与培养相结合，积极创新教师队伍建设，努力打造一支高素质、结构优良、师德高尚、学术水平较高、富有创新能力、能够满足学校快速发展需要的教师队伍。

发展目标是教师队伍建设规划的核心部分，即学校着重发展的若干项目和领域。这些目标通常包括教师数量、教师队伍结构、高层次人才数量等方面。具体而言，二级指标可以包括教师总数及占教职工比例，专任教师与兼职教师比例，教师的年龄结构、职称结构、学缘结构、学历结构等比例，以及院士、学科带头人等数量。不同学校可以根据自身情况和类型特点确定合适的规划目标，但也可以参考同类型或同层次高校的规划案例。

2. 教师队伍建设规划的工作重点和政策措施

为了更好地实现学校的发展战略，围绕高校学科建设和教师队伍建设目标，规划必须明确工作重点并制定相关政策措施。通常来说，教师队伍建设规划的重点和政策措施会因学校的特点而有所不同，但也存在一定的共性，主要包括以下几个方面。

首先，深化人事制度改革，营造公正公平的人才选拔机制。这包括完善教师聘任制度，推行岗位聘用制，建立公开、竞争、择优、合同管理的用人机制；优化收入分配机制，实行岗位绩效工资制度，倾斜高水平人才和关键岗位；建立科学的教师考核评价体系，激励优秀人才脱颖而出。

其次，提供经费保障。为教师队伍建设提供充足的经费支持至关重要。可以通过申请政府拨款、筹措校内资金、吸引社会捐赠或者银行贷款等方式确保资金来源。

第三，紧密结合学校实际情况，制定具体的政策举措。不同学校可以根据自身的教师队伍建设目标采取有针对性的政策。例如，针对教师博士学位比例低的情况，可以制定吸引博士来校工作的优惠政策，同时鼓励本校教师攻读博士学位等。

总的来说,这些政策措施应当根据学校的实际情况和发展需要制定,以促进教师队伍的结构优化、素质提升,从而更好地支持学校的发展目标。

二、高校师资队伍建设的原则与方法

(一)高校教师队伍建设规划原则

为了能更好地制定高校教师队伍建设规划,必须遵循以下几个原则。

1. 服务学校战略原则

要树立学校规划的观念,摒弃部门规划的观念,从学校整体发展需要出发编制规划,而不是从部门工作需要出发编制规划。在具体的制定过程中,要以学校发展战略为指导,以学科建设目标为要求,深刻分析教师队伍的现状,制订教师队伍建设规划。学校发展战略决定了学科建设目标,而学科建设目标的实现离不开教师队伍的支撑,教师队伍建设规划紧紧围绕着学科建设目标。教师队伍建设规划既服从于学校发展战略,又影响着学校发展战略规划。

2. 以人为本原则

科学发展观作为中国社会发展的战略指导思想,同样反映了高校发展的本质、目的和规律,"以人为本"思想正是科学发展观的核心。在高校管理中,坚持以人为本就意味着要坚持以教师为本的发展观,而制定教师队伍发展规划则要以"以人为本"思想为指导。

具体来说,在制定教师队伍建设规划时,必须树立全新的教师队伍建设观念,注重可持续发展的战略思维,着重规划和提升教师队伍整体素质,推动制度创新和法治建设,营造积极健康向上的高校文化和学术氛围。此外,还应充分发挥教师的主人翁精神,让教师,尤其是相关专家,积极参与教师队伍规划建设,听取他们的意见和建议,以更好地融合教师自身的特点和需求。

最后,在制定教师队伍建设规划时,还要全面考虑教师的个人发展需求,为他们的提升创造良好的条件和平台,包括提供良好的职业发展通道、培训机会和学术交流平台,以激发教师的创造力和潜力,进而推动整个高校的发展。

3. 可持续发展原则

高校教师队伍的可持续发展要求教师具备合理的职务结构、较高的学历结构、多元的学缘结构、均衡的年龄结构、协调的专业结构、合理的学术梯队,并且拥有创新精神和创造力,构建一个具备持续推动学校发展的学术团队。在高校教师队伍建设规划中,要坚持可持续发展原则,明确发展战略目标、工作重点和举措,推动制度创新,实施人才强校战略。具体来说:

构建完善的人才培养和支持体系,加大对高层次人才的吸引和培养力度,实施"高层次创造性人才计划",以增加高水平创新团队的数量和整体素质提高。

加强中青年骨干教师的能力建设,提升他们的教学和科研水平,推动高校教师队伍整体素质提高。

深入开展学校人才制度和政策创新研究,完善人才评价、竞争、激励和组织机制,以促进高校人才队伍建设的持续发展。

改进和加强师德建设工作,加强对高校优秀教师的表彰宣传,全面提升高校教师的师德水平,营造良好的教书育人氛围。

通过以上措施的实施,可以不断优化高校教师队伍的结构,提高整体素质水平,推动学校的可持续发展。

4.程序规范原则

程序规范是内容科学的基本保证。通过履行规范的程序,提高规划的深度和水平,切实发挥规划应有的作用。规划编制程序,包括前期工作、立项、起草、衔接、论证、批准、公布、评估、修订和废止等环节。高校教师队伍建设规划也必须按照程序规范的原则制定,尤其是程序当中的论证与评估这两项工作,是确保教师队伍建设规划科学合理的重要保证。

5.前瞻性和可操作性原则

教师队伍建设规划应体现前瞻性和可操作性原则。这意味着规划必须面向未来,具有超前意识和预见性,同时又要根据实际情况提出可行的发展要求和措施,确保规划能够在现有条件下实施。

(1)前瞻性原则。规划应具有预见性,对未来的发展趋势和状况进行合理预测和分析,明确未来时段的教师队伍建设目标和发展方向。这需要基于当前的教育环境和高校发展趋势,结合国家政策和社会需求,提出符合未来发展需求的发展策略和举措。

(2)可操作性原则。规划应具有可操作性,即规划的目标和措施必须在现有条件下能够付诸实施,并且能够分解到每一个具体的步骤。这需要规划制定者充分考虑到资源、技术和管理等方面的限制,确保规划能够在实际操作中顺利实施。

为了确保规划的可操作性,教师队伍建设规划需要具备以下几点:①规划应建立相应的指标体系,包括教师数量、结构、素质等方面的指标,以便对规划目标的实现情况进行监测和评估;②规划所依据的数据应具有可比性,即能够进行横向和纵向比较,为规划实施提供可靠的数据支持;③规划应包含具体的、可操作的对策和措施,明确责任主体和时间节点,确保规划的实施路径清晰可行。

通过遵循前瞻性和可操作性原则,教师队伍建设规划能够更好地引领高校教师队伍的发展,促进教育事业的持续进步。

（二）高校教师队伍建设规划模式与方法

高校教师队伍建设规划有合理性模式、互动性模式两种，不同的规划模式有不同的规划方法。

1. 合理性模式

合理性模式将教师队伍建设规划过程视为一系列逐步进行的程序：首先，决策者或规划者需要认清重大问题，并确定解决这些问题或满足需要的总目标；其次，将总目标转化为具体目标，并指出实现这些目标的各项行动步骤，包括行动步骤的代价和利益；再次，从多个行动步骤中选择最优方案；然后，将各个行动步骤综合起来形成一个完整的规划；最后，将规划分解为可操作的项目，并根据总目标执行和评价每个项目的实施情况。

举例来说，在规划教师数量时，可以根据学校学生人数的变化趋势，确定未来一段时间需要补充与引进的教师总数，并将其分解为每年逐步实现的具体目标。针对不同学科，也可以确定每年应补充的教师人数等。同样地，在制定合理的教师学历结构比例时，也可采用类似的方法。

合理性模式强调制定合理可行的评价指标，并将这些指标分解并转化为每个实施步骤的具体要求。管理学、统计学、信息论、决策论以及计算机辅助编程技术的发展，进一步加强了合理性模式的应用地位，使其在实际操作中更加有效。

2. 互动性模式

互动性模式将教师队伍建设规划制定过程看作一种动态的、连续的交流与协商的过程，而不是简单的按部就班的程序。在这个过程中，个人或利益集团之间会出现意见的冲突、交流、协商和妥协，形成一种动态的博弈关系。规划的目标和方案是在不完全了解现实情况和未来的情况下进行尝试和调解的结果，而不是一成不变的解决方案。

互动性模式认为，教师队伍建设规划不可能有一致性的目标和预先确定的实现途径，也不可能完全符合未来的需求。规划是各方利益博弈的结果，需要平衡各方的利益。例如，在规划学科带头人数量和学科分布时，不同学科会争取更多的资源，最终形成的规划是各方利益平衡的结果。

在互动性模式中，规划不仅是一个结果，更是一个过程。决策者需要站在学校和教师的立场上，听取各方的呼声，并在博弈中寻求平衡点，以实现各方利益的安全水平。决策者的角色是协商者、共识构建者和调停者。

互动性模式强调对现实的个人化解释，注重人际信息交流的重要性，以及个人、制度和环境之间相互影响的动态性质。因此，在制定教师队伍建设规划时，采用了能够了解人们内心世界和思考方式的方法，如参与观察法、情景分析法和社会需要法等。

三、高校师资队伍的结构及其优化

合理的职务结构、较高的学历结构、多元的学缘结构、均衡的年龄结构、协调的专业结构以及具有创新水平的学科梯队和学术团队是高校教师人力资源管理所追求的目标。高校应通过合理配置教师人力资源,实现教师队伍结构的优化,保障教师队伍的可持续性发展,从而实现学校发展战略。

(一)高校教师队伍结构概述

1. 高校教师队伍结构要素分析

(1)教师队伍结构的概念。教师队伍结构是指教师队伍内部各要素之间相互联系的方式和比例,包括教师的职务、年龄、学历、专业等要素的构成比例,以及教师素质及其相互之间的关系。从系统理论的角度看,教师队伍是一个系统,其功能不仅取决于组成要素的功能,还取决于系统的结构。

在教师队伍结构的调整与优化中,需要考虑以下几个方面。

第一,国家政治和经济发展水平的需求。教师队伍的结构应当与国家政治和经济发展水平相适应,以满足国家发展对教育的需求。

第二,高校的性质、任务和规模。不同高校的性质、任务和规模不同,因此其教师队伍结构也应该有所差异,以适应各自的发展需要。

第三,学科建设需要。教师队伍的结构应当符合学科建设的需要,以支持学科发展和提升学科竞争力。

第四,动态优化。教师队伍的结构是一个动态变化的过程,需要随着时代和高校发展的变化而不断优化,以保持适应性和灵活性。

通过调整和优化教师队伍结构,可以促进整体功能的发挥,提高教育质量,促进学校的发展和进步。

(2)高校教师队伍结构要素。构成高校教师队伍结构的要素,大体可分为两类。一类是潜结构要素,如教师的思想政治素质、专业素质、创新素质、人文素质、心理素质等。这些能直接影响教师队伍的整体效能及稳定状况,是高校教师队伍结构中既实际存在又不可具体准确量化的重要因素。一类是显结构要素,如教师的职务、年龄、学历、专业、学缘等。这些能直接显示教师队伍的质量、能力和学术水平的基本状况,是高校教师队伍结构中既显而易见又可具体量化的基本要素。

就潜结构方面来说,教师的思想政治素质、专业素质、创新素质、人文素质和心理素质都是优化教师队伍结构的重要因素,它们对高校教师队伍的团结、稳定、凝聚力的增强、教学科研水平的提高、整体效应的形成与发挥都起着决定性的作用。思想政治素质是指教师在政治立场、思想观点和工作作风等方面所应具备的基本要求。专业素质是指教师在教育教学过程中表现出来的以及潜在稳定的且必备的专业品质，主要包括教师职业道德、教师专业知识和教师专业能力。创新素质是指教师从事科研工作和培养学生创新能力必须具备的要求，主要包括创新观念、创新人格和创新能力。人文素质是指教师关于对人的生命、意义和价值等精神世界的关注与追求的素质，主要包括人文精神、人文知识、人文思维等。教师心理素质是指教师在教育实践中生成和积淀的，与学生身心发展密切关联的，对教育教学效果有显著影响的心理品质的综合表现，包括认知因素、人格因素和心理健康水平等。

2. 高校教师队伍结构分析

（1）职务结构。教师队伍的职务结构是指教师队伍内部不同专业技术职务数量的构成情况，通常包括初级、中级和高级专业技术职务。在高校中，教师的专业技术职务通常按照助教、讲师、副教授、教授等级排序。这种职务结构反映了教师队伍的整体状况，涉及教师的学术水平、教学科研能力以及学校的人才培养层次等方面。

不同类型的高校，由于其办学定位、任务和特点不同，其教师职务结构也呈现出各自特定的模式。

研究型大学以培养研究生和科研为主导，通常拥有较多的高级职务教师，因此职务结构呈现出倒金字塔形，即高级职务比例较大，而初级职务相对较少。

综合性大学教学与科研并重，因此在职务结构上呈现出比较平衡的状态，正高级职务与初级职务的比例较为均衡，而副高级职务和中级职务的比例相对较大，形成"卵型"结构。

专科学校以教学为主，通常具有较少的高级职务教师，因此其职务结构呈现出金字塔形，即高级职务的比例较小，初级职务的比例较大。

针对不同类型的高等学校，需要科学、合理地确定教师的职务结构，以适应其所处的教学任务和学科特点，保障教学科研工作的有效开展。

（2）学历结构。学历结构是指教师队伍中具有不同学历（学位）的教师数量的构成状况，是衡量教师群体理论水平和研究能力的重要指标。虽然学历不能反映一个教师的实际教学能力和科研水平，但在一定程度上反映出一个教师在某个学科上的起点和基础。一般来说，具有较高学历的人，能很快地被吸引到学术领域的最前沿，具有较强的研究和创新能力。学历结构在一定程度上反映了教师队伍的理论知识、业务基础和科学研究的水平。

（3）年龄结构。教师的年龄结构是指教师队伍的平均年龄和各年龄段教师分布的状况，它在一定程度上反映了教师队伍的活力和学术梯队的基本状况，是衡量教师队伍创造力高低的主要指标。

合理的年龄结构是指老、中、青教师应大致呈均衡分布，从而保持整个队伍既有丰富的经验、深厚的功底，又充满创造热情，保证可持续性发展。合理的年龄结构不应是高、中、低三级职务分别分布在老、中、青三个年龄层次，更主要的是在高级职务中应有三个年龄层次的人。心理学研究表明，人的精力和创造力与人的年龄有关。

（4）学缘结构。学缘结构是指教师队伍中教师完成最后学历（学位）教育的毕业学校、所学专业的构成状况，它在一定程度上反映了教师队伍的知识构成情况，是衡量教师队伍学术氛围是否活跃的主要指标。

一般来讲，在一所高校里，教师来源的多样化程度越高，其学术氛围就越活跃，教师的学术观点和学术思想就会形成互补，从而有利于提高教师的整体学术水平。反之，相同的学术背景是导致原创性成果贫乏的主要原因之一。原创性成果通常是在不同思想的相互碰撞中产生的。如果众多的教师来源于同一个学校、同一个实验室、同一个研究所，甚至同一个导师，在学习环境、知识构成、思维方式等方面，往往具有较强的"同质性"。一个具有较强"同质性"的群体中，不同思想相互碰撞的情况较少，相互激发创新思维的概率很低。

（5）专业结构。专业结构是指教师队伍中教授公共基础课、专业基础课和各类专业课的教师的数量构成情况，它在一定程度上反映了教师队伍承担教学科研任务的能力，也是学校学科建设情况的重要体现。

随着近几年的高校扩招，新办专业的不断增多，高校教师专业结构呈现不够合理的态势，教师在各专业学科之间的分布很不平衡。一些传统专业学科的教师相对过剩；有些学科，特别是新兴学科的教师却十分短缺，有的甚至已经影响了学科的发展和专业人才的培养。因此，在专业结构方面，要切实做到统筹规划、合理布局、讲究效益、互补优势、提高效能，使公共基础课、专业基础课和各专业课的教师配置，有利于适应学校人才培养规格的需要，有利于学校学科建设的需要，有利于学校教学科研任务的完成。

（6）学科梯队和学术团队。学科建设在高校工作中具有至关重要的地位。在研究教师队伍结构时，除了要独立分析职务结构、学历结构、年龄结构、学缘结构和专业结构等方面外，还需特别关注学科梯队的构成状况。学科梯队是以学科为依托，在学科带头人的领导下，承担学科建设任务的教师队伍，他们具有不同的职务、学历、年龄、学缘。

通常来说，学科梯队具有以下两个显著特征。

一是学科梯队内部有明确的层次结构。学科带头人是学科梯队中的核心人物，他们在学科发展、梯队建设和人才培养等方面发挥着重要作用。每个学科方向也会有1～2位在该领域拥有较高学术地位的学术带头人，以及若干名学术骨干。

二是学科梯队具有明显的年龄梯形结构。梯队中包括老、中、青不同年龄段的教师。老年专家拥有丰富的学科经验,中年学术骨干则承担着学科的重大研究和攻坚任务,而青年骨干教师则为学科的可持续发展注入了新的活力和动力。

总的来说,学科梯队的构成不仅关乎学科建设的质量和水平,也对教师队伍的整体素质和发展产生着深远影响。因此,在高校教师队伍建设规划中,必须充分重视学科梯队的建设,合理配置各年龄段、各职称层次的教师资源,以推动学科的持续发展和提高整体教学科研水平。

进入新世纪以来,学术团队研究在中国高等教育领域乃至社会科学领域逐步兴起,学术团队建设越来越受到重视。高校学术团队是指高校专业人员(或教师)为了追求和实现共同的学术价值或学术目标而形成的相互联系、相互合作的教师学术群体。这些学术团队具有以下基本特征。

一是有共同的学术目标。学术团队的成员共同追求和努力实现一致的学术目标,这是团队建立和发展的重要基础。

二是有灵活的组织方式。学术团队采用灵活的组织方式,包括核心层、中圈层和外圈层,以促进团队人力资源的优化、学术活力的增强和健康发展。

三是有杰出的学术带头人。学术团队通常由在本校科研教学第一线工作的两院院士、长江学者、国家杰出青年科学基金获得者以及国家重大项目主持人或首席科学家等担任。

四是有良好的沟通渠道。学术团队建立了良好的内部和外部沟通渠道,以促进团队成员之间的交流与互动。

五是有有效的分工合作。学术团队成员根据各自的学科背景和专业技能进行分工合作,以实现团队共同的学术价值和目标。

六是有自愿的责任共担。学术团队的成员自愿承担责任,并遵循责任共担的行为准则,这已成为高校学术团队的基本特征。

围绕学科建设、科学研究和科技创新目标,建设若干学科梯队和学术团队,有助于更好地实现高校人才培养、科学研究和服务社会的三大基本职能。特别是在国家科技创新体系中,学术团队可以发挥知识创新和技术创新的主力军作用,推动高校教师队伍建设朝着更高水平和更广泛领域发展的新趋势。

(二)高校教师队伍结构优化

1. 高校教师队伍结构优化的意义

高校教师队伍结构的优化及其目标的实现是实施人才强国战略的重要保障。陈至立曾指出,高校作为人才培养的主要基地,是人才集聚的战略高地,承担着传承文明、培养人才、科技创新和社会服务的神圣使命。高校肩负着"培养数以千万计的专业人才和一大批拔尖创新人才"的重大任务。同时,高校拥有丰富的人才资源，其教师队伍是国家知识创新的重要力量和高层次人才队伍的重要组成部分，是实施科教兴国战略和人才强国战略的强大生力军和动力源，在我国加快社会主义现代化建设进程中发挥着基础性和战略性作用。

教师队伍结构的优化是高校教师人力资源管理的核心目标之一。高校教师人力资源管理是一个复杂的系统，包括教师人力资源的规划、开发、配置和使用等方面。其中，高校教师人力资源规划是根据学校发展战略和学科建设目标，在预测高校发展环境的变化和教师人力资源供给与需求状况的基础上，制订相应的人才队伍规划，即教师队伍建设发展规划。高校人力资源配置主要通过补充或减员、培养与提高等手段，实现教师队伍在年龄、学历、职务、学缘和专业等构成要素方面的合理状态。高校教师队伍结构是高校教师人力资源管理的重要对象之一。优化教师队伍结构是高校教师人力资源规划和配置所追求的目标之一，也是促进学校可持续发展的重要手段。

2．优化教师队伍结构的目标

各高校教师队伍结构的优化要适应学校发展战略和办学目标的需要，教师队伍结构优化的目标要结合学校的办学目标、办学规模、办学层次和学科建设的需要分阶段确定。不同类型的学校，在合理的职务结构、较高的学历结构、多元的学缘结构、均衡的年龄结构、协调的专业结构及具有创新水平的学科（学术）梯队建设的目标确定上，应当有所区别。

3．优化教师队伍结构的措施

优化教师队伍结构是高校人力资源管理的重要工作之一。它包括教师队伍建设规划的制定、教师培养的策略选择、教师资源的配置等方面的工作。

（1）做好规划，指导教师队伍建设工作。高校要树立科学的发展观和人才观，坚持以人为本，把人才问题始终作为高校改革和发展的大事来抓，科学制定学校发展战略规划和人才队伍建设规划，为教师队伍建设工作提供指导性文件。要对教师队伍的现状做出客观分析，根据国家下达的人才培养任务和学校的办学目标，确定学科建设规划和教师队伍建设规划，对教师的学历、职务、年龄、学缘、专业及学术梯队等结构做出相应的要求。

高校在进行教师队伍建设规划时，应当加强结构意识，把个体素质与整体素质、潜结构与显结构相结合，全面实现高校教师队伍结构优化，使之发挥整体系统功能。

（2）建设富有创新能力的高层次人才队伍。

1）以学科建设为载体培养学术大师。一所大学在国内外是否有地位，主要看它是否拥有高水平的学科；一个学科是否具有高水平，主要看它是否有一流教师队伍；一流教师队伍的重要标志就是要有学术大师，要有具有国际领先水平的学科带头人。

2）大力建设创新平台，加强创新团队建设。创新团队建设成为教师队伍结构优化的重要任务，需要充分发掘现有教师队伍的潜力。通过分析现有教师的优势、特点和不足，扬长避短，优化组合，以提升学校教师人力资源配置水平。新的人才培养模式和课程体系要求教师相互协调配合，而科学技术的突破多表现为群体突破和学科交叉融合，需要团队合作实现。团结协作是现代科学技术研究的内在要求，尤其在承担国家重大研究项目时，学术团队的作用尤为重要。

高校应积极适应这一趋势，采取切实措施加强团队建设。推进基层学术组织改革，创新人才组织模式，侧重于承担国家重点发展领域或国际科学技术前沿的研究任务。以创新平台和重点研究基地为支撑，以优秀创新人才为核心，实现设岗、选人、做事的有机统一。重点支持建设一批高水平的创新团队和学术群体。

3）重视中青年学术带头人和学术骨干的培养。学科带头人的选拔和培养是高校教师队伍建设的关键环节之一。他们在各学科中担任着旗帜和领军人物的角色，缺少学科带头人将导致学科的平庸和不完整。然而，仅仅关注学科带头人的作用是远远不够的，这不利于教师队伍的长期发展，尤其不利于优势学科的持续发展。因此，应当重视学科梯队和学术团队的建设。

高校应当遵循人才成长的规律，以提高学术水平和创新能力为导向，采取学科梯队建设、团队吸纳、项目资助和鼓励自由探索等措施，加大对青年骨干教师成长发展的支持力度。应当加大对高校中青年骨干教师出国研修的力度，进一步提高选派工作的针对性和实效性。可以选派具有较大发展潜力的中青年骨干教师到国外高水平大学和实验室进行研修，使他们能够在国际学术前沿领域学习和工作。这是学校培养中青年学术骨干的一项重要措施之一。

（3）加强以青年教师为重点的培养工作，全面提高教师的素质水平。年轻化是当前高校教师队伍的显著特征之一，年轻教师已成为教师队伍的主体，40岁以下的教师占比约为2/3。这些年轻教师普遍拥有较高的学历和强大的应变能力，很多人还有海外留学的经历。然而，要担负起教书育人的重任，仅仅具备这些条件还不够。他们需要展现出面对困难的敬业精神、在利益面前的奉献精神以及在复杂情境下辨别是非的能力。此外，许多年轻教师是毕业后直接加入学校工作的，也有不少是学校毕业生，尽管他们熟悉本校情况且富有进取心，但也存在着"近亲繁殖"和缺乏社会经历等问题，缺乏足够的社会认知和实践能力。

年轻教师的政治信仰、价值观、工作态度以及教学水平、学术水平和创新能力将直接影响我国高等教育的未来发展方向。因此，重视年轻教师的培养成为政府教育职能部门和高校的当务之急。

首先，应采取多种形式培养和提高年轻教师的思想政治素质和专业素质。例如，建立导师制度，由德高望重、治学严谨、教学科研水平较高的老教师担任导师，帮助年轻教师在思想政治和教育方面不断成长；有计划地安排他们参加社会实践活动，帮助他们增长社会经验，树立从事教育事业的责任感和使命感。

其次，高校应在提高教师队伍全面素质的基础上，制订专门的年轻骨干教师培养计划，通过多种措施，如鼓励他们提升学历、早期参与科研工作、赴国内外高水平大学和研究机构学习、开展学术交流等，不断提升他们的学术水平、创新能力和组织协调能力。为此，教育部实施了一系列项目，如"高校青年骨干教师在职学位提升项目""全国优秀博士论文作者资助项目""留学回国人员科研启动基金项目""高校青年骨干教师出国研修项目""高校青年骨干教师国内访问学者项目""高校青年骨干教师高级研究班"等，旨在培养更多有志于高等教育事业的优秀年轻骨干教师，提升整体教师队伍的素质。

（4）多元化补充教师，改善教师队伍学缘结构。提倡教师来源的多元化，重视优化教师队伍学缘结构，是各国高等教育教师队伍建设的普遍做法。

改善我国教师队伍学缘结构的建议是：学校管理层要认识到多元化的学缘结构对学术创新的重要性。可以采取如下措施改善学缘结构。第一，面向全社会公开招聘，并且制定一些政策，在住房分配、配偶工作安排、子女入托入学、职称评定、科研资助、安家费等方面给予优惠待遇，吸引外校优秀人才。引进来还要留得住，要创造优良的工作环境，激发他们的积极性、主动性和创造性，使他们全身心地投入学校的教学、科研和社会服务工作中。第二，如果本校毕业的学生有意留校任教，必须获得外校的硕士或博士学位，才能重返母校任教。对现有本校毕业的青年教师，应安排他们到国内知名大学去进修或在职攻读博士学位或公派出国深造，即使在校内在职进修或攻读博士学位，应规定导师为外校毕业的或聘请的外校兼职教师。

（5）整合人才资源，实行专兼职结合开放的教师选用模式。市场经济的经济基础必然要求人力资源的社会化，必然带来教师的开放化、动态化管理机制。政府教育部门要积极推进省内外、国内外校际教师资源共享，建立学校与学校、学校与社会之间人才资源共享机制，积极挖掘富余人才资源，拓宽高等学校教师来源渠道，提高教师资源使用效益。

学校要积极与企业、科研院所联合与协作，选聘更多具有丰富经验的专业技术人员担任兼职教师，基础课、公共课及部分专业课教师实行校际互聘。

4．优化教师队伍结构要处理好几个关系

第一，学科（学术）带头人的选拔与学术团队的组建应相互结合。高校教师队伍的建设需要平衡好学科（学术）带头人和学术团队之间的关系，既要培养出优秀的学科（学术）带头人，又要充分发挥学术团队的集体力量。在现代教育和大学发展中，教师队伍建设不仅需要学科（学术）带头人的领导，还需要学术团队的支持。学科（学术）带头人的作用离不开学术团队的配合；而缺乏学科（学术）带头人，也会阻碍学术团队的形成。因此，二者密切相关。其中，学科（学术）带头人的作用是矛盾的核心。作为学科（学术）带头人，除了具备高水平的学术造诣外，还必须具备崇高的道德品质和领导魅力，能够凝聚团队，激发集体力量，从而打造出真正有实力的学术团队。

第二，教师的培养工作要坚持重点培养与全面提高相结合。为提升教师队伍的整体素质，应既注重集中资源培养学科带头人和骨干教师，又要针对全体教师的需求，进行个别化的培养和普及性的提高，通过有针对性的培训活动，全面推动教师队伍的整体素质提升。

第三，教师的选拔任用要坚持专职教师与兼职教师相结合。随着教师聘任制度的完善，教师队伍中的流动性和择优聘用日益普遍。因此，专职教师和兼职教师的共存是必然的趋势。为优化教师队伍结构，充实教师骨干力量，满足不同层次的教学需求，应有计划地聘用兼职教师，并充分发挥他们的作用。

第三节　高校教师队伍建设的政策建议

一、数字赋能背景下做好高校青年教师思想政治工作的对策

要建立与社会主义市场经济体制相适应的高校教师队伍管理制度，必须破除旧的思想观念，树立与市场经济法则相适应的思想观念，如科学的观念、法制的观念、竞争的观念、开放的观念、动态的观念、多元的观念、效益的观念等。破除人才部门所有制和"封闭式静态指令型"管理模式，构建"开放式动态优化型"管理模式；充分借助市场竞争机制，面向社会广揽人才，优化高校教师资源配置，使高校教师队伍在合理的动态中求稳定。同时，要转变政府职能，扩大高校教师人事管理自主权，建立和完善与社会主义市场经济体制相适应的用人机制，促进高校教师合理流动。

（一）从入脑到入心，加强思想引领，强化理想信念教育

理想信念对于高校青年教师而言，是一种精神上的"钙"，具有至关重要的作用。因此，教育管理部门和高校应高度重视青年教师的理想信念问题，将其纳入重要议程，并进行专题研究，及时洞察和解决青年教师思想动态和问题。

首先，要建立健全青年教师理想信念教育制度，通过理论学习、专题培训、讲座、党组织学习等方式，引导青年教师坚定理想信念，增强他们的自觉性和积极性。

其次，完善理想信念教育的内容体系，以马克思列宁主义、毛泽东思想、邓小平理论、"三个代表"重要思想、科学发展观、习近平新时代中国特色社会主义思想为指导，培养青年教师的社会主义核心价值观和职业道德。

第三，拓宽理想信念教育路径，利用学科和人才优势，发挥基层党组织作用，采用多种有效的学习方式和新媒体手段，传播正能量，引导青年教师投身中国特色社会主义建设和教育事业。

最后，选树培育青年教师师德师风典型人物，通过全媒体宣传，树立榜样，激励广大青年教师内化理想信念，践行价值观，做有情怀的教育者和引路人。

（二）从显性到隐性，创新丰富载体，建构教师思政工作体系

思想政治工作体系是高校做好青年教师思想政治工作的重要组成部分。高校应该实现显性教育和隐性教育的有机融合。

首先，在思政工作机制上要下功夫。高校应建立三级联动机制，多部门沟通协调机制，联合预警机制和合作保障机制，以适应教师思想特点和发展需求。这包括理论教育和实践活动相结合，普遍要求和分类指导相结合，形成教学、科研、实践、管理、服务、文化、组织等方面的长效机制。

其次，在师德师风教育上要下功夫。高校要完善考核评价机制，重视师德、育人、贡献，促进优秀青年教师的成长。要坚持师德师风建设活动，联动各部门，开展主题评选活动和特色文化活动，引导广大教师以德立身、以德施教。

再次，在创新载体上要下功夫。要为学术和教学科研业绩突出的青年教师创造晋升机会，支持他们参与学校管理，并听取他们的意见。高校要创造有利条件，搭建发展平台，让青年教师有更多的参与感和发展空间。

最后，在管理体制、执行制度、考核制度、反馈制度和评价制度上要下功夫。要在选聘教师、岗前培训、绩效考核、队伍建设、教师心理健康教育等方面进行改革和突破，将思想政治工作的目标要求融入各个环节，并建立健全教师职业道德考核评价制度，引导青年教师以德立身，成为学生的精神引路人。

（三）从外化到内化，重视文化涵育，实现以文化人，以文育人

大学文化建设是实现中国大学世界一流的重要组成部分。校园文化对大学生和青年教师的影响不可小觑。优秀的校园文化可以塑造青年教师的思想品格，提升其人文素养，发挥潜移默化的作用。

首先，加强校园物质文化建设。建设校园建筑、景观和设施，营造平安、

文明、和谐的校园环境，统一功能与审美，使校园每一处都能体现育人的功能，激发青年教师的创造力和热情。

其次，加强校园精神文化建设。弘扬优秀文化传统，传承校训、校歌、校风，打造优秀文化作品，让青年教师感受学校的历史文化底蕴，增强对学校的认同感和归属感，进而更好地从事教学工作。

最后，加强校园特色文化建设。将学校的历史文化资源转化为独特的思想政治教育资源，通过特色文化建设引领青年教师的思想政治工作，激发其活力，让思想政治工作更有感染力和亲和力。

综上所述，大学文化建设对青年教师的成长和发展具有重要意义，需要全校共同努力，营造良好的文化氛围，促进教学事业的蓬勃发展。

（四）从"专人"到"人人"，实现"思政课程"到"课程思政"的转变

高校思想政治教育需要融入到课程教学中，这不仅仅是思想政治课教师的任务，也是全校教师的责任。青年教师思想政治工作需要涵盖不同类型的课程教师和行政管理人员，包括思想政治课、专业教育课程以及综合素养课程的教师，以及行政管理工作人员。因此，对于青年教师思想政治工作，明确各自功能定位，分类开展重点建设至关重要。

首先，要加强对"课程思政"的学术研究、试点改革和效果评价。高校应以推进"双一流"建设为契机，通过内容建设、教学方法、师资团队和全媒体运用等途径推进教育教学改革，从试点改革到全面推广"课程思政"建设，探索全课程大思政教育体系，实现全员育人、全方位育人、全过程育人。

其次，要调整教育教学评价体系，将课程教学评价从单一的专业维度拓展至人文情怀、德育量化、社会责任感等多维度，弘扬"课程思政"的成效，引导青年教师从无意识的参与向有意识的实践转变。

最后，要进行分类指导，贯连融合，实现传统思想政治课有所突破，专业教育课程展示人文情怀，综合素养课程润物细无声，行政岗位青年教师在日常管理工作中高站位、严要求。通过全校教师同频共振、同向同行、共建共享，形成协同效应，实现全方位德育的教育合力作用。

（五）从背离到融合，善用网络媒体，创新全媒体育人路径

全媒体立体化传播方式的改变对高校青年教师思想政治工作既是一个机遇，也是一个挑战。在新形势下，探索"互联网＋教师思想政治工作"的模式，有效整合各类资源，有助于壮大主流思想舆论，使思想政治工作在网络上产生声像并茂、情景交融的效果，唱响时代主旋律，增强社会主义意识观念话语权。

首先，要加强意识观念领域阵地建设和网络信息渗透，引导青年教师正确

使用网络工具，强化他们的网上言行的法律意识和责任意识。通过主动占领网络思想政治工作阵地，搭建网络教育服务平台，建立及时互动沟通机制，提升运用网络开展青年教师思想政治工作的能力。

其次，要加强传统媒体和新媒体融合，创新"互联网＋思政"内容生产模式，发挥全媒体立体化传播的优势。建设好新媒体平台，打造一批"微思政"精品，增强网络思想政治教育的亲和力。

最后，通过网络掌握高校青年教师思想理论动向和网络舆情，关注他们的民主意识和诉求表达。及时发现倾向性、苗头性问题，有效应对涉及青年教师的舆论事件，调动和发挥好他们自我学习、自我提高、自我教育的主动性和积极性，为高校发展提供有力的思想保证、舆论支持、精神动力和文化条件。

二、数字赋能背景下优化教师队伍人文环境建设

高校教师队伍建设和发展需要良好的外部环境和内部环境。在理顺管理体制、健全管理制度、改进运行机制的基础上，要进一步改善高校教师的工资待遇，解决高校教师的住房问题。要坚持"高素质、高水平、高要求、高待遇"的原则，加大政府对教育的投入，提高高校教师的工资水平，使高校教师付出的劳动与其收入相匹配；要建立各类津贴制度，制定各种地方性政策，提高教师的待遇。同时，加快教师养老保险、医疗保健等社会保障制度的改革，认真贯彻党中央、国务院关于解决高校教师住房问题的方针、政策，采取有效措施，尽快改善高校教师尤其是高校青年教师的住房条件，为教师安居乐业和骨干教师队伍的稳定创造条件。

（一）人文环境对加强师资队伍建设的意义

人文环境是调动教师队伍积极工作的重要因素。良好的人文环境能够激发教师的工作积极性，提高教师的工作效率，从而为提高高校的教学科研水平和人才培养质量打好基础。高校师资队伍是由教师个体彼此交织相互作用形成的整体，教师个体只有在一个好的环境中才能够开心工作，才能对教育事业投入无比热情，进而组成一支强有力的师资队伍。因此，人文环境就像一种"兴奋剂"，能够构建有序竞争、团结向上的氛围，让教师和学校同心同德、同向而行，形成全校凝聚力，推动高校整体事业发展。

人文环境的良好建设能够确保师资队伍的稳定和质量。在良好的人文环境中，教师得到尊重和自我实现的空间，从而减少人才流失，提高师资队伍的稳定性。同时，良好的人文环境也能够吸引优秀人才的加入，因为教师在校际的交流频繁，他们对环境的了解直接影响着他们的选择。师资队伍人文环境足够好，有利于更好地够留住和吸引到优秀的人才。

此外，人文环境也为教师的快速成长提供了保障。在良好的环境中，教师得到了良好的培训和发展机会，职务晋升渠道通畅、奖励政策完备、保障制度健全，这为教师的发展提供了足够的空间。良好的人文环境不仅能够提升教师的业务素养，还能为教师自身的发展提供空间，使教师能够不断提高、进步。

最后，人文环境为师资队伍建设提供了环境支持。良好的环境是师资队伍建设的基石，优良的环境是师资队伍得以建设好的保障。高水平的师资队伍又能构建良好的人文环境，二者相辅相成，共同推动师资队伍建设向更高水平发展。因此，人文环境在师资队伍建设中发挥着重要的作用，是人才培养和学校发展的重要保障。

（二）多角度入手为高校师资队伍建设优化人文环境

人文环境中包含特定社会共同体的态度、观念、认知和信仰系统等内容，这些内容在特定的精神环境中通过文化观念和潜在的精神力量产生价值导向，完成对社会成员的影响和教育过程。人文环境通常分为三个层面的内容：第一层面是物质文化环境，如校园建筑、景观、绿地、场馆等；第二层面是精神文化环境，如校园文化、大学精神、校园氛围、学校文化传统等；第三层面是管理文化环境，如制度环境、管理模式等。三个层面的内容相互作用、相互渗透，构成高校人文环境。

1. 加强物质文化环境建设，为师资队伍提供物质文化保障

物质文化建设是高校发展的基础，它直接影响着教师队伍的稳定和素质提升。高校的物质文化建设涵盖了校园建筑、景观、设施设备以及科研教学硬件环境等多个方面。教师与校园建筑景观的融合是教师与学校物化环境和谐共生的重要体现。通过将优美的校园景观和建筑与良好的教学科研氛围相融合，可以营造出良好的物化环境，为教师提供精神安慰和享受，从而提升教师的积极状态和促进教师的创造性工作。

研究表明，良好的工作环境是促进高效作业、取得理想工作成果的必要条件。教师积极的、富有创造性的教学科研状态源于舒适的物化环境，这种环境不仅可以陶冶情操、净化心灵，还能使教师身心得到放松。优美的校园环境也能够让教师产生归属感，增强对学校的认同和忠诚。

尽管很多高校都重视校园物化环境的建设，但制定切实可行的方案和计划的高校并不多见。创造一个能够激发教师工作欲望和开拓精神的外在环境是高校亟待解决的问题。只有提供优越的物质条件，为教师提供舒适的工作和生活环境，才能让教师全身心投入教学科研工作中。

因此，高校优良的校园物化环境不仅是人创造的，也反作用于人。通过持续改善和提升校园物化文化环境，高校可以为教师队伍的稳定和素质提升提供

重要保障，进而推动整个高校事业的发展。

2. 加强精神文化环境建设，为师资队伍提供精神支持

高校精神文化是由学校的学风、教风和校风体现出来的师生共享的价值观念、道德行为规范、文化传统、校园舆论和师生的共同意识。高校精神文化环境能够为高校师资队伍提供精神支持，也能够确立师资队伍的价值取向和精神追求，进而塑造教师的人格和精神品质。高校精神文化环境能够不断为师资队伍输送精神食粮提升和保持师资队伍建设的品质。

（1）营造良好的师资队伍文化氛围。

1）加强文化氛围建设需要采取多种方式，深化学校的精神文化底蕴，塑造学术自由、开放包容、追求卓越的精神氛围。这包括培养教师的职业操守，营造宽松、自由、民主、平等、公开、公平、公正的人文环境，让教职工在和谐、轻松的气氛中提高工作效率，并激发精神动力，改变和提升教师的精神面貌。

2）努力创建良好的工作氛围，凝聚人心、鼓舞人心，留住人才、激发创造力，发挥教师的最大潜力。

3）高校应树立尊师重教的良好风气，培养尊重教师、尊重教学的氛围，给予教师充分的认可和尊重，从而提升教师的工作积极性和投入度。

4）营造积极向上、争先创优的人文环境，激发教师奋发拼搏的精神，鼓励教师取得更多成就，形成良好的竞争氛围，推动教师队伍的发展和进步。

5）建立文化环境，为教师提供成长、成才和发展的机会。通过这些人文氛围的熏陶，激励教师更加积极地投入工作中，实现个人价值和教育事业的共同发展。

（2）利用校园文化建设推进师资队伍建设。校园文化是学校倡导并被全体师生认同的一种价值观念，融入他们的血液和行动中，是学校历史传统、精神追求的集合体。教师队伍是校园文化建设的重要组成部分，其健康发展离不开良好的校园文化。校园文化建设不仅为师资队伍带来新的文化元素，还凝聚了他们的文化认同，促进了良好的校风、学风的形成。校园文化建设内容丰富，包括学校的发展定位、价值观念、校史校训、行为规范等，同时也融入了中华优秀传统文化。

校史记录着学校的发展历程。通过加强校史教育，可以传承学校的优良传统，增强教师对学校的认同感和凝聚力。

而校训则是学校精神文化的集中体现，是师生共同遵守的行为准则和道德规范。校训反映了学校的办学理念和治校精神，引导教师在工作中遵循正确的行为准则，不断努力向着共同目标迈进。

因此，加强教师校史、校训教育不仅能够指导教师的行为，还能够激励他

们为学校的发展和建设贡献力量。

（3）加强高校德育环境建设。思想政治素养和职业道德素养是体现高校教师整体素养的重要方面，高校教师是否有良好的思想政治素养和职业道德素养将直接决定其是否能够把学生培养成为社会主义合格接班人。面对社会道德和高等教育质量滑坡的现实，高校应该加强德育生态环境建设，形成人人讲政治、处处谈师德的德育氛围及明德崇德的校园环境。要在高校中深入、广泛、细致地开展教师队伍的思想政治教育和师德教育，在制度上严格实施"师德一票否决"制。加强高校德育环境建设，对增强教师的责任心，提升教师爱岗敬业精神，引导师资队伍向着积极健康的方向发展具有至关重要的作用。

（4）加强教师队伍人际环境建设。每位高校教师都是教师队伍中的一员，他们之间的相互交流和影响自然而然地形成了教师与教师之间的关系网络。同时，高校师资队伍中还存在着不同人员之间的关系，如教学人员与教学人员之间、教学人员与管理人员之间以及教学人员与其他职工之间的关系等。人际关系虽然看似微小，但实际上却反映了个体的思想道德素质，是集体精神面貌的体现。和谐、协调的教师间人际关系是建立高水平专业队伍和强大凝聚力的基础。只有通过建立和谐、协调的人际关系，学校才能营造出尊重个性发展、团结向上的人文环境，实现教职员工个体与学校集体的共同发展。

不良的人际关系会直接影响教师的工作效率，并可能导致人才流失，使教师队伍不稳定。因此，高校应高度重视创造和谐的人际关系环境。教师也应树立共同发展理念，促进互助、协调和和谐团结的人际关系。和谐的人际关系有助于增强团队凝聚力，有利于实现师资队伍的团队建设。只有通过创造和谐的人际关系，不断消除不良因素，教师才能全身心投入教学和科研工作中。

（5）加强师资队伍教学科研软环境建设。教学科研工作是高校的核心工作，教学科研软环境建设也是人文环境建设不可或缺的部分。创造良好的教学科研环境是学校人文环境建设的重要内容，注重开展科研活动，在高校形成浓厚的学术氛围，从而提高教师的科研积极性；大力开展教学环境建设，广泛开展教学活动，在教师队伍中培养爱教学、教好学的教学氛围，不断提高教师对教学工作的重视程度。在高校师资队伍中形成教学科研并重的价值导向，才能使教师潜心教学科研工作，使教师在良好的教学科研环境中成长为优秀人才，提升师资队伍质量。

3. 加强管理文化环境建设，为师资队伍建设提供制度保障

（1）为师资队伍建设营造以人为本的管理文化环境。大学的发展离不开水平的管理和良好的大学管理文化环境。大学管理文化环境是大学管理模式、管理特征和管理者与被管理者之间关系的综合反映。一个学校的治学思想和治校方针直接体现在学校的管理环境中，学校的管理水平直接影响了教师的发展水平。良好的管理文化环境能够培养教师法治观念和组织纪律观念，能够使教师自觉按照管理要求开展教学科研活动。所有教师都遵守管理才能形成良好的教学科研秩序，使学校各项工作井井有条地开展。教育的根本价值追求就是实现人的全面发展，因此学校的管理活动必须贯穿以人为本的理念，营造以人为本的管理环境。一切管理工作都围绕教师开展，提升对教师的服务质量，改善对教师的服务态度，为教师提供良好的后勤保障，这样才能调动广大教师的积极性。

（2）构建优良的制度环境。制度环境是管理文化环境的一部分，它是高校教师管理行为的集中体现。科学的管理离不开制度建设，师资队伍建设又离不开科学的管理。构建有利于师资队伍建设的制度包括多方面的内容。建立完善的职称评定制度、教师进修制度、培训培养制度，能够优化师资队伍结构。建立动态的队伍管理机制，既能保证吸引优秀人才，又能淘汰不适合的人员，同时能保证师资队伍的稳定。为提高师资队伍的质量，需要完善考评制度，调整校内分配制度，落实聘任制，建立竞争激烈、争先创优的师资队伍环境。创新激励机制，鼓励教师自我发展，实现自我目标。制定奖惩办法：对工作积极、教学优秀、科研能力强的教师要给予奖励；反之，要有惩戒。完善人才制度，既保障现有人才的需求，又能够使优秀的人才脱颖而出。良好的制度环境不仅需要科学合理地制定制度，还需要严格的执行制度。

（三）推动人文环境建设与师资队伍建设协调发展

人文环境建设的一个重要目的就是为师资队伍建设服务，师资队伍建设离不开人文环境建设。人文环境与师资队伍的关系类似人与环境的关系，师资队伍创造人文环境，人文环境也创造师资队伍。人文环境建设与师资队伍建设相互促进、彼此推动、协调发展。良好的环境是建设高水平师资队伍必不可少的条件，高素质的师资队伍又能够营造良好的人文环境。为了促进高校的发展，必须把优化人文环境和提高师资队伍建设水平放在同等重要的位置上。为了实现高校的发展目标，必须推动人文环境建设和师资队伍建设齐头并进、协调发展。

三、数字赋能创新理念下高校师资队伍建设

（一）加强高校创新型师资队伍建设的重要意义

实施创新驱动战略、培养创新型人才是新时代高校的根本使命，而建设一支高素质的创新型教师队伍则是实现这一使命的重要任务。高水平的创新型师资队伍是适应创新型人才培养和日益激烈的高校发展形势的基础，他们具备

学习进取、富有创新精神和探索能力的特质。这样的师资队伍包括教学技能高超、能够激发学生创造性思维的高水平教师，在学术上有建树、有代表性成果的科研骨干，以及能够推动学科或专业发展的领军人物。

加强创新型师资队伍建设对于深化教学改革、推进学校内涵建设具有重要现实意义。首先，它贯彻落实国家发展战略的基本要求，为建设创新型国家、培养创新型人才提供了重要支撑。其次，高校作为创新人才的集聚地和培养基地，必须具备高水平的创新型师资队伍，这是加强人才队伍建设的基本目标之一。此外，推动内涵式发展是高校发展的必然选择，而高水平的创新型师资队伍则是推动内涵式发展的关键要素。高校应将创新型师资队伍建设放在更加突出的位置，推进人事制度改革，形成汇聚人才和发挥作用的体制机制，营造有利于人才发展和创业的良好氛围，以此大力推动内涵建设。

提升人才培养质量也迫切需要高水平的创新型师资队伍。教育主管部门通过评估高校办学情况来保证人才质量，而对师资队伍的评估更为重要。高校应根据评估要求，积极创造条件，更准确地把握特色定位、办学思路和教学改革的要求，更新师资队伍建设观念，有针对性地加强高水平的创新型师资队伍建设。只有这样，才能适应发展需要，为提升人才培养质量创造条件。

（二）树立高层次创新型师资队伍建设的新理念

当前高校高层次师资队伍，尤其是创新型队伍，面临着一些不容忽视的挑战。首先是适应性不足。大多数学校的师资队伍建设与学校内涵式发展的要求尚存差距，特别是在具备较强创新能力和水平的学科带头人和博士数量相对不足的情况下。其次是统筹性不够。高校需要更好地统筹学校发展目标、专业学科建设方向和人才队伍建设导向，特别是在培养高素质科研队伍、优秀教师和推进中青年人才队伍建设方面需要加强研究。最后是平衡性不足。各个单位、部门对人才工作的重视程度、推动工作力度不均衡，存在着在人才工作理念、方式方法和成效上的不平衡现象。

为应对这些挑战，政府管理部门和高校需要不断创新师资队伍建设理念。首先，需要强化"培育"理念。随着经济发展方式的转变和产业结构的优化，需要具备创新素质的高水平人才队伍作支撑，因此，要突出创新、强调创新、鼓励创新、奖励创新，特别是引导青年教师勇于创新、学会创新，成长为创新人才。其次是强化"协同"理念。高校应积极开展协同创新实践，探索校校协同、校企（行业）协同、校地（区域）协同等创新模式，为教师主动融入地方经济社会发展创造机会，为教师成长搭建平台。最后是强化"适应"理念。高水平人才队伍建设要与学校发展定位相一致，与学科建设、专业建设相一致，根据学校的主干学科、特色专业发展需要，确定人才引进对象，明确人才培养的方向，建设一支适应学校发展的高层次人才队伍。

(三)建设高层次创新型师资队伍的新机制

(1)要增强服务意识,以优化学校高层次创新型师资队伍建设的软环境。首先,要坚持党管人才原则,各级党组织和干部要牢固树立服务意识,将党管人才贯穿于服务之中。高校党组织和管理部门要以人为本,积极回应人才的服务需求,为他们提供全方位的支持和关怀,特别是在思想上给予呵护,让他们全身心投入教学、科研和学习工作中。其次,要加强和谐文化建设,营造有利于创新人才成长的环境。要宣传学校将高层次教师队伍视为第一资源的理念,树立崇尚创新的舆论导向,营造团结协作、和谐融洽的工作环境和人际关系,支持和鼓励教师的创新精神和实践。最后,要重视师德建设,促进教师业务创新能力和职业道德素养的双提升。通过加强教师职业理想和道德教育,培养教师的学术道德和大局意识,提高他们为学校发展做出贡献的自觉性和创造性。

(2)要突出工作重点,优化完善高层次创新型师资队伍建设工作机制。首先,要制定规划,将师资队伍建设与学科建设、学校定位相结合,确定建设目标、主要任务和保障措施。其次,要制定有利于吸引和留住人才的政策,完善引进机制,注重培养和提升教师的创新能力。再次,要加强培养工作,为教师提供业务培训、进修和攻读学位的机会,建立培养计划和奖励机制,推动教师努力提高自身水平。最后,要建立创新型教师的考核机制,积极探索优胜劣汰的竞争机制,激励教师多出科研成果、提高教学效果。

(3)要创新工作机制,优化高层次创新型师资队伍建设工作格局。首先,要推动创新型人才优先发展,将教师队伍建设作为学校科学发展的重要支撑,通过优先发展教师队伍来推动学校的整体发展。其次,要加强人才工作方面的研究,分析和解决教师队伍建设中的问题,不断探索新的培养途径和机制。最后,要形成合力,加强宏观管理和指导,发挥高校主体作用,积极利用社会资源,推动创新型师资队伍建设常态化机制的形成。

第六章　数字赋能高校人才培养

第一节　数字化转型：赋能传统教育走向现代教育

一、数字教育到教育数字化

教育问题在 21 世纪成为世界各国面对挑战时的首要关切，因为教育的地位和作用对未来经济社会发展具有历史性的重要性。这一认识推动着各国制定教育先行战略，意味着教育的发展必须领先于社会的发展。

在教育信息技术的发展过程中，经历了从数字教育到教育数字化的转变。这个转变标志着教育信息技术不再仅仅关注技术本身，而更加关注人的发展。教师的角色也从简单的信息化教育转变为激发学生潜能、促进个性化教育的智慧探索阶段。

教育数字化转型有助于实现多个方面的改进。

教育管理由人工向智能转变，提高了学校管理效能与教师教学效益；教育分析由群体向个体转变，满足了学生个性化教育需求；教学行为由经验向数据转变，促进了教师教学理念的提升与行为改善；教学方式由传统向现代发展，优化了教学模式与学习模式；总的来说，教育数字化转型为教育体系的发展带来了全面的变革，使得教育更加符合时代需求，更好地满足学生和社会的需求。

二、教育数字化的学校特点

从学校管理的角度来讲，智能化教育平台的建设无疑是一个高效便捷的有效途径。无论是学校管理者，还是学校师生员工，或者是家长，都可以通过一网通平台对自己的工作需求、服务需求等进行资源搜索、远程办公、数据共享等。如果学校教育平台能够对接区县级、省市级教育平台，国家级教育平台，那必然就可以节约大量数据输入的时间以及避免烦琐的校对，从而大大提高工作效率，同时又能共享其他学校的教育管理经验和优质教育资源，丰富教师教学资源等。

从教育数字化来说，学校具有以基座为基础、以应用为目标和以数据为保障等三大特点。

（一）以基座为基础，实现教育管理一体化

教育数字化平台必须依托于相应的基础平台，如希沃、钉钉等，或是根据特定区域、学校的实际情况开发的基础平台。通过管理和教学的实践探索，将各种功能进行有机整合，实现区域或学校的教育管理平台的一体化。特别是在当前教育平台众多的情况下，教师需要访问不同的平台或网站，常常因为用户名或密码错误而浪费不必要的时间。

学校充分利用区县级教育基础平台，挖掘其中的功能，不仅可以节约大量经费，也是提高管理效益的关键。同时，根据学校的实际情况，开发并接入相应具有学校特色的教育应用场景，如作业素材库、教学知识点、课堂教学链、成长评价表、教育管理群、学生研究院等。这些应用场景为学校、教师和学生提供了更便捷的数字化服务，有助于提升教育质量和效率。

（二）以应用为目标，实现教育行为现代化

教育数字化的实现需要学校和教师自觉应用，实现从低效的重复管理和传统教育到高效的系统管理和现代教育的转变。学校和教师需要有从被动应变到主动求变、从追求共性到实现个性、从简单运用到融合创新的自觉意识。

在管理方面，传统的教育管理主要依赖于纸质管理，这种模式既费时又浪费纸张。现代教育管理则借助于服务一键化、低代码开发等技术，可以节约物质和人力成本。以档案管理为例，传统的人工操作可以通过低代码开发数字化程序来实现，从简单的保管、保密转变为数据统计、分类汇总、前景预测、目标设定等有价值的工作。设置好档案的栏目、分类标签、使用权限等，可以实现学校、教师和学生随时随地上传材料，改变以往的收集和统计方式，为学校发展提供即时性分析和科学的发展预判。

在教学方面，区域或学校可以开发"备课助手""教学助手""作业助手""评价助手"等一体化的数字化应用场景，为教师提供更多的教学创新空间，丰富学习体验，激发学习动力。

（三）以数据为保障，实现教育评价科学化

教育数字化的最大特点在于其能够用数据说话，改变了以往单一的经验性

教学方式。从教与学的关系来看，学前教学数据的应用有助于提升教学设计的精准性和合理性；而学中教学数据的应用则可以改善教学行为的针对性和有效性；至于学后课堂练习、课后作业和阶段性教学评估数据的应用，则有助于巩固课堂教学效果，并展开针对性的个性化辅导。

在教师评价方面，对教师课堂教学行为的观察和分析不仅可以更科学、精准地评价教师的教学表现，还可以通过对不同教师的教学行为观察和分析，发现学校的发展亮点并提出改善建议。因此，对案例、行为、数字等多类教育数据的采集、汇总和分析，能够挖掘出这些数据背后的多维价值，从而提高学校管理和教育教学的效能。

三、多样化学习空间的重构

教育信息技术的发展为学校教育改革与发展带来了重大的机遇和挑战。它突破了时空限制、快速传播、提供多样化呈现的特点，成为促进教育公平、提高教育质量的有效手段。对于基础教育而言，教育平台的丰富教学资源为教师备课提供了便利，学生通过主动预习可以提前获取学习资源，拓展了学习的时空范围；在教学过程中，信息技术的应用使得课堂更加生动丰富，受到学生的欢迎，激发了学习兴趣，促进了师生互动，提高了教学效果；此外，线上教学打破了时空限制，实现了跨时间、跨班级、跨学校、跨地区等的即时观看和重复观看。

然而，我们必须认识到，学习是情感与认知相统一的精神活动，是对学习者个体有意义的学习活动，其最终目的是促进人的全面发展。从这个理论角度出发，学习者个体的心智、品质、行为、习惯等是无法被数据化、定量化的。因此，单纯依赖信息技术的运用对学生精神世界、文化素养等的发展评估会受到极大限制。教师在课堂中的教育教学，以及课堂后的关心指导是无法被人工智能替代的。若将学生视为数据的集合，教育的"客观数据"将成为各种教学行为的导向，而大数据测评则可能成为一种批量生产人的手段，这与教育的本质追求相悖。

（一）共建共享资源，基于云资源的主题式自主导读

云资源的充分运用不仅能够创造出丰富的教学情境，激发学生的学习兴趣和情感，还能帮助学生进行鉴赏、感受、体验，深化他们对教学内容的理解，促进学生的探究和探索精神，提升他们的综合素养。在主题式自主导读过程中，教师应注意以下三个方面。

（1）设计具体的导读主题。导读主题的明确性对于学生进行有方向性的自主预习或学习至关重要。教师可以通过线上问卷或移动终端发布预习清单等方式，让学生围绕主题进行资源搜索和预习测评，分享预习成果，从而延伸教学

起点。通过平台数据分析和线下座谈会的开展，教师可以更深入地了解学生的学习需求和困惑，从而更科学地制定教学目标和选择教学内容，推动因材施教目标的实现。

（2）设计分层分级的评价体系。教师应根据教学要求设计具体的评价要点和量化指标，让学生能够进行自我主体评价，提高资源的针对性和有效性。评价要点要能够合理科学，覆盖具体的能力点，对应到相应的分值，便于学生进行自我行动优化。

（3）设计共建共享的栏目框架。教师应在主题导读之前设计好云资源分类汇总分享栏目框架，让学生能够主动参与到学习资源的搜集、阅读、赏析、分享中去，从而增强他们的过程参与感和共情感，培养他们的学习动机和自主学习能力。

（二）基于云场景的任务群交互学习

电子游戏因其明确的任务驱动而受到大人小孩的喜爱，其中一个重要原因是在面对困难时能够提供方便易学、简短易懂的微视频。这一案例启发了教师，在互联网信息技术的支持下，充分利用低代码、个性化、开放式应用场景插件，自主设计开发以核心任务为导向的学习任务群。这种设计能够实现教学活动的任务化、项目化和清单化，有效将学生对象统一到一个学习任务群中，构建任务导向的教育资源数据共享的人工智能应用与现场教学相结合的现代课堂，充分发挥线上与线下双向发力的组合优势。

（1）在整体设计平台的云场景插件方面，学校可以设计各种形式的云场景插件，如知识平台、学习竞赛、现场互动、智能题库等，形成内容和形式兼顾、对应学习运用的云场景系列。教师可以随时使用和修改这些云场景插件，构建出学生乐于参与、主动参与的学习情境，从而提高学生的学习兴趣和能力。

（2）在充分发挥云场景的多维联动方面，关键在于将设计好的云场景应用到课堂教学中，推动教学结构的变革。云场景的简单易复制特点使其能够在课堂教学中得到有效落实，促进师生、生生之间的互动，尤其在疫情防控期间或开展异地教学联动时，学生可以通过教育平台线上学习，共同参与到云场景中来，感受学习的氛围。

（3）在重视分析云场景的数据反馈方面，教师应善于利用线上教育平台收集的数据信息，并分析其中的学习情况和学生表现。通过分析数据背后的学习情况和趋势，教师可以及时调整教学策略，设计推送相关的知识点微视频或作业，以加强学生的学习巩固，实现教学目标。

（三）深化内化成果，基于云平台的及时性多维评价

在传统的期中期末等纸笔类测试评价基础上，现代教育评价更注重多维评价。利用教育云平台，可以及时地通过不同路径进行多维评价，这是一种正向

的、积极的鼓励与促进。

（1）创设主题导向的成果分享机会。教师可以设计一系列主题明确、流程清晰的活动方案，定期组织学生围绕这些主题进行汇报分享。通过平台记录整个分享活动过程，并将成果转化为教育教学资源，实现过程评价与增值评价相结合。

（2）设计随时随地的成果评价反馈。教师在教学活动中经常性地运用评价手段，设计情境检测题和个性化云场景，让学生及时参与评价。课后作业也应设计成以核心任务为导向的项目化、主题式、探究类、活动链形式，利用信息化手段进行评价和反馈。

（3）提供多种形式的成果展示平台。教师应充分运用成果展示平台，将学生的智力作品或产品在校园宣传栏、广播、校报杂志等传统平台以及数字化的基座、云屏、网站、微信等数字平台进行展示。这些成果的积累可以为教学策略提供有力支持，促进深度教学。

第二节　学科引领数字赋能：高校一体化推进教育科技人才发展路径

一、学科建设是高校一体化推进教育科技人才发展的交叉汇聚点

国家一体化推进教育科技人才发展需要得到高校群体的有力支持。高校群体的一体化推进教育科技人才发展水平和质量，对国家一体化推进教育科技人才发展的水平和质量具有重要影响甚至决定性作用。建设"双一流"高校的成效直接关系到我国建设世界重要人才中心和创新高地的战略布局。第一轮"双一流"建设取得了预期成效和进展，推动了大批高校和学科持续提升发展水平和服务国家战略能力，为建设"教育、科技和人才强国"奠定了更加坚实的基础。第二轮"双一流"涵盖了147所建设高校和各学科的发展布局，重点突出数学、物理、化学、生物学等基础学科，工程类学科和哲学社会科学学科等领域。双一流建设强调以国家战略需求为导向，以学科建设为基础，分类进行评价、支持和发展，引导建设高校在相关领域和方向上聚焦用力，实现实质创新和突破，争创一流。两轮双一流建设的有力推进和取得的成效使人们更加深刻地认识到加强学科建设的重要性。

学科建设是指学术界根据科技、经济和社会的发展需要。通过采取各种必要和可行的措施，促进学科发展和提升学科水平的一项社会实践活动。学科建设的目标是解决各种科学问题、现实问题以及攻关国家重大战略任务，因此必须以学科为基础，促进各学科之间的交叉和融合。学科建设的内涵包括培养

高素质学科队伍、培养高质量的创新人才、进行高水平的科学研究、提供高水平的社会服务、塑造高品位的学科文化以及构建现代化的学科治理体系等。在组织建制方面，学科建设有着明确的战略规划和目标任务，并设计了纵横交织的学科建设结构。学科建设还与政府部门、企事业单位、行业协会、社会团体以及国际合作等外部环境密切联系，并进行互动交流。学科建设是高校的根本性建设，是增强学校办学能力、提高教育教学质量和科学研究水平的基础，对学校的发展水平和特色具有重要影响和决定作用。在国家深入实施"教育、科技、人才"融合发展战略和数字中国战略的新时代背景下，高校应当抓住学科建设这个交叉汇聚点，以敢于拼搏、敢于闯荡、敢于创新的精神，充分利用数字技术，加快教育科技人才发展的数字转型赋能，努力形成可复制、可推广的一体化推进教育科技人才发展的经验和模式，为高质量发展和中国特色现代化建设贡献高校智慧和力量。

二、高校一体化推进教育科技人才发展的着力方向

为了促进教育科技人才的一体化高质量发展，高校首先需要明确策略实施的关键方向。在立德树人的"四个服务"、全面集聚天下英才的"三个维度"、朝向科技自立自强的"四个方向"等国家战略需求的基础上，高校应从立场、观点和方法等层面构建教育科技人才推进一体化的价值导向，这是推动教育科技人才改革、发展和评价的统筹进展的价值基础。学科建设成为了高校推动教育科技人才一体化发展的核心聚焦点，它不仅是学科链、人才链、创新链和产业链深度融合的入口，也是高校明晰自身教育定位和特色，实现"特色发展、错位竞争"的关键。在明确了价值导向和加固了特色优势的基础上，高校应当专注于教育科技人才发展的关键领域，深耕数字基础，充分利用数字化力量，加速数字化转型进程，形成学科交叉融合、产教融合、科教融合的新型发展模式，从而为教育科技人才的一体化推进提供数字支撑和高效的治理。

（一）锚定国家战略需求，把握一体化推进的价值导向

在推动"双一流"建设和融入中国特色现代化进程中，高等教育机构特别是"双一流"高校，需要深化对国家大局的理解和参与，精确对接国家的战略需求。这要求高校将自身发展紧密结合国家的经济和社会发展目标，以"四个服务"为核心价值，坚持立德树人的根本使命，重点培养紧缺的顶尖创新人才和优秀工程师。高校应不断革新教育模式、治理架构、育人机制和支持系统，确保学科、人才、创新与产业的有效融合，优化教育层次、学科和人才培养结构，以实现与新发展格局的同步进步。

高校还应致力于提升师资队伍建设，深化人才发展的体制机制改革，通过创新、能力和贡献为导向的评价体系，全面提升人才的培养、引进和利用效

率，为培育一流人才和领军人物奠定坚实基础。同时，高校应专注于科技创新的有序推进，以增强自主创新能力为中心，建立和完善科研创新和平台体系，组织强大的科研团队，开展基础研究和关键技术攻关，特别是解决"卡脖子"技术问题，强调科技成果转化的重要性，并将科研资源转换为教育资源和优势，全力支持国家在科技创新方面的自立自强。

（二）服务学科建设发展，彰显一体化推进的特色优势

学科建设是高校服务于高质量发展的基石，特别是在数字化时代背景下，优秀特色学科不仅是高校立足和发展的根基，也是塑造高校核心竞争力和推动教育科技人才一体化发展的关键环节。随着全球产业结构的优化和数字技术的深入应用，"技术创新驱动产业链全面重构"已成为发展新趋势。中国的产业优化调整也正处在转型的关键时期，不仅需要优化传统产业，还要积极布局新兴产业。

高校需把握这一发展机遇，紧跟经济社会高质量发展的数字化赋能趋势，依据产业和行业的发展新方向，准确定位，明确发展重点，聚焦办学特色和定位，精心打造与自身特色相匹配的优势学科。通过发展特色化、差异化，形成自身的竞争优势，扩大和强化学科的品牌影响力。

同时，高校还需深入理解和把握学科发展的新趋势："新兴、交叉、融合"，针对国家的重大战略需求，灵活调整学科布局，特别是在前瞻性布局和补齐学科空白上下功夫，力争在新的发展领域取得先发优势。这样不仅为高校开辟新的发展路径和竞争优势，也有助于推动学科链、人才链、创新链与产业链的有效融合，以质量和贡献为核心，积极构建优势特色学科群，打造出能够支撑现代化高质量发展的学科集群，全面促进高校在教育科技人才培养方面的综合进步。

（三）构建融合联动格局，提升一体化推进的治理效能

成功地实现教育科技人才一体化高质量发展，关键取决于高校是否能建立一个融合联动的新发展格局和高效的一体化推进治理能力。为了"实现教育、科技创新和人才培养的有效结合，促进这三者之间良性互动的循环"，高校必须深入理解教育、科技和人才三者之间的内在联系和发展逻辑：教育是科技发展和人才成长的根本，科技是推动经济社会向前发展的关键力量，而人才不仅是教育和科技活动的核心，也是推动科技和教育进步的引领者。

在此基础之上，高校需要加强目标导向和问题意识，运用系统思维构建和优化人才引领、教育基础、科技自强的三位一体良性循环机制。以学科建设和发展作为主要抓手，建立教育科技人才融合联动的新发展格局。关注并解决那些影响国家长期发展和根本利益的关键问题，推动解决改革发展中遇到的实

际问题，加强一体化发展的针对性、实践性和有效性。以融合联动的成效为目标，构建一个集成融合的发展治理体系，提高治理效能，确保在教育科技人才一体化推进过程中，高校能够全面提高自主培养人才的质量和支持科技创新的能力。

（四）加快数字转型赋能，善用一体化推进的数字力量

在全球积极布局数字产业和发展数字经济的背景下，教育、科技、人才成为全面构建社会主义现代化国家的根本和战略支柱。大数据、人工智能、云计算、物联网和区块链等数字技术正深度融合于社会生产和生活的各个层面，引领新的发展理念、模式和业态，对推动国家的高质量发展和现代化建设起到了关键作用。这些技术不仅是开发新赛道、构建新优势的重要途径，也是国家进步的新引擎。

在这样的发展趋势中，高校需要充分理解数字化转型的战略重要性，并把握推动教育数字化的历史机遇。通过积极应用和探索数字技术的创新与迭代，高校应重点关注学科发展的联动性、人才培养的自主性、有序的科研创新以及融合联动的发展治理等关键方面。这不仅要求高校为教育教学、科研创新和现代化治理等领域的数字化转型提供坚实的基础，也意味着通过这一转型，推动教育科技人才的全面数字化变革和高质量发展，实现全要素、全过程、全领域、全方位的深化改革。

三、高校一体化推进教育科技人才发展的实施路径

高校在服务国家区域发展新格局的进程中，需不断调整和优化学科专业布局，通过促进学科间的交叉融合，开拓具有特色优势的交叉学科（平台）中心，建立健全的学科建设生态系统，从而为教育科技人才的一体化发展提供坚实的学科支撑。高校应依托其特色学科优势，全面搭建自主人才培养体系，特别注重培养一流教师队伍这一基础工作，积极培育急需的高层次人才、基础学科人才和优秀工程师，为科技创新准备核心战略资源，持续提高自主人才培养的质量与层次，从而为教育、科技创新和人才培养的一体化推进打下坚实的基础。

高校还应坚持"四个面向"的原则，利用创新优势和学科基础，通过大平台聚集战略科学家、科研骨干、青年才俊等优质资源，承担起有组织的科研创新责任，确定主攻方向，加强组织化科研活动，以取得重大成果和应用，促进建设性贡献，激发教育、科技创新和人才培养一体化进展的动力。

此外，高校应更新观念，强化融合联动的发展理念，聚焦教育科技人才培养的关键领域，在"大平台＋微应用＋畅通服务"等数字基础上厚植新体系和新空间，激发一体化进展的数字活力，加强组织领导，构建促进教育、科技创新与人才培养融合发展的机构，通过创新实践吸引和培养一流的教育、科技、

管理人才，实施闭环管理确保融合联动的成效，提供数字化支撑和治理效能保障，进一步促进三者的一体化发展。

（一）构建完善学科建设生态体系，强化一体化推进发展的学科基础

高校的学科布局与结构是其进行科研和教学活动的根本，关键于推动科技创新、满足国家经济和社会发展需求。为促进高校持续发展并有效响应国家及区域的重大挑战，构建与经济社会进步及学科发展趋势相匹配、面向国家战略需求和科技前沿的学科体系成为至关重要的任务。这一过程涉及几个核心环节。

（1）对学科和专业的布局进行优化，确保其服务于国家的战略需求。高校应将优秀学科建设作为先导，关注对国家发展和民生有重大影响的学科领域，尤其是迫切需要的学科和专业。这需要整合学科资源，推动学科内涵发展，打破既有的学科界限，合理配置资源，并主动适应新的发展环境，优化学科结构，形成以高峰学科、特色学科、应用学科、基础学科和交叉新兴学科为核心的多元化学科生态体系，为教育科技人才的发展提供坚实的基础。

（2）针对实际问题，推动学科之间的交叉融合。解决经济和社会发展中的关键理论和实际问题、重大技术难题以及国家战略任务，需要各学科之间的协同合作。因此，高校在建立学科体系后，应围绕国家的重大战略需求和经济社会的实际问题，促进新兴交叉学科的培养，通过学科间的融合，共同推进教育科技人才的综合发展。

（3）基于特色和优势学科，建立交叉学科中心或平台。这旨在突破科学和技术的关键难题，培育具有交叉能力的高层次人才。高校应依托自身的优势学科，集中资源和力量，创新建立交叉学科中心或平台，支撑"科教融合""产教融合"以及"政校行企"等模式的发展，为学科的深度融合和创新发展奠定基础。

（二）全面提升人才自主培养质量，夯实一体化推进发展的人才基础

实现中华民族伟大复兴和两个一百年的奋斗目标，归根到底需要依靠人才，特别是国家自主培养的人才。应对激烈的国际竞争、构建新发展格局以及推动高质量发展，都对人才的数量、质量、结构等提出了全方位的新要求。"双一流"建设高校要想培养出一流的学生、产出一流的研究成果和提供一流的社会服务，以最终实现大学社会价值和历史使命，就要从大学学科优势和特色出发，牢牢抓住人才和培养人才这个关键。全面提高人才自主培养质量和能力，是高校深入实施科教兴国战略、人才强国战略、创新驱动发展战略以及一体化推进教育科技人才发展的重点。

（1）立足特色优势学科专业全面构建人才自主培养体系。世情国情都在发生着深刻的变化，我国诸多关键领域核心技术受制于人。所以，这几年我们苦练内功，决心服务国家构建新发展格局、支撑国家战略博弈能力的高水平科技自立自强。存在关键核心技术"卡脖子"难题的本质就是因为有人才自主培养的短板存在。因此，实现科技自强自立的关键就是健全人才自主培养体系，自主培养各行各类、高层次的高端人才。我国高校的主体多为邮电类、师范类、政法类、经济类、医学类、交通类、建筑类、地矿类、石油类、化工类、农业类、林业类、水利类等各类院校，而它们的立命之本、发展之基，就是其拥有的若干特色优势学科。这些鲜明的办学特色使得学校在行业技术创新和产业技术升级改造中具有不可撼动的优势。因此，各高校在全面构建人才自主培养体系的征程中，不应盲目跟风，而应立足于自身办学特色和优势学科专业。

（2）把培养急需高层次人才、基础研究人才和卓越工程师摆在突出位置。各高校应在立足于自身办学特色和优势学科基础上，瞄准事关我国产业、经济和国家安全的若干重点领域以及重大战略任务，聚焦"卡脖子"技术高端人才培养，加强与行业龙头企业联合，一起设计培养目标、制定培养方案，构建与大院名企联合培养机制，确保在卓越的目标下、在工程的场景中培养卓越工程师。校企合作推进设立一批未来技术学院、现代产业学院，发挥企业在产学研资源整合方面的优势，坚持在重大项目、创新实践中建设发展学科、发现培育国家急需高层次创新人才和工程师。聚焦本校所属特色行业领域中的科技前沿、基础科学问题，促进基础学科与应用研究深度融通，增强基础学科对本校特色优势学科的原始创新基础支撑作用，加大对基础学科人才培养的支持力度。

（3）全方位打造一流师资是全面提升人才自主培养质量的基础与关键。师资队伍是学科可持续发展的关键，是学科建设的第一战略资源，是最活跃、最积极的主动性生产因素，是驱动各学科要素加速发展和变革的主要力量。高校要千方百计支持青年人才在"挑大梁、当主角"中快速成长，要用宽阔的心胸与格局"引育"更多的战略科学家。这样才能用一流的师资培养一流的学生，为一流人才、大师的塑造打下基础。

（三）围绕主攻方向加强有组织科研，激活一体化推进发展的动力源泉

"科学技术是第一生产力"，但唯有自立自强的科学技术才是我们最可靠的、永恒的生产力。

高校在推动科技创新和服务国家发展的过程中，需明确科研方向，负责有组织的科研活动，致力于满足国家的迫切需求，集中高质量资源，开展协同攻关，特别是在关键产业和行业的重要领域，为科技自立自强提供强有力的支持。

（1）高校应以其特色和优势学科为基础，遵循"四个面向"的原则，精确定位科研创新的主要方向。各高校需依托其特色优势，在国家紧急需求、科技前沿及关键技术创新等方面寻找其定位，制定科研目标，如量子信息、集成电路、人工智能等关键领域，明确科研方向和使命，进行基础研究和关键技术攻关，快速转化科技成果，将高质量科研资源转换为教育资源和优势，为国家创新体系建设和科技自强贡献力量。

（2）高校需集中优质资源，建设大团队和大平台，承担有组织的科研创新责任。应聚焦于国家和省部级科研平台的内涵建设，通过实施重点平台能力提升计划和构建分类考核体系，优化资源配置，激发创新动力，建立交叉融合的科技创新中心。依托确定的重点科研任务，打破学科壁垒，统筹资源，聚集高质量资源，通过激励机制促进协同创新，采用跨学科团队建设新模式，激发团队创新活力，实施以项目导向的研究策略，选择重大项目负责人，授予其跨学科团队组建和资源配置的自主权，构建以大师、大团队、大平台为核心的科研体系，明确科研创新责任。

（3）高校应致力于满足国家的急迫需求，产出重大成果，推广广泛应用，突出建设和服务贡献。围绕国家战略急需，支持特色优势学科领域的产业转型升级，深耕本土同时放眼全球，充分利用特色学科优势，集中力量攻关，积极承接和领导国际重大科技项目，实施标志性成果战略，培育前沿科技成果，组织重大项目攻关，解决重大理论和技术难题，产出标志性研究成果，提升国家在相关领域的核心竞争力和自主创新能力。通过"产学研用"协同战略，积极参与国家和地区重点产业发展，推动成果转化机制创新，构建创新创业示范基地和技术转移基地，增强高校在支持国家高质量发展中的贡献和影响。

（四）打造融合联动发展治理体系，提升一体化推进发展的治理效能

高校深入贯彻实施科教兴国、人才强国、创新驱动发展等战略，一体化推进教育科技人才的发展，离不开高校治理体系的变革与创新、协同与配合。这就要求高校对教育科技人才三者之间的关系有较为深刻的把握。教育作为培养人的社会活动，是三者中的基础，拥有比科技和人才工作更为基础性的地位；科技作为知识生产和应用活动，是三者中的动力，指导人类生活实践和推动包括教育在内的经济社会发展；人才是三者中最活跃、最积极的主动性生产因素，是驱动教育、科技加速发展和变革的主体力量。

（1）及时转变思想，强化融合联动发展理念。理念是行动的先导，也是发展思路、变革方向与着力点的集中体现。高校必须转变思想，强化融合联动发展理念，深刻把握好"教育、科技、人才"工作的内在联系、重要意义、重大使命，以学科建设为重要的着力点和抓手，推动三者之间"深度融合、协调联动、形成合力"，实现"三位一体"有机集成，加快推进教育科技人才一体化发展。

（2）加强组织领导，组建融合联动发展工作机构。根据高校运行实际、着眼未来融合联动发展趋势，成立由党政领导担任双组长的领导小组，并组建由学科建设与发展规划管理部门、负责"人才培养、科学研究、社会服务"等内涵建设管理部门、相关学院等组成的工作小组，负责制定融合联动发展政策、编制教育科技人才发展总体方案、年度安排等宏中观规划。单独或合署组建高校融合联动发展办公室（发展中心），具体负责健全管理制度与规范、牵头组织职能部门及直属单位、院系等二级单位协同联动，推进管理融合联动发展项目的督导、实施与评价等中微观执行工作。

（3）强化闭环管理，确保融合联动发展成效。在学校一体化推进教育科技人才发展总体规划下构建一体化协调管理机制。各层级建设责任主体根据学校近期、中期及远期集成融合发展任务分解与安排，设置本层级融合联动发展工作小组，在承接学校协同工作任务基础上，因地制宜地配套制定具体实施方案，锚定教育科技人才高质量发展关键指标，加强闭环管理，制定重点推进任务清单，逐项明确推进举措，使每项任务有人抓、有人盯、有人管，确保高校一体化推进教育科技人才融合发展成效，不断提升学科建设整体水平。

（4）紧盯"人"这一关键，不断提升服务能力与水平。要切实加强高校管理者、广大师生教育科技人才融合联动发展意识与能力的培养，在一体化推进教育科技人才融合发展的创新实践中，紧盯各级主体责任，确保"放管服"到位，持续提升服务能力与水平，创新绩效评价激励体系，不断激发高校融合联动发展体系的内生动力和发展活力，塑造大师，培养一流教育、科技、管理人才。

（五）聚焦关键领域厚植数字沃土，释放一体化推进发展的数字活力

随着数字化转型逐渐成为高等教育领域发展的关键路径和创新行动，即便处于探索初期，其对高校的教学、科研和管理等方面的深刻影响正迅速显现。高校应立足于学科为核心、数字化为驱动、融合发展为目标，专注于学科建设、人才培养、科研探索、治理现代化等关键区域，全面深化数字基础，以多元措施促进学习、教育、研究、管理、服务的整合发展新模式，激发数字化一体化发展的活力，推进教育科技人才的根本转变和质量提升。

（1）通过顶层设计，绘制数字化增强下的学科发展新蓝图，将学科建设与"人才培养、科研、团队构建、社会服务、国际交流"等功能整合，作为教育科技人才一体化发展的交汇点和突破口。高校需要围绕"学科领导、数字化赋能、整合增长"战略，采用基于数据、流程和服务的数字技术，加强顶层设计，构建以学科发展为核心的数字信息平台、微应用场景和共建共治的数字服务系统。通过这一策略，破除信息障碍，促进学科间融合，优化"人才培养、科研探索、管理服务"的微应用场景，建立统一的数字化基础设施，为教育科

技人才的高质量成长注入新动力。

（2）创新教学和研究的一体化协作，构建人才培养的数字化新平台。利用数字化在"思维模式、课程内容、教学方法、学习环境、科技创新、实践应用"等方面的优势，依托特色学科和专业，强化理论与实践的结合，推动"教师与学生、教学与学习、研究与应用"的协同合作，促进学科、人才、创新与产业的融合发展。高校应重视数字基础设施的建设，利用数字资源，采纳新兴信息技术，整合各类学习资源，发展特色的数字教学资源和智能教学系统，提升教师的数字技能，创建数字孪生学习空间，为人才培养提供新的增长点。

（3）变革科研模式，为科技自立注入数字动力。数字化不仅扩展了科研的视野和方向，还提高了资源整合的效率，加快了科研成果的产出和转化。高校应利用数字技术优化科研平台和公共服务平台，整合高层次人才、重点项目及资金等资源，建立面向国家战略需求的科研信息资源库，采用大数据、人工智能等技术深化科研成果的应用，推动科研活动模式和资源使用的新范式，构筑具有完全自主知识产权的创新科研体系，增强国家在关键领域的竞争。

第三节　数字化时代高校专业人才培养模式转型与升级

一、数字化时代高校会计人才培养模式转型与升级

互联网、云计算等现代信息技术的快速发展，使企业的会计年报等数据实现了网络共享。金税三期系统上线、财务机器人等使会计人员工作环境发生了变化，这对高校会计人才培养提出了新的要求。高校必须通过更新人才培养理念、创新课程教学模式、组织教师参加信息技术培训等措施提高人才培养质量，以适应数字化时代企业对管理会计复合应用型人才的需求。

随着互联网、云计算等现代信息技术的发展，很多企业都会选择在互联网上发布企业和产品信息，重构商业模式，以寻找新的业务增长点。企业的工商登记信息、股票交易数据、会计年报数据等信息都可以实现网络共享，这就使会计工作应用大数据成为可能。大数据是由多类型、多结构的海量数据聚集而成的，具有数量大、类型多、响应快、价值高等特点。伴随着金税三期系统在企业的推广应用，税务征管工作进入数字化时代。金税四期上线后，实现发票电子化改革，通过"上云"以数治税，这对企业的财税工作产生了非常大的影响，也对高校会计人才培养提出了新的要求。

（一）数字化时代会计人员工作环境面临的变化

1. 财务机器人会取代一部分从事基础核算的会计人员

随着人工智能和大数据技术的发展，财务领域出现了能执行格式化信息输

入、数据汇总和统计等重复性任务的财务机器人。这种技术进步预示着企业中部分会计职位可能会被自动化技术取代。在数字化时代背景下，企业正加速推动会计信息系统的建设，更加重视会计报告数据的分析和决策支持，这要求会计人员能够灵活处理多种数据，有效进行分析，并根据数据结果向管理层提出建议和意见，以提升企业的管理效率。

然而，企业中的一些资深员工或习惯于传统会计操作的人员，可能对基于互联网、云计算的会计信息化持抵触或不适应态度。这种情况下，会计人员需不断学习新知识，掌握新的信息技术，以满足信息化社会对会计专业技能和综合素质的要求。因此，为了应对由财务机器人等人工智能技术带来的挑战，会计人员必须进行职业转型，提升成为具备高端技能的复合型会计人才，并制定职业生涯规划，确保在自动化和信息化的浪潮中保持竞争力。

2. 企业对高端管理会计人才需求增加

面对就业市场的严峻挑战，会计专业的学生同样感受到了压力。近年来，随着财务和会计人才数量的快速增长，寻找传统财务职位变得愈发困难，而对于具备高级财务管理能力的专业人才的需求却远远超过供给。在这个数字化快速发展的时代，管理会计的角色变得尤为关键。通过整合和分析企业内外的大量数据，会计专业人员不仅能够帮助企业落实战略规划，还能从多个角度提供深入分析，为企业经营管理的优化提供宝贵的建议，实现向"战略性财务顾问"角色的转型。

因此，大数据时代既带来了挑战也提供了机遇给会计领域的专业人士。一方面，大数据技术为会计人员提供了更强大的技术支持；另一方面，这也要求会计人员必须持续学习，提升自己在信息集成、数据挖掘和分析能力方面的技能。这样，他们才能有效地从庞大而复杂的数据中提炼出对企业发展和决策有益的信息，以适应和引领会计行业的未来发展。

（二）大数据对高校会计人才培养提出新要求

1. 会计人才培养要从财务会计向管理会计转变

在数字化时代的背景下，企业业务与财务部门通过信息技术手段实现了业务流、资金流和信息流的数据实时共享，这促进了企业围绕价值目标进行统一的规划、决策和控制管理，标志着传统会计角色正向价值创造者转变。历来，财务工作侧重于数据的记录和核算，会计人员主要聚焦于对企业经济活动的核算、单据审核、记账、报告制作及文件归档等基础任务，而对数据分析的重要性认识不足，对数据背后的价值挖掘缺乏主动性，数据利用基本局限于对已发生事件的事后反映。

然而，随着财务共享服务中心的建立，传统的财务核算工作被逐渐从财务部门独立出来，一些基本和同质化的财务任务得到了集中和整合，促使传统会计教育内容从注重财务会计的核算功能转向强调管理会计的预测和决策功能，企业开始更加重视利用会计信息背后的数据分析为企业创造额外价值。这一转变不仅提升了会计工作的战略地位，也要求会计专业人才拥有更加丰富的知识结构和更强的数据分析能力，以适应和推动会计从事后核算向价值增值的角色转变。

2. 会计人才培养要融入互联网、大数据等信息技术

在数字化时代，企业的业务和财务进一步融合发展，财务人员的岗位分工将日益细化。企业中从事出纳、记账和开票等基础工作的会计人员会逐渐减少，对从事总账会计、项目财务预算与管理和投融资方案策划等中高级会计工作人员的需求将逐渐增加。这要求财务人员既要熟悉掌握企业的业务流程，又要对财务数据有较强的敏感性，不断学习先进的信息技术，既要满足企业的硬杠杆要求，又要不断提升自身综合素质，尤其伴随财税制度改革和金税四期上线，企业面临的税务稽查也越来越严格。会计人员必须不断学习最新的财税政策和税收管理知识，并把互联网与会计工作进行融合，具备一定的大数据等信息技术能力和专业技能多层次发展能力，这样才能经得起信息化时代会计工作的严峻挑战。

3. 会计人才培养要重视职业道德教育

伴随社会经济改革的深化和人际交往关系日益复杂化，社会上有些行政、企事业单位的领导，出于自身利益考虑，会授意或胁迫会计人员采用编造、伪造等手段，编制虚假会计报表和披露虚假会计信息。一部分会计人员的职业自信心不足，在不健康的消极环境影响下，对会计造假现象产生麻木，导致一些贪污舞弊、滥用职权、行贿受贿等行为时有发生，严重影响会计信息质量和会计人员的价值观念。因此，高校可以选取会计领域先进模范人物的感人事迹作为教学素材，加强对会计人员的职业道德教育，规范会计人员的日常行为。

（三）数字化时代高校会计人才培养工作改革路径

1. 更新人才培养理念

在数字化时代，会计人员主要有管理会计和复合型人才两个角色定位。一些重复性高、复杂程度低的工作，如会计原始单据录入、凭证的填制和记账等低端重复性的核算工作将被财务机器人取代，而对于需要利用相关信息进行前景预测与决策的管理会计工作则不易被取代。高校要更新人才培养理念，面向中小企业重点培养具有自主学习能力、财务分析与决策能力、创新能力和职业发展能力的复合应用型会计人才。

2. 创新课程课堂教学模式

高校会计专业的课程体系通常由公共基础课、专业核心课以及综合实践课三部分构成。为了提升会计专业人才的培养效果，会计教师需要依据不同课程

的特点和目的，采用相应的信息化教学策略。对于那些与初级会计师资格认证紧密相关的课程，教师可以借助诸如中华会计网校、东奥会计在线这样的知名在线教育平台提供的资源，将考试所需知识点融入到信息化教学活动中。对于税务实务、财务管理、会计信息系统等专业核心课程，教师则可以实施混合式教学方法，线上通过优质课程资源实现微课学习、在线讨论和评估，线下则通过讲解关键难点、案例分析和技能操作练习，以此提升学生的专业技能。而对于综合性实践课程，则可以采取小组合作、岗位轮换、会计软件操作练习、校内外实训等多种方式，旨在增强会计专业学生的实践能力和实际操作技能。

3. 教学内容要与信息技术整合

会计教学内容主要分为企业经营活动业务流程、会计凭证和会计账簿的审核与填制、财务报表的编制与分析、内部控制和会计软件操作。会计专业教师在课堂讲授企业经营活动业务流程和内部控制内容时，可以采用图像演示、视频播放、配音解说等信息化技术手段；对于填制会计凭证、登记会计账簿和编制财务报表的内容教学，可以通过实物展示、教学软件操作来提高教学效果；而对于纳税实务、会计虚拟仿真软件可以采用小组分角色合作与轮岗仿真实训的方式完成。会计人员必须树立会计信息化理念，让信息技术手段与企业发生的具体业务、财务核算、税务处理有机融合，让管理工具手段方法融入会计工作过程，使学生成为具备财务规划与报告、财务决策、信息技术运用、业务运营管理、团队沟通与合作等综合能力的复合应用型会计人才。

4. 加强对教师的会计信息化培训

高校应邀请会计信息化专家来校进行专题讲座，指导会计专业教师参加会计软件培训，学习云财务软件的设计、开发与操作。会计专业教师要及时关注和认真学习最新财税政策与会计准则，主动参加国培、省培、学术会议、企业调研等活动，了解会计行业信息化人才需求和信息技术发展动态，与同行交流研讨复合型会计人才培养工作经验，提升信息化技术应用能力，以胜任大数据时代会计人才培养和科研工作。

5. 运用大数据技术提升育人效果

在招生、课程评估和顶岗实习等高校教育管理过程中，会产生大量的网络共享数据。教育管理者和会计专业的教师应掌握大数据技术，对学生的兴趣、成绩、社团参与度和竞赛活动等信息进行综合分析和评估，从而为每位学生设计个性化的学习路径、实习机会和职业发展计划。通过网络数据平台，实习导师和雇主能够对学生在实习期间的表现进行公平、客观的评价，并将这些信息及时反馈给学校的管理部门。利用大数据分析不仅有助于识别和解决教育过程中的问题，而且促进教学相长，确保教育质量和实用性。

随着移动互联网和大数据等现代信息技术的快速发展，会计工作的环境和要求也在发生变化，推动会计角色由传统的核算职能向综合管理能力转型。教育管理者和会计专业教师应把握这一机遇，借助大数据技术更新教学理念，通过信息化手段创新教学方法，丰富教学内容，旨在培养适应社会需求的、具有高级管理能力和技术应用能力的复合型会计人才。

二、数字化时代高校电子商务人才培养模式转型与升级

在数字化时代的推动下，电子商务经历了飞速的发展，既带来了前所未有的机遇也带来了新的挑战。这一变化要求电子商务企业对人才有了更高的期待，传统的电子商务人才培养模式已不再满足现代社会的需求。因此，为了适应数字化时代的发展，高校在培养电子商务专业人才时需要对课程体系进行优化、加强师资队伍建设、深化校企合作，并着力提升学生的实践技能，以更好地满足企业对电商人才的需求。

随着中国网络基础设施的完善、信息技术的进步及网络知识的广泛普及，电子商务迎来了其快速发展期。与传统零售业务相比，线上电商企业不仅业务量巨大，而且产生了大量非结构化和半结构化的数据，包括网络广告、用户浏览记录、购物记录、商品评价信息以及商家的交易记录、库存和信誉等多种格式的数据。通过云计算、大数据挖掘等技术，电商企业能够有效地收集、分析和整合这些数据，为企业决策提供有力的数据支撑。在竞争激烈的电子商务行业中，大数据技术已成为核心竞争力之一，相应的人才需求也日益增加。

因此，数字化时代对电子商务人才的需求不仅迫切，而且对其培养提出了更高的要求，要求未来的电商人才不仅要有扎实的专业知识，还需掌握数据分析、云计算等技术能力，以适应快速变化的商业环境。

（一）树立以"能力为中心"的人才培养目标

高校要从企业岗位需求出发建立"以能力为中心"的培养模式，以培养实践岗位技能为导向，在原有的掌握电子商务基本技能的基础上，加强大数据利用、跨境电子商务、移动电子商务、微商等新领域与新技能的训练，以顺应未来移动电商、跨境贸易的发展趋势。

（二）优化课程设置，加强学生数据分析、处理的能力

在大数据的背景下，众多电商企业正将运营活动与大数据技术紧密结合，旨在提升经济效益和获取市场竞争优势。由于电子商务领域涵盖了大量的用户和交易数据，电子商务专业的学生需要掌握如何处理、分析这些数据并提取出有价值的信息的能力。

电子商务专业的课程体系通常包括商务和计算机科学两大类课程。为了适应大数据时代企业的需求，高校可以借助大数据技术创建一个反映电子商务岗

位实际需求的数据库,并据此设计和开发课程,优化课程结构。课程设置是影响电子商务教育质量和效果的关键因素,因此优化课程结构是培养数字化时代电子商务人才的重要步骤。具体来说,高校在课程设计上应增加数据库管理、机器学习、统计学和计量经济学等课程,并根据教育目标和水平将这些课程设为必修或选修,加强大数据方向学生的相关课程学习,建立数据分析和操作的实训平台,确保学生的数据处理和分析能力得到提升。对于学习商务或计算机技术的学生,可适度调整课程深度和广度。无论是商务还是计算机课程,都应融入大数据技术的教学,培养学生掌握商务智能技术,增强数据收集、处理和分析的能力,推动电子商务专业向智能化发展。通过将各种课程有效地结合,丰富教学内容,使学生学到的知识能更好地适应未来职场的需求。

(三)搭建校企合作实践教学平台,增强学生实践能力培养

为了使学生更快地适应企业岗位需求,强化技能培训和能力提升成为必要途径,从而顺利完成学生到社会人员的转变。目前,多数高校的电子商务实训设施主要采用如博导前程、中教畅想以及得意通等电子商务教学软件。这些工具主要模拟电子商务的交易过程,但在数字化时代背景下,这些模拟软件难以全面满足电子商务实践环节的综合需求。鉴于此,高校应积极探索与企业的合作模式,比如共同建立校内外的实习实训基地。校内实训基地可由学校提供场地,企业则提供实际项目和技术支持,使学生能参与到电子商务网站的开发、装修、运营和推广等实际操作中。这种模式,相较于传统的模拟软件教学,能够让学生在实际工作环境中参与电商活动,缩短学生与行业的距离。校外实训基地则可采用工学结合模式,通过学校与电子商务企业的合作,让学生在企业中进行实践学习。这种互动式的学习方式能有效提高教学质量。电子商务企业不仅为电子商务专业学生提供了优质的实践场所,还能通过邀请企业专家进入教室、安排学生参与企业实际项目等方式,帮助学生深入了解行业需求和岗位技能。高校在设计实训课程时应精准对接学生实践技能培训,为学生的职业生涯搭建坚实基础。

(四)加强师资力量建设

鉴于电子商务专业的应用性和实践性特征,许多教师缺乏企业实战经验,这在一定程度上限制了教学质量的提升。为了强化师资队伍,高校需采取多元化策略优化师资结构。

(1)高校可以邀请具有丰富实战经验的电商企业专家进入课堂,或者聘任曾在企业工作的专业教师进行授课,这样既能带来行业的最新信息,也能提高课程的实践性。

(2)推动"双师型"教师队伍的建设,确保教师既掌握专业理论知识,又具备实际操作的技能。此外,通过定期或不定期的专业培训、参与外部专家

研讨会或其他学术交流活动，教师可以持续更新自己的专业知识，掌握行业发展趋势和先进的教学方法。有些学校鼓励教师到电商企业进行兼职或挂职，以此作为教师年终评价的一个正面考量因素，甚至鼓励教师亲自经营网店或创立电商企业，从而在实际操作中深化对行业需求的理解，积累宝贵的实践经验，进而提升教学效果。建立强大的师资力量是电子商务专业人才培养中的核心环节，应受到高校领导和全体教师的广泛关注和支持，通过这些措施全面提升教学团队的专业化和实践化水平。

综上所述，数字化时代，企业对电子商务人才提出了更高的要求，高校电子商务专业必须进行不断的改革和创新，才能顺应时代发展。

三、数字化时代财经类高校金融数学专业人才培养模式转型与升级

（一）金融数学专业优势

为了适应大数据背景下社会经济的高速发展，金融数学专业已经开始与金融学专业产生了较大的区别，人们从传统的定性分析开始转变为定量分析，寻找现代金融运行过程中的潜在规律并应用于实践。要做好金融行业，需要人们有深厚的数学基础和应用数学工具及熟练掌握数据分析软件。

金融数学是一门交叉学科，毕业生的就业方向非常广泛，可以去证券公司，也可以去银行，和金融专业或者是经济专业相关的工作都可以胜任，而且由于学生数学的基础功底比较扎实，加之对软件能够熟练运用，因此毕业生的工作机会较多。

（二）金融数学专业学科建设

围绕培养应用性复合型人才的目标，财经类高校金融数学专业的培养目标、培养要求和课程体系可以按照以下方式进行设置。

1. 培养目标

金融数学专业的目标是培养具备扎实的金融知识理论，能够借助数据分析工具及计算机应用的软件解决金融行业中实际问题，同时又具备较强的适应能力及发展潜力，能够在社会上与金融行业相关的各类工作中从事数据分析方面工作的应用型人才。

2. 培养要求

在大数据的背景下，财经类高校应该积极适应现代社会的高速发展对高等教育人才培养的要求，根据现代数学和计算机技术的发展特色和应用前景，结合应用金融学科的专业特点，培养学生的学习能力、分析能力及实际应用能力，要求学生掌握数学和金融学学科的基本理论与方法，具有运用现代计算机软件或数据分析工具解决同金融相关的各类实际问题的能力。

3. 课程体系

课程设置的总原则是保证个性的同时兼顾大局还要能突出特色，总目标是使该专业的学生具有完整的数学理论基础知识和计算机应用技能。金融数学专业课程建设可以由通识平台课、特色平台课、基础平台课、专业平台课、创新创业平台课和个性化学习平台课六大类组成，各个部分的选修课要尊重学生的个人喜好，让学生自由选择喜欢的课程，自由发展。基础课平台可以帮助学生完善基础学习体系，建立数学学科和金融领域的基础理论。创新创业平台和实践育人平台则要求学生在完成学习的基础之上，不脱离实际，积极投身于实践，且有着一定的创新意识。

课外教学体系设置的原则是本着让学生达到德智体美劳全面发展的要求所设置的。高校要在课外教学体系中设置课外活动、志愿活动和实践活动。其中，课外活动学分可以由学生参加学校或者学院及其所属学生组织所举办的文艺体育类活动所获得。这丰富了学生在课余时间的活动，让大学生活更加多姿多彩。志愿活动学分学生则可以通过参加学校或者学院组织的志愿活动获得，让学生体会为人付出不求回报但是又获得了心理满足的感觉。实践活动学分则是在寒暑假期间学生通过参加实践活动所获得。社会实践的组织目的是让学生做到理论不脱离实际，能做到学以致用。学生经历社会的洗礼，能够避免走上社会的时候与社会脱节、工作上出现问题。

（三）思考与建议

在大数据的背景下，财经类高校应根据专业建设目标，保证专业建设和教学课程设置的合理性，以便适应国家各地区经济的高速发展和产业结构需要。高校在坚持原有专业建设的基础上，需要加强以下几个方面的建设。

（1）改进传统的教学方法，注重培养学生的创新实践能力。对传统的课程方案进行改革，调动学生的积极性，增加专业技术性比较强的课程。

（2）拓展学生的专业知识面，提升学生的综合素质。学校要增设数学史和金融史方面的课程，加强计算机课程方面的教学和实践，并结合社会经济发展的需求，调整课程体系，进一步拓展学生的知识面。

（3）加强学生创新创业能力的培养。学校要培养学生的科研能力，鼓励大学生多多参与各类科研项目的研究工作，培养学生的创新思路，同时积极动员金融数学专业的学生参加数学建模竞赛及各类金融投资大赛。

（4）增设计算机编程语言学习课程，提高学生处理能力。为了提高学生的数据处理能力和数据敏感程度，金融数学专业可以开设各类实用性计算机编程语言的学习课程，如 R 语言和 Python 语言，这样可以帮助学生锻炼自己的逻辑思维并提高数据使用能力。

四、数字化时代网络营销人才培养模式转型与升级

随着大数据、云计算、互联网、移动互联网的飞速发展,传统的网络营销人才培养模式下培养出来的学生已经不能快速适应企业用人岗位的需要,制约着企业网络营销的发展。针对企业网络营销人才需求及目前高校网络营销人才培养所存在的问题,本节在分析大数据对网络营销人才培养产生影响的基础上,从网络营销人才需求及培养现状分析、大数据对网络营销人才培养的变革、大数据环境下网络营销人才的培养模式三方面对大数据环境下网络营销人才培养模式进行探讨,为培养高质量的网络营销人才提供新途径。

(一)大数据对网络营销人才培养的变革

大数据的兴起对传统人才培养模式产生了深刻影响,促进了教学方法的智能化和科学化,为网络营销人才的培养带来了创新和改革。

(1)大数据时代互联网上涌现了众多与网络营销相关的学习资源,如百度营销大学、阿里巴巴培训之家、淘宝大学、腾讯课堂等,这些平台提供了大量的视频和文本教学资源,涵盖了网络营销的最新动态和前沿知识。因此,高校的教学人员需要跳出传统教材的框架,引导学生积极探索并学习这些最新的网络营销知识和技术。

(2)大数据的普及使得学生能够在任何时间和地点进行学习,改变了传统课堂上教师一方讲授、学生一方接受的被动学习模式,促使学习方式向主动探索转变。这种变化使课堂教学发生翻转,学生通过在线资源自学新知识,课堂时间则用于讨论和深化理解,这对传统教学模式构成了挑战。

(3)在大数据背景下,网络营销活动会产生海量数据,企业亟须具备数据统计分析能力的营销人才,这为网络营销人才的培养指明了新方向。企业对能够处理、分析大数据并据此作出营销决策的专业人才的需求日益增长,这要求高校在网络营销专业的人才培养上,不仅要注重理论教学,还要强化数据处理和分析技能的教学,以适应大数据时代的需求。

(二)大数据环境下网络营销人才的培养模式

1. 大数据环境下网络营销人才需求及培养目标定位

网络营销基于现代营销理论,通过网络、通信技术和数字媒介实施商务活动。在传统设置中,网络营销岗位主要涵盖了网络营销顾问、网络推广员、电子商务专员、网络客服等职位。然而,在数字化时代的背景下,企业对网络营销专业人才的需求已经发生了变化。随着网络营销活动产生的数据量日益庞大,企业需要那些能够对数据进行深入分析、整理并据此制定营销策略的专业人才。因此,除了继续培养传统的网络营销人才外,高校还需着重于数据化营销人才的培养,新的人才需求包括网站运营、电商平台管理、搜索引擎优化

（SEO）、搜索引擎营销（SEM）、互动营销和网络推广等领域。

高校的目标应是培养出能够为企业网络营销活动提供全面、系统解决方案的专业人才，以及那些能够基于数据分析制定出实际有效的网络营销策略的人才。这要求教育机构全面提升学生的综合素质和职业技能，以适应数字化时代网络营销人才的新要求。

2. 变革传统的教学模式为翻转课堂的教学模式

随着数字化时代的到来，互联网、移动互联网上有海量的网络营销相关教学资源，学生不必到课堂上被动接受知识，教师可以提前安排布置学习任务，学生课前可以通过世界大学城等教师个人网络空间发布的教学视频及相关资料进行学习交流讨论，到互联网上针对相关知识要点进行搜索，提前预习相关知识内容，再到课堂上集体讨论，然后教师进行答疑解惑。整个过程中教师只是课堂教学的主导者，学生能主动地参与进来。这种模式满足了学生随时随地学习、交流、讨论的需求，提高了学生自主学习的能力，促进了学生自学能力的发展，增强了学生解决问题、克服困难的信心。

3. 校企联合培养网络营销实践人才

在大数据背景下，企业在进行网络营销活动时会遇到数据量庞大、类型复杂、更新快速的挑战。这要求拥有数据分析能力的营销人才，而当前企业中的网络营销人员往往无法完全满足这一需求。为了解决这一问题，高校应通过与企业合作的模式来共同培养网络营销人才，根据企业的人才需求定制培养计划，邀请企业专家进校授课，并将企业的实际案例引入到教学中。这种做法能够有效打破传统教学模式的局限，将学习延伸至课堂之外，极大地提升学生的实践操作能力。

随着数字化时代的进步，对网络营销人才的培养模式提出了新的要求。高校需要充分利用互联网和移动互联网提供的丰富教学资源，改革现有的教学模式，采用校企合作的方式培养实战型网络营销人才。通过提高学生的学习主动性和实践操作能力，不仅能够提升教学质量，而且能够培养出符合企业需求的网络营销专业人才，这对于适应数字化时代的网络营销人才培养具有重要意义。

第七章 数字赋能"互联网+"背景下大学生创新创业能力培养

第一节 "互联网+"背景下的大学生创业者及其团队构建

一、"互联网+"背景下大学生创业者素质与能力要求

(一)"互联网+"背景下大学生创业者应具备的素质

1. 强烈的创业欲望

在创业过程中,欲望是强大的推动力。所谓欲望,本质上就是一种目标的制定和人生最终的追求。创业者的欲望是有别于普通人的,他们常常超越现实,并且对现有的状态进行突破,挣脱诸多的局限因素,最终使自己的欲望得以满足和实现。因此,创业者欲望的满足需要扎实的行动力和博大的牺牲精神。

要想得到凭自己现在的身份、地位、财富得不到的东西,就要去创业。许多创业者的"人生三部曲"就是改变身份、提高地位、积累财富。在欲望的驱动下,产生不甘心,在创业的过程中具有行动力,最终获得成功,这是很多创业者的经验之谈。

2. 广博的见识和开阔的眼界

机遇往往是给有准备的人的,特别是头脑方面的准备,这首先要开阔自己的视野,为赢得机遇做好准备。创业者只有具有广博的学识和开阔的视野,才能够在创业中找到正确的道路,从而走向成功。一个创业者的眼界有多宽,他的事业就有多大。我们对许多创业成功者的相关思路进行了分析,找到以下开阔眼界的方法。

（1）阅万卷书。从图书、报纸、杂志、网络等渠道中尽量接收有益的信息。很多人将阅读与茶饭之后的娱乐等同，而阅读对创业者来说就是工作。

（2）行万里路。开阔眼界的另一个好方法是各处走走看看。开阔的眼界意味着不但在创业开始就可以有一个通往成功的捷径和规划，在企业危难的时候它甚至可以拯救企业。

（3）交友。与朋友们进行头脑风暴，能够不断地产生新思路、新点子。大部分创业者一开始是在朋友的鼓动下才开始创业的，有的甚至是朋友告诉他这样创业能够成功，因此他们长期和朋友保持联系，并努力认识新朋友，扩大自己的社交圈层。

3. 善于把握趋势并且通人情事理

大势，代表着未来发展的趋势和方向，可细分为大势、中势和小势。大势关注于政府政策的导向。在这个层面，顺应政策趋势是取得成功的关键。深入解读和研究政府政策，能够帮助创业者"把握大势"。对于创业者来说，紧跟政府支持和鼓励的领域将极大增加成功的概率，而投身于政府限制或禁止的行业，则可能会导致失败。例如，当国家对某些行业的政策趋向于淘汰和限制时，缺乏经验的创业者若盲目进入，很可能会面临挫败。

中势则涉及市场的机遇。市场的当前趋势、人们的偏好与厌恶，往往预示着潜在的创业方向。比如，俞敏洪正是顺应了全国性的"英语热"和"出国潮"的市场趋势，才有了今天的成就。

小势则是指个人的能力、性格和特长。创业本身是一项极具挑战的事业，因此，在选择创业项目时，创业者应寻找与自己的资源相契合、能够发挥个人特长的项目。这样不仅有利于持续而坚定的投入，也更易于在面对困难时保持积极的心态。

4. 良好的商业嗅觉

具有敏锐的商业嗅觉，这是创业成功的根本。创业者面对环境和商业的变化需要快速做出决策。许多创业表面上是很偶然的，但是都来源于敏锐的商业嗅觉。

敏锐的商业嗅觉有的是天生的，但是更多的是通过后天的努力和学习获得的。要想加入创业的大军中，就需要像猎犬一样具有敏锐的嗅觉，并将这种嗅觉运用在商业环境中。

5. 丰富的人脉资源

创业过程中，每位创业者都依赖于某些基本条件，因为创业本质上并非无中生有的过程，而是需要依托于一定的资源。对创业者而言，其能力和素养的评价主要通过其构建和利用相关资源的能力来衡量。

创业资源可以分为内部资源和外部资源两大类。内部资源包括创业者自身的能力、优势和掌握的技术等。外部资源则涉及资源管理和获取的能力，特别是创业者如何建立和维护自己的社交网络和人际关系。对创业者而言，快速建立有效的人际关系网络是极其关键的，因为这直接影响创业过程中遇到的障碍和挑战。虽然创业者可以依靠自身的资源和优势在初始阶段获得一定成就，或者借助其个人精神和品质取得一些成功，但这对于长期的事业发展而言，可能无法提供持续的支持。

6. 智勇的谋略

智勇的谋略是指创业者的思维方式、处理问题的态度及解决问题的最终方案，在创业者的每次活动中是需要被体现的。商业和战争一样，需要策略制胜，否则有勇无谋的人最终只能沦为别人的鱼肉。创业需要良好的体力支撑，更需要强大的脑力劳动。创业者的相关谋略是创业成功的最关键因素。在当前的市场环境中，竞争异常激烈，产品的同质化现象越来越严重，因此创业者的谋略显得特别重要，好的谋略能够帮助创业者取得巨大的成功。

7. 勇敢的胆量

创业本来就是需要强大心理承受能力的一项风险活动。冒险精神是创业家精神的一个重要组成部分。创业需要胆量，需要冒险，要有"敢下注"的胆量，想赢也敢输。但创业毕竟不是赌博，鼓励创业者要具有冒险精神并不是鼓励他们冒进。冒险精神是一种需要经过努力才能获得的品质，创业者要清楚冒险和冒进、勇敢和无知之间的区别。无知的冒进只会带来严重的后果，并不能促进创业的成功，这种行为也是一种无用的行为。

8. 乐于分享经验

创业者要懂得与他人分享。在创业者眼中，分享是明智的行为，并不是慷慨的表现。如果创业者不善于分享或者不善于与别人分享创业的成果，那么他会有很多局限性。用马斯洛需求层次理论在企业层面解释，即如果单位领导舍得利益，甘愿和员工分享成果，那么员工就会得到生理、安全、被尊重等方面的满足。员工在需求得到满足后，就会对领导怀有感激之情，并且会珍惜所拥有的一切，自然会不断努力完成"自我实现的需求"，从而更努力工作，产生更大的价值，做出更大的贡献以回报领导。这样就构成了一个企业正向、良性的循环。对创业者来说，分享不仅限于企业或团队内部，而且对外部的分享有时候也同样重要。

（二）"互联网+"背景下大学生创业者应具备的能力

1. 社交能力

为了凸显社交能力的重要性，这里把社交能力列为六大必备能力的第一位。总的来说，互联网行业就是一个小圈子，人脉在互联网人的职业生涯中会贯穿始终，创业要成功，广交人脉几乎是必需的。作为一个创业者，寻找人才需要人介绍，谈业务需要人介绍，融资更需要人介绍。看人胜过看项目。只投"熟人"和"熟人的熟人"是雷军作为天使投资人的一个投资准则。懂社交是一种硬实力，更是一种软实力。特别是在中国社会，人脉能够发挥的作用远超想象。

2．新事物迅速接受能力

互联网行业变化无穷，是一个随时发生变革的行业。若要在互联网行业中获得稳定的生存空间，则需要具备学习新知识和新技术的能力，并且具有敏锐的嗅觉和强烈的好奇心。看到具有发展前景的产品，要对其进行相关的分析和研究，并对其回报率进行预估。因此，在互联网行业进行创业，需要不断接受新的事物，不断适应新的变化。在互联网变革过程中，每一次变革都会带来一部分公司的突破和成功。

3．学习能力

学习能力是安身立命的技能。互联网行业是一个跨界和融合的行业，对一个人的综合能力要求非常高，复合型人才是最容易成长的，在创业过程中也是最容易成功的。作为一个互联网创业者，除专业能力外，有时候还需要具备多种能力，尤其是需要有跨界的思维。如果创业者之前从事程序员工作，那么就要提升自身的营销知识；如果创业者之前从事市场营销工作，那么就要提升自身的技术开发知识；如果创业者之前从事产品行业，那么就要提升自身的技术和市场营销方面的知识，这些都是很重要的。即使学不会也不要紧，还可以通过互联网在网上进行学习，这在现在已经很方便了。

4．专注力

做自己感兴趣的事情是走向成功的必备条件。之前学习能力是和兴趣挂钩的，没有兴趣，人是不愿意去学习新东西的。现在有很多创业者会从新媒体创业开始，通过相关的文章分享来表达自己的想法和思路，并对自己的创业历程进行详细的记录；同时和网友们交流各自的心得体会，并展开详谈。对这些人来说，写文章能够让自己产生成就感，也可以说是做了自己感兴趣的事情。

5．时刻充沛的精力

互联网行业就是一个体力和脑力都要有巨大消耗的行业。互联网的从业者需要具备勤奋精神。他们需要早出晚归，经常加班。互联网创业者必须有充沛的精力和饱满的状态，才能够应对各种变化带来的问题，从而获得长久稳定的发展。

6．健康的体魄

既然提到充沛的精力，就不能不说到健康。如果不能保证自己具有顽强的生命力，那一切奋斗都将是白费。这跟行业无关，对每个人来说，健康的体魄是必需的，这是最为关键的。

二、"互联网＋"背景下大学生创业团队的构建

（一）创业团队内涵解析

创业团队是指几个具有互补性质的创业者组成的团队。团队的成员拥有同

一个创业理念，并且在创业过程中对产生的利益均沾、风险共担。整个团队在创业活动的过程中是一个不可分割的共同体。

1. 创业团队的优劣势

（1）创业团队的优势。组建一个多元化的创业团队对于获取关键信息和资源至关重要，能显著提升创业的成功率。一个有效的创业团队不仅涵盖了多样的专业、学科和职业背景，而且在信息收集和处理上各有侧重，能够实现信息的全面汇总和深入分析，进而帮助团队实现既定目标。

多元化团队的形成有利于发挥集体智慧，共同分担创业风险。创业过程涉及众多方面的资源支持，团队成员的互补性能够有效聚合各种创业资源，提升团队绩效和水平。考虑到外部环境的不确定性，团队能够通过成员间的多样性准确识别机会和风险，通过谨慎选择创业方向来最小化潜在风险。

在创业前期，团队成员的独特背景和优势为团队的资本、经验和技术提供了丰富的支持，这不仅减小了创业风险，也为应对挑战提供了强大的保障。此外，多元化团队有助于避免个人独裁带来的问题，所有重要决策都通过团队讨论和共识形成，这种群体决策模式不仅提高了决策质量，也增强了团队的执行力和凝聚力。

综上所述，组建一个具有多样化背景的创业团队，对于创业成功具有重要意义：既能够有效聚合多方面的资源和智慧；又能通过集体力量降低创业风险，提高决策和执行效率。

（2）创业团队的劣势。虽然创业团队的决策过程强调民主和集体参与，以此规避单一决策者可能带来的偏见，但这种方式也存在一定的局限性。比如，团队集体决策往往效率较低，需要耗费较长时间达成共识，这可能导致错过重要的商业机会。同时，团队成员可能过于坚持自己的见解，缺乏对他人意见的客观听取。这不仅会导致决策难以迅速做出，还可能产生额外的内部矛盾。

团队的合作基础是成员之间的信任，而这种信任的建立通常需要一段时间的相互磨合。如果团队中存在以个人利益为先的成员，可能会破坏团队的信任基础；反之，过分的盲目信任，也可能将团队推向风险的边缘。因此，在团队建设过程中，既要强调成员间的互信，又要避免盲目信任，保持一定的警觉和自我保护意识，以预防潜在风险的发生。团队成员应培养强烈的责任感和对团队的忠诚度，并通过建立有效的监督机制来确保团队的健康运作和利益最大化。

2. 高绩效创业团队的主要特征

高绩效的创业团队是创业成功的重要保障，但是从创业经验中发现，高绩效的创业团队的组建很不容易。它不只是一群有技术、有学历的人简单组合而成。

一个优秀的个体并不能保证能够组成一个优秀的团队。事实证明，高绩效的团队的组建具备以下几个特点。

（1）创新性。具备创新性特点由创业活动所决定，因为创业活动需要创新性来维持。创业活动不仅需要先进的技术、新市场和新产品的支持，还需要通过新的手段来完成，因此团队成员也需要具备创新理念，并且具有一定的超前意识。

（2）共同的创业目标和相互信任。在团队中，要保障高绩效就需要每个团队成员有高度一致的目标，在此基础上促进信任关系的养成。团队成员之间的信任关系是帮助营造高效率工作的重要保障。如果在团队刚成立的时候团队成员的目标就不一致、没有信任关系，那么在团队的发展过程中，就可能会因为很多的利益问题或者权利分配问题而产生矛盾和冲突。这些矛盾和冲突如果被激化，就会具有破坏性，对团队造成损害。

（3）紧密协作。和普通团队相比，高绩效的创业团队具有团队成员之间合作密切、配合默契的特性，通过密切合作能够提高整个团队的工作效率。在组建创业团队之初，高效性就被考虑在内，而且团队成员的领导能力、公关能力、财务管理能力和营销能力等都需要考虑在内。团队成员的能力要能够互相补充，并且能够实现有效的沟通和迅速的反馈。在开展工作的时候，所有的成员都要通过团队协作和团队精神共同完成任务，并且向着更高的标准努力。

（4）团队成员之间要有较强的凝聚力和强烈的归属感。团队是否具备凝聚力和归属感对所有成员的工作态度会有很大的影响，成员的行为、积极性、绩效等也会受到影响。具有较强凝聚力的创业团队，各个成员之间的合作特别默契，营造的是积极向上的气氛，能够发挥整个团队的创造力。同时，凝聚力能够给团队成员带来强大的归属感。有了强大的成员就会更加用心投入团队的工作中，真正为团队贡献自己的一份力量。

（5）团队成员之间的平等性。通常情况下，高绩效的团队在所有成员中都讲求平等。这种平等并不是权利或者股权方面的平等，而是一种以公正为前提的平等性。如果非要讲求绝对平等，那么是不利于团队发展的。团队的建立和相关的能力分配、贡献值等都和相关的奖励和报酬制度相关。这些都是调动整个团队积极工作的重要因素。

（二）创业团队的组建过程

组建创业团队是一个很复杂的过程。由于按照不同的创业活动，组建的团队也各不相同，因此组建创业团队的过程也会出现差异化。但是创业团队的组建，还是具有以下通用的共性。

1. 创业团队组建的前提

（1）成员共同的创业理念。共享的创业理念和价值观构成了创业团队成功组建的核心，为团队确立了共同的目标、行为规范和执行准则，同时指导了团队成员的工作方式。拥有一致的创业视野和价值观，团队成员能够围绕一个共同的目标努力，这对于推动创业活动的成功发展至关重要。尤其是在创业过程中遭遇不预期的挑战和问题时，这种统一的目标能够成为团结所有团队成员、共同应对困难的强大力量，有助于团队的持续成长和价值创造。同时，一致的创业理念还能增强团队的内聚力，促使团队成员将集体利益置于个人利益之上，促进团队成员在面对个人得失和短期利益时能够作出更有利于团队整体的选择。

（2）成员之间的互补性。成员之间的互补性主要是指团队成员之间在能力、性格、学习背景和工作经验等方面的互补。创业者在组建团队时，会充分考虑所有成员的优劣势，并按照互补的原则进行搭配，以弥补成员之间的不足。其实，所有的团队成员并非全能型的人才，各自都会有自身的劣势和缺点，这就需要团队成员之间进行互补。例如，有的成员是技术出身，对于财务和营销一窍不通，则需要懂财务和营销的成员对其进行补充和平衡。因此，在团队成员中是有必要存在交叉性的，但是这种交叉不能占太大的比重。

（3）成员之间的相互信任。成员之间的相互信任是组建创业团队需要考虑的基础问题。如果没有信任，那么团队就没办法组成，成员之间就没办法共事，更没办法实现相同的目标。团队成员之间的信任主要包括人品的信任、个性的尊重、工作能力的认可和工作态度的一致性。只有在这种信任的环境中，团队成员才能够合作默契、共事愉快，团队的发展也才能具有稳定性和长久性，团队的优势才能够被发挥出来，为整个团队服务。从失败的创业团队中我们已经知道，团队成员之间的不信任会影响整个团队的运行和管理，如果这种信任没有形成或者被破坏，那么是很难再建立起来的。

（4）团队具有相对完善的管理制度。在建立创业团队时，明确成员之间的权责和利益分配是关键，确保责任、权力和利益的公正分配至关重要。为实现这一目标，必须在团队构建初期依照一套公平、合理、具有可执行性和预见性的管理制度来进行规范。这套制度应确保团队的整体稳定性，并对所有团队成员的权利和义务进行清晰界定。

在创业伊始，明确每位团队成员的分工和职责是维护团队关系稳定和保护成员利益的基础。只有在职责分配清晰的前提下，团队成员间的相互关系才能稳定，成员的权益才能得到有效保障。

考虑到创业初期资金的有限性，建立一个合理、公正且得到团队共识的薪酬体系尤为重要。这一体系应确保每位团队成员的努力和贡献得到相应的回报，同时保护成员的合法利益不受侵害。

2. 创业团队组建主要程序

因创业活动不同，创业团队组建的主要程序也各有不同，但是在这些不同之中它们还是具有共同性的。我们将组建创业团队的程序概括如下。

（1）创业目标要明确。创业活动是建立在创业目标的前提下开展工作的。还未组建团队的时候创业者，就应该对创业目标进行明确，这是创业的奠基石。创业目标是创业者寻找创业团队成员的重要依据，是所有创业计划实施的根本。创业者在经过多种接触和评估，找到了自己创业的总目标，并根据这个目标来进行相关成员的招募和相关工作的推进。

（2）将创业计划做成文本。拥有了明确的创业目标之后，就要按照这个目标制定相关的创业计划，通常包括总计划和分计划，最好能够形成文档的类型。创业者在制定相关的计划时要结合自身的优势、资源和未来的发展方向进行。如果创业计划比较完善，那么对合伙人具有很大的吸引力，则能够帮助创业者更快地找到合适的人加入团队中。另外，在进行相关年计划的制订时，还要特别注意制订不同阶段的分目标以及制订实现这些分目标所需要的阶段性计划。

（3）找到符合团队需求的成员。在确立了清晰的创业目标和详尽的创业计划之后，创业者依据这些基础来招募并组建他们的创业团队。利用个人的社交网络进行团队成员的招聘是一种有效的方法，这不仅有助于找到关系稳定、可信赖和具备互补优势的团队成员，而且在选择团队成员时，创业者需要重视候选人的思维和品质，通过考察其教育背景、工作经验和生活态度进行初步筛选。最为关键的是，要细致评估每位候选人的道德观和个人品质，以及他们的诚信和忠诚度。如果创业团队的构成是合理的，那么这个团队成功的可能性将会得到显著提升。

（4）对相关的职权进行明确规定。创业团队需要根据创业计划以及实际创业过程，对所有的成员进行相应的责任和义务的分配，要确定所有成员在团队中的作用和享有的特权。这种职权制度的完善是保障整个团队有序运行的前提，是团队成员奉行的工作标准，并能够根据相关的创业计划完成本职工作。在建立职权制度的时候，需要考虑成员之间的结构性问题，所有的职权都需要具有明确性，但又不能缺乏排他性，这样才能够避免职权空缺或者独裁主义现象的发生。此外，创业过程是一个动态发展的过程，并且具有复杂性，很多东西都随时会发生变化，职权制度也一样，需要根据环境和团队的变化等因素进行适时的调整。

（5）成立创业团队的相关制度体系。团队中完整的系统是创业得以持续发展的重要前提和有力保障。严格制度体系是对团队成员行为规范的重要举措，能够促进所有成员尽职尽责。严格的团队制度体系能够为团队在发展过程中出现相关问题和矛盾的时候提供实质性的保障。

3. 创业团队组建的注意事项

（1）团队成员的个人特点。团队的发展受到每位成员的性格、心理状态和能力的综合影响。在挑选团队成员时，应重视其专业素养和是否具有团队合作精神。拥有高素质成员的团队；更有助于推动团队进步。研究显示，那些抱有创业梦想的个体，相较于缺乏创业动机的人，更可能帮助团队达成目标，并在遭遇挑战时展现出更强的适应能力。这类人通常具备优秀的心理素质和强大的抗压能力，能全情投入创业中，展现出坚持不懈的决心，对团队具有较强的凝聚力，不会轻易放弃。团队成员间的相互补充也极为关键，它有助于增强团队的合作精神，实现团队效能的最大化，使得团队整体的表现超出单个成员能力的总和。

（2）合理的报酬体系。在创业过程中，利益分配是一个实际且棘手的问题，其合理的规则是确保创业团队长期稳定发展的基础。然而，所谓的利益分配的合理性，并不意味着团队内部应实行完全的平均主义。经验显示，完全的民主和绝对平等在创业团队中是难以持续的。关键在于构建一个合理的酬劳分配体系，这包括基础薪酬、利润分享和奖金等方面，并应将团队成员的个人发展和需求考虑进去，以此增强团队的吸引力和减少成员流失的可能。

在设计酬劳分配制度时，需要综合考虑团队内所有相关因素及成员的利益，特别是对那些付出多而回报少的成员给予更多的关注，以防他们离开团队。同时，一个合理的酬劳体系还能有效监管成员的行为，防止不良习气的产生，促进团队的高效运作。

（3）创业团队规模的大小。在组建创业团队过程中，对团队规模的掌握至关重要。实际上，许多创业团队起初都是以较小的规模出现的。由于团队成员拥有不同的思维方式、教育背景和经历，这种多样性在团队决策时往往会引发观点上的分歧，使得达成一致意见变得更加困难。这种差异不仅增加了团队沟通的成本和时间，还可能影响团队的整体效率，有时甚至导致决策失误。因此，在创业团队建立之初，就需要特别注意团队规模的控制，保持团队成员数量的合理性。虽然对于何为"合理"的团队规模并无一致的标准，但一个明确的原则是，创业初期不宜建立大规模的团队。创业者应控制好团队人数，在创业过程中持续评估团队成员的表现，并积极寻找更适合的合作伙伴，确保团队规模保持在一个管理和沟通都相对高效的小规模状态。

（三）创业团队的管理工作

1. 创业团队的管理技巧

建立了创业团队后，对其进行有效管理是至关重要的，这对于实现创业目标有着不亚于目标本身的重要性。以下是一些关于如何管理创业团队的建议。

首先，重视价值创造并确保团队成员都朝着统一的价值观努力，让每个成员为团队的共同目标付出努力并获得相应的回报。创造一个积极的创业环境，激发成员的工作热情，能够促进团队协作，有效解决问题，确保计划的实施，并让团队成员明确自己的职责，全心全意地为实现团队目标努力。

其次，团队的决策者需要发挥积极的领导作用，对提升团队效率至关重要。作为团队的引导者，决策者的能力对团队的稳定和团结至关重要。作为团队的核心，决策者需要合理分配和整合团队资源，激发团队的创业热情，并引导团队成员建立相互支持和信任的关系，加强内部沟通，以凝聚团队力量。同时，激发团队成员的积极性并进行恰当的激励，是释放团队创造力的关键。决策者还需具备宏观视野，将团队整体利益放在首位，淡化个人利益，共同承担团队责任。

2. 创业团队冲突的有效管理

创业团队发展到一定的阶段就会出现内部矛盾或冲突，这是团队内部的诸多不和谐因素共同作用的结果。一旦出现这种情况，就要尽快解决这种矛盾，否则团队的有效管理会受到影响。当前，一些专家将这种内部的冲突划分为两种类型：认知冲突和情感冲突。对于不同类型的矛盾和特点，在进行团队管理的时候就要采取具有针对性的措施进行预防和解决。

（1）创业团队认知冲突。简言之，认知冲突是团队成员间对问题看法和意见的差异性表现。这种差异源于成员对事物的不同认识，并非针对个人的反对，而是一种在团队成长过程中常见且必须面对和解决的意见分歧。当团队成员在讨论各自对特定事物或问题的理解时，便可能产生这种冲突。然而，这类冲突不仅不会对团队产生负面影响，反而是推动团队向前发展、激发成员创造力的关键因素，对团队的进步具有正面作用。

对于创业者而言，正确处理认知冲突、培养团队共同识别、讨论和解决问题的能力至关重要。这不仅能促进团队成员的创新思维和创造力，还有助于团队的整体发展。通过认知冲突引发的讨论和决策，往往能得到团队成员的广泛认可和支持，加强执行力，推动团队向更优方向进步。

（2）创业团队情感冲突。情感冲突也叫关系冲突，是创业团队的成员之间产生的一种对立和抵抗现象并从情感上开始发泄。在创业团队的冲突中，情感冲突是一种相对不利的因素。与认知冲突相比，情感冲突极具个人感情色彩，对团队成员的感情具有很大的伤害力，会对整个团队的信任度产生影响。相关研究表明，情感冲突会阻碍团队的发展，影响团队的利益，并会让团队成员产生不满的情绪。

3. 创业团队的激励机制设置

在管理领域，有效的激励机制对于促进团队持续发展起着至关重要的作用，是确保团队长期稳定进步的关键。激励本质上是促使一群有共同目标的人群内在的动力趋势，这种动力来源于内心，并能驱动人们行动。从根本上说，激励的目的是激发人的主动性和积极性，以期提升团队及个人的绩效。

团队激励机制可分为物质激励和精神激励两大类。物质激励通过薪酬、奖金、股权、期权等方式对成员进行奖励；而精神激励则通过认可团队成员的发展潜力和实现个人价值的机会进行鼓励。对于创业团队而言，构建强大的凝聚力和吸引力是汇聚志同道合者的关键，而这两者与激励机制紧密相关。因此，创业者应在团队成立之初就建立完善的激励体系，以提高团队成员的积极性和团队的整体魅力。此外，这套激励机制应在创业全过程中一以贯之，根据实际情况适时调整，以增强团队竞争力，激发成员的创新能力和工作热情。

（四）"互联网＋"背景下的大学生创业团队构建策略

1．"互联网＋"背景下创业团队的概念界定

随着网络信息技术的飞速发展，互联网与社会各行各业的结合日益紧密，推动了"互联网＋"的良性发展趋势。这一趋势不仅优化了行业资源配置，还促进了跨行业的整合，助力于形成了各行业与互联网融合的新经济发展模式。

在"互联网＋"的大背景下，互联网的创新应用为创业团队开辟了更广阔的机遇之门。区别于传统的创业团队，"互联网＋"时代的创业团队主要通过利用互联网的创新应用来驱动业务发展，以满足消费者的多元化需求，并采用灵活高效的管理方式来应对市场变化。这种创业模式的核心优势在于能够充分发挥互联网创新的潜力，实现业务的快速发展和用户需求的有效满足。

2．"互联网＋"背景下创业团队的组建原则

"互联网＋"背景下的创业团队结构是质和量的有机统一。研究"互联网＋"背景下的创业团队结构首先要对组建原则进行分析。具体来说，主要包括志向原则、利益原则和互补原则。"互联网＋"背景下创业团队的组成主要凸显的是科技型创业团队。

（1）志向原则。在"互联网＋"时代背景下组建创业团队时，首要任务是确保团队成员之间拥有共享的创业理念、愿景及高度的相互信任。共享的价值观成为团队凝聚力的核心，这通常体现在团队的行动准则、共同目标及价值追求上。优秀的创业团队不仅展现出强大的合作精神和追求共同长远目标的决心，而且对于价值创造持续不断的追求。在"互联网＋"的环境下，团队的价值观可能会根据企业的发展需求进行相应的调整和完善。

此外，团队的构建还应基于共同的创业愿景，明确企业的发展方向和目标，以激发团队成员的潜力。同时，构建团队成员之间的相互信任也至关重要，这要求每个团队成员都对团队承担责任，并且真诚相待。

（2）利益原则。"互联网＋"背景下创业团队要始终将团队的利益作为团队建设的重要方面。创业团队组建，特别是在"互联网＋"背景下进行的团队组建，需要利用互联网技术创新企业运营方式，更需要注意企业的利益分配问题。要建立团队内部责、权、利统一的团队管理机制，对团队内部的权力关系、利益关系进行妥善处理。认真研究和设计符合企业自身发展的薪酬体系，保证按时按贡献支付酬劳，不因企业增员、产品销售困难等问题随意降低薪酬水平。此外，也要注重从管理规则制定的角度完善利益原则。要建立合适的进入机制与退出机制，对创业成员进入和退出的条件进行约束；同时，也要对企业股权转让、增加等问题进行深入研究和决策，从而保障企业的良好运转。

（3）互补原则。在"互联网＋"时代背景下，创业团队成员的互补性是新创企业获得高效绩效的关键。成员间在知识、技术、能力和资源方面的差异化，为企业解决发展过程中遇到的问题提供了有力支撑。新创企业的迅速成长依赖于团队的有效决策，这主要体现在团队成员的多样背景、丰富行为和经验上，尤其是团队合作的综合优势。因此，构建"互联网＋"时代的创业团队时，应从成员互补性的原则出发，确保团队在技术、管理、营销等方面的人员配置能够相互补充，发挥各自的强项和特长。

此外，互补原则的实施还应针对企业发展的不同阶段进行调整。在初创阶段，重点应放在技术人才的引入上；随着企业的成长和扩张，市场开拓的角色变得至关重要，需与技术能力相配合；到了企业成熟期，更加需要注重企业管理层面的人才，以保证企业运营的系统性和有序性。

3."互联网＋"背景下创业团队的构成体系

在"互联网＋"时代，科技型创业团队成为创业领域的重要力量。这类团队主要基于高新技术开展创业活动，以技术创新为核心。简而言之，这样的团队在创业初期表现出强烈的积极性和市场洞察力，能够在战略规划和具体执行层面上构建和优化企业关系，强调创新能力及对行业技术的深入理解，并始终保持以企业目标为导向，主动识别和解决创业过程中的各类挑战。进入扩张阶段，这些团队通过自我学习和实践探索，主动思考解决方案，并利用互联网技术提升企业在行业中的竞争力和影响力。总而言之，"创新能力"是这类团队的核心竞争力，而特征如高科技开发、高风险投资、快速成长和高收益回报，是其在"互联网＋"时代创业的显著标志。

4."互联网＋"背景下创业团队的领导方式

优秀的领导作为"互联网＋"背景下创业团队的核心力量，对团队良好的发展起着积极的主导作用。在"互联网＋"背景下，研究创业团队的领导方式，主要是从创业团队领导的角色与行为策略方面进行分析。

（1）创业团队领导的角色。企业的发展，关键在于 CEO 的素质和把握。企业创建的核心要素就是构建合适的创业团队，而企业要发展就得依赖创业团队的决策。可以说，创业团队中核心创业人物——领导创业者是企业发展的第一要素，尤其是其素质和品格。领导创业者是一个身兼使命、有能力组织所有团队成员为企业发展进行战略规划的、采取一致行动推动企业向前发展的人。

（2）创业团队领导的行为策略如下。①针对不同阶段采取不同措施。在企业的早期阶段，创业者面临的主要挑战包括未能明确长期目标和缺乏成熟的企业规范。此时，领导者的核心任务是促进团队成员之间的有效沟通和合作，确保每位成员能够迅速适应团队环境，清晰认识到个人和团队的目标，共同构建相互支持的团队关系。进入企业的发展和扩展阶段时，决策变得尤为关键。此时，领导者需要对团队结构进行优化，加强团队凝聚力，明确成员的职责和权利，并激励团队成员积极为企业的发展提供建议和支持。到达成熟期，领导者应根据企业当前的状况提升个人的综合能力，持续推动企业的进步，并努力营造一个积极的企业文化氛围，以维持企业的持续发展动力；②团队意识和成员间融洽关系的培养。团队凝聚力是企业成功的关键之一。作为领导者，必须激励团队成员共同承担风险，公平地分享创业成果，并将团队利益置于个人利益之上。这种集体主义精神能够促进团队合作，提高创业绩效。同时，领导者还应该注重培养团队成员之间的良好关系，建立相互信任的氛围。因此，与团队成员之间加强沟通至关重要。积极主动地与团队成员沟通，了解团队内部的问题，并妥善处理成员间的矛盾，有助于培养团队的凝聚力，提高团队应对创业挑战的能力；③创建学习型团队。为确保创业成功，建立学习型团队至关重要。这种团队能够通过优势互补形成协同效应，提高工作效率。首要任务是增加团队的动力和压力，以促进成员自我学习和竞争能力的提升。其次，分工与协作的促进能够提高个人生产力，并最终实现团队整体效能的提升。领导者需要从学习环境、个体学习、制度建设以及学习机制四个方面入手，以建立一个良好的学习型团队。

第一，领导者应创造一个适宜学习的环境，包括完善基础设施、塑造良好的文化氛围以及建立有效的制度保障机制。

第二，领导者需要鼓励团队成员通过深入思考和观察的方式进行学习和创新，将学习与工作相结合，以提高个体工作效率。

第三，建立制度化的沟通体系至关重要，以鼓励团队成员之间的交流与分享，形成团队学习的良性循环。

第四，建立组织学习机制，采用多种方式进行学习，以确保团队能够持续不断地学习和进步。

第二节 "互联网+"背景下的大学生创新创业模式选择

一、在企业竞争中设计商业模式的方法

无论是互联网行业，还是传统行业，商业模式的学习或模仿主要从全盘复制、借鉴提升、整合超越3个方面着手。

（一）全盘复制

全盘复制是一种商业策略，它涉及直接模仿或略加修改优秀企业的商业模

式，并将其应用于自身业务中。这种策略主要用于同一行业内，特别是在目标同一细分市场或生产相同产品的企业之间。它不仅限于复制商业竞争中对手的模式，还包括对行业内成功模式的广泛借鉴。

在模仿优秀企业模式时，企业应注意两个关键因素：首先，必须快速且准确地识别目标商业模式的关键要素，并迅速执行复制过程，以确保领先优势；其次，复制过程中需针对自身特定情况进行必要调整，确保所采纳的模式既不是简单的照搬，也能适应当前市场规则和企业发展需求。

以亚马逊为例，该公司作为电子商务行业的领军企业，采用了一种创新的B2C商业模式，通过其独立的销售平台低成本运营，覆盖广泛市场并享有显著的长尾效应。相比之下，传统零售业因高昂的成本和租金支出，以及各种经营限制，面临着逐年下滑的利润问题。当当网作为中国模仿亚马逊成功的案例，成为首批进军B2C市场的中国企业，其模仿策略使其在中国市场取得了独特的领先地位。同样，在网络游戏行业，企业通过模仿竞争对手的商业模式来实现增长，如盛大网络游戏开创的模式现已向所有企业开放，包括其竞争对手，促进了整个行业的发展。

（二）借鉴提升

1. 引用创新点

在研究和学习商业模式的过程中，企业会对其中的关键概念和核心要素进行综合分析，结合自己的实际情况识别不匹配的部分，并对这些方面进行改良和创新。这个过程涉及对现有商业模式的改革，旨在寻找更适合企业未来发展方向的新模式。企业需要依据自己的特点以及市场动态，通过创新性地模仿来发挥这些商业模式的最大效能。学习和创新商业模式不仅有助于找到适合自己的、优于竞争对手的方案，而且在模仿时注重创新是保障盈利能力的关键。商业模式的创新也将促使业务流程、商务合作及运营模式等方面的革新。

虽然商业模式的盈利策略对提升企业效益至关重要，但业务、商务和运营的优化同样关键，它们能显著增强企业的核心竞争力和盈利模式。因此，在模仿时不仅要针对商业模式本身，也应关注于这些领域的优化和改革。

以百度为例，其最初的商业模式主要依靠为门户网站提供搜索技术服务来赚取服务费。随着互联网的演变，这一模式遇到瓶颈，百度随即调整策略，转向应用软件销售和服务技术，开辟了新的利润来源。这种灵活调整帮助百度在创业初期的艰难时期存活下来，尽管早期模式的用户基础有限，依赖于技术销售，发展前景有限制。

腾讯的例子则展示了如何通过增强用户黏性来构建商业模式，最大化地发挥长尾效应的商业价值，用户愿意为腾讯的增值服务内容付费。腾讯的业务模式跨越多个领域，是一种混合模式。通过学习和借鉴国内外多家优秀企业的商业模式并进行创新，腾讯找到了适合当前市场和自身发展的重要模式，成功实现盈利。腾讯主要依靠销售虚拟物品来获利，这一模式最早在韩国的企业中见到。

2. 延伸扩展

探索新商业模式时，企业首先需要对符合该模式的市场和企业进行详细分析和细分。基于深入的市场研究，接下来是识别并细分尚未被充分开发的市场领域，利用新商业模式在这些新领域中创业并实现盈利。在应用新商业模式之前，对选定的细分市场进行适当的调整和优化是必需的。这种策略的运用不仅有助于在商业模式研究中识别适合未开发市场的模式，并且能够带来竞争优势，最终可能被整个行业广泛采纳，展示了延伸扩展策略的显著优势。

对企业而言，实现多元化发展并探索新的盈利模式与发展空间，需要学习、模仿并将其融入相关行业中的这种商业模式。

在实施延伸扩展策略时，面临的挑战如下。首先，识别未开发细分市场的过程可能充满挑战；其次，由于市场内部的不同细分市场可能需要不断调整商业模式，这种微调是关键，但也是一个主要挑战。

互联网行业展现了信息获取功能的独特价值，门户网站根据用户需求提供定制化的信息服务。由于互联网行业衍生出娱乐、社交和电子商务等多个细分市场，利用门户网站的优势和流行趋势在这些细分市场中应用新商业模式，为企业提供了获利的新机会，体现了这种策略的优势。

3. 逆向思维

当企业致力于学习和研究行业领袖或具有成功案例的商业模式时，采取逆向思维策略是关键。这意味着，企业应深入分析市场领导者的发展和创新路径，通过逆向设计来构思自己的商业模型。通过这种方法，企业可以有效地进入并分割市场。如果模式得当，还可能实现显著的收益并占领市场份额，进而创建出具有高度适应性的商业模式。逆向思维特别适用于行业中的挑战者，包括排名前五的企业或细分市场的领军企业。

采用逆向思维时，需要关注三个核心问题：首先，要准确识别行业领军企业或寻找成功案例作为参考，利用逆向思维来规划商业模式；其次，设计商业模式时，不能仅仅反向操作现有概念，而应从消费者的视角出发，旨在为他们创造更大价值，并开发出创新的商业模式；第三，必须预防领先企业可能的报复行动，提前制定相应的应对策略。

以互联网领域为例，微软作为较为传统的技术公司，主要通过软件销售和授权获利。它的竞争对手，如谷歌，采用了逆向思维，开发出与微软完全不同的商业模式，这一模式基于开源软件，允许消费者免费使用产品，同时为服务和技术支持收费。这种经营策略不仅成功地挑战了微软的市场地位，而且在商业软件领域开辟了广阔的发展前景，发展速度迅猛。

（三）整合超越

1. 整合创新

在企业的现有平台或优势基础上，利用消费者忠诚度和用户黏性，通过对现有商业模式的整合和创新，企业可以提升自身在行业中的竞争力，并开发出超越竞争者的混合业务模式或产业链。这种整合创新模式主要适用于行业龙头或细分市场的领先企业，因为只有这些企业才拥有必要的基础条件和能力。在探索整合创新模式时，企业需要深入分析现有平台的优势，并评估其对未来发展的潜在贡献。如果无法确保这一点，整合创新的基础将不稳固，因此这种模式更适合于行业领头羊或细分市场的领导者。

以传统游乐园为例，它们主要依靠园内娱乐设施和门票销售盈利。迪斯尼乐园则在此基础上进行创新，通过整合其独特的卡通形象，并推出图书、玩具、礼品等周边产品销售，以及在品牌形象建设上的努力，巩固了其行业领导地位，使品牌深入人心并实现了持续发展。

在互联网领域，腾讯通过利用其用户黏性和巨大流量的优势，不仅在原有的网游领域取得成功，还拓展到新闻门户、C2C 电子商务等多个版块，形成了独特的盈利模式。这种基于用户黏性的商业模式创新，充分展示了腾讯如何利用现有优势整合新业务，以强化其市场地位和盈利能力。

2. 颠覆超越

通过技术革新寻求新的发展机遇，企业可以彻底改革和刷新现有产品的商业模式，开发出时代需求的新技术和替代性新产品，进而构建全新的商业模式。这种变革让所有企业都有可能在新商业模式下实现转型和突破，但实际上，这种根本性的改变主要适用于行业领头羊或掌握核心新技术的企业。一般企业面临技术挑战时，往往难以实现如此颠覆性的创新，因为它们往往难以解决技术上的诸多问题。

探索颠覆性创新的关键在于技术发展的预测和洞察，确定未来趋势中的核心技术。这包含两个主要方面。

首先，判断新技术是否会出现并成为主流。例如，长虹未能及时把握液晶技术的发展趋势，坚持投资等离子产业，最终导致了其在市场上的衰退。在 3D 技术普及的背景下，许多产业都面临着解决新技术带来的挑战。

其次，明确新技术的发展方向。以互联网企业为例，微软因其软件收费模式受到挑战，开源软件体系的兴起对其构成了威胁。谷歌通过开源和云计算找到了一种适应企业发展的新商业模式。在未来，依托云计算提供服务将成为常态，企业和个人无需再购买硬件，而是通过网络租用计算力进行工作，按实际用量付费。

在这个转变中，能够创造并实施云计算商业模式的企业将有能力挑战传统巨头如微软。微软已经意识到云计算对业务的重大影响，并开始制定相应的对策，这表明即使是行业巨头也需不断创新以适应技术革新带来的挑战。

二、"互联网＋"背景下大学生创新创业模式的选择

纵观在竞争中设计商业模式的理论方法分析，目前在"互联网＋"背景下大学生创新创业的模式选择主要有科技型、网店型、连锁加盟型、农村创业、智力服务等五种。

（一）科技型

技术创业是指利用自身的专业优势和技术专长进行创业。随着"互联网＋"背景的形成，移动互联网的应用越来越普及。手机是移动互联网智能终端的重要设备，是人类生活的重要工具之一。在手机 APP 软件的开发中，相关的配套服务也已经成为大学生创业的项目选择。学生创业的成败取决于他们对互联网世界的理解以及对新的科技产物的接受度。腾讯、网易、百度都充分发挥了科技和互联网的相关优势。对这些有兴趣的同学可以通过参加相关的网络项目、动画创作、编程比赛等了解相关信息并进行学习，也为自己赢得更多的创业机会，找到更多的投资商。

（二）网店型

"互联网＋"给了当代大学生很多创业的支持力度，也为其提供了便利，大学生在互联网平台创业主要有以下两个优势：①在高校学生中拥有很大的客户资源；②他们对同龄人的消费习惯和消费水平有更多的了解，能够熟练掌握微店、淘宝店等运作模式。

中国的网购行业已经发展为主要的零售业。网店成本投入较少，没有过高的门槛，很适合大学生创业，特别是适用于创业初级阶段。值得注意的是：和网店类似，微店这种创业模式也已经成为大学生喜欢的模式之一。微信营销主要有以下几个优势：①具有低廉的营销成本，有的项目甚至不需要成本，因为微信是一个免费的平台；②微信的即时通信功能和发布功能有很大的促进作用，在朋友圈和人脉中都可以适用，具有很强的社交能力；③微信营销有很强的针对性，能够直推内容给制定的粉丝，有利于培养粉丝的"忠诚度"，实现品牌的传播。

（三）连锁加盟型

大学生拥有的创业资源比较匮乏，连锁店加盟不但能够从总部得到技术、品牌、设备和营销上的支持，还能够减少资金的压力。快餐行业、超市、家政服务、数码印刷等都是连锁加盟行业的创新创业类型。

（四）农村创业

在农村创业有着广大的市场，除了农民可以进行农村创业外，大学生到农村创业也是可行的：一方面，大学生具备高素质的强大优势；另一方面，城市创业竞争很激烈，农村创业竞争压力比较小。适合大学生农村创业的项目主要有以下两个：

1. 农产品的电商平台

在农村，尽管农产品如水果和蔬菜等的质量很高，往往因为交通不便和营销手段落后而导致滞销，给农民带来经济损失，同时也造成资源浪费。针对这一问题，大学生创业者可以通过发展农产品电子商务来帮助农民销售产品，同时利用技术和管理知识促进农村的智能化管理。例如，利用物联网技术连接手机和传感器，可以实现对农田的远程管理和监控；在包装上打印二维码，消费者扫码即可了解产品的生产和销售信息，便于问题的及时解决。销售策略上，结合互联网、网络平台和线下门店销售，甚至开发相关APP来促销，能够有效提高销售渠道的多样性和便捷性。开展线上销售并支持线上支付，能够显著提升销售效率和整体效益。

2. 农村物流创业

农村电商的发展受到了快递和物流的限制，因此，从事物流创业，能够为农村带去很多好处，能够为农村的电商提供相关的运输保障，这也是中国"电子商务进农村""解决物流最后一公里"的重要目标。农村物流创业是一个很有前景的创业项目。当前，城市的网购数量远远超过农村，但是其增长速度已经趋于稳定，而农村的网购还处在迅猛发展阶段。

（五）智力服务型

大学生创业最具有优势的领域是智力服务领域。智力服务领域中的各项创业内容，进入门槛较低，投入资金也较少，一般从事家教、翻译等工作，只需要电脑和桌子等简单设备就可以进行。

随着"互联网＋"时代的到来，很多商机也都伴随而来，大学生创业机会大大增加，因此，大学生应抓住这一难得机遇。

三、大学生商业模式选择应具备的能力

要对互联网商业模式进行学习，首先要对商业模式的思维来源开展学习，因为只有对其最本质的根源进行探究，探知相关的基础是否已经满足相关的需求之后，才能够将企业的相关模式和要素进行整合，目的是为给消费者提供更新、更高价值的服务或产品等，才能进行很好的选择或模式创新。因此，大学生要进行商业模式选择或创新时必须培养以下三方面能力。

（一）全新市场机会把握能力

随着互联网的兴起，信息技术的快速发展引领了传统需求的扩大，催生了众多新兴行业和市场。这种前所未有的市场机遇要求企业摒弃旧有的商业模式，创新设计以适应新市场的需求。正是这种对新型商业模式的探索，成为推动市场发展的关键力量。

在个人电脑尚未普及的年代，软件主要服务于商业需求，与硬件的关系仅限于平台与产品的绑定。例如，IBM开发的软件仅能在IBM的设备上运行，主要面向商业用户，软件作为一个独立的产品线还未形成。IBM推出的首台个人电脑不仅开辟了一个新的产业领域，也预示着信息技术革命的开始，其意义远超产品本身。

微软从IBM的举措中汲取灵感，开始在软件开发上进行重大的投入。他们认识到，若将软件开发成本摊分至每位个人用户，便能显著降低软件的售价。于是，个人消费软件市场的营销模式得以启动，软件产品得以脱离硬件单独销售。微软通过将软件与硬件分离，开创了一种新的商业模式，使得软件产品能够与各种个人电脑兼容并使用。这种策略不仅开发了新的市场，也是微软在软件行业取得巨大成功的关键因素之一。

微软的这一创新举措为公司带来了重大的发展机遇，通过分离软件产品与个人电脑行业，创建了一个全新的商业模式。虽然许多硬件制造商对此采取了抵制态度，但微软依靠高质量的产品和合理的价格定位满足了个人电脑用户的需求，不仅增强了消费者的价值，也成功地实施了这一新商业模式。

（二）产业价值链整合能力

互联网商业模式的竞争已成为现代企业竞争的核心。企业对此的重视及对新型商业模式的创新不仅为竞争者提供了学习和借鉴的机会，也是适应消费者需求变化和激烈市场竞争的必要条件。要保持行业领先地位，企业必须不断创新其产品和服务，或及时对商业模式进行调整和重设计。这样既能保持商业模式的领先，满足消费者需求，又能在战略上占据有利地位，突破竞争壁垒。互联网商业模式创新主要围绕产业链的重新构建和整合，以大局观审视整个产业链，优化资源和要素的配置。对企业而言，价值链的整合调整开拓了未来发展的新机遇。

随着时代进步，传统的产品竞争逐步转向企业间和产业链的竞争。不同行业的产业链差异显著，背景环境、市场竞争和消费者需求各异，使得商业模式的重新构建成为企业优先考虑的策略。IBM公司就是在企业管理和技术领域保持领先地位的典范。它通过两次重大的商业模式转变，成功适应市场变化。初期，IBM为推动个人电脑市场的发展采取了纵向一体化模式，成为首家实施该模式的全球企业，巩固了其技术和市场的领先地位。后来，随着企业管理能力和技术优势的积累，IBM执行了产业链整合，虽然面临竞争者的挑战，但最终通过出售PC业务给联想，转而将软件、硬件和服务业务融合，形成了一个相互支持的新型商业模式，取得了显著成就。这些转变展示了企业通过不断的模式创新和产业链整合来维持竞争优势的重要性。

（三）企业价值链整合能力

要在激烈的市场竞争中保持领先地位，企业必须不断进行互联网商业模式的创新和再造。在这一过程中，只有少数企业拥有创新产业链价值的潜力。面对竞争，一些非领先企业选择专注于满足特定小众市场的需求，从而实现在这些细分市场中的价值最大化。这些企业通过对现有商业模式的调整和优化，针对性地为小众市场提供服务，既最大化了目标消费者的价值，也为企业自身创造了新的增长机会，并促进了新产品的开发。通过针对性的调整和创新，这些企业能够开发出独特的商业模式，积累竞争优势。

戴尔公司的直销模式是电脑行业的一个创新案例，它标志着从传统的"先生产后销售"模式向"先销售后生产"模式的转变，优化了公司内部的价值链。这种模式的实施优化了企业的代理制度、物流管理和供应链，简化了从生产到销售再到配送的流程，增强了产品的竞争力。

对于中小企业而言，内部价值链的调整和优化是一种适合的战略方向。由于缺乏产业链整合的条件，这些企业更适宜在特定的市场细分领域提供服务。通过内部优化和创新，中小企业可以向小众客户提供更高质量的服务和产品，展现其竞争优势。例如，海尔通过调整价值链，细化服务和功能；格力则专注于空调市场，建立了自有的销售模式和渠道。这些创新的商业模式不仅稳定了行业地位，还能为特定的小众市场提供更优质的服务。

第三节 "互联网+"背景下高校创新创业能力培养策略

一、"互联网+"背景下高校创新创业教育实践教学体系的构建

（一）高校创新创业教育实践教学体系构建策略

1. 面向创新创业能力培养的实践教学体系

（1）实践教学体系结构解析。实践教学体系的构建是以实践教学人才培养目标为核心前提，以实践教学活动为主体内容，并以相应环境资源作为支持条件的一个有机联系的整体，所以在构建面向创新创业能力培养的实践教学体系

时,培养大学生创新创业能力作为实践教学人才培养目标与实践教学活动和配套的环境资源构成了体系中三大要素。这三大要素各有内涵又相互联系、相互促进。

(2)实践教学体系构建目标导向。创新创业人才培养目标是高校实践教学体系构建的目标导向,也是其核心前提。这指的是在实践教学体系的构建中,要把培养学生创新创业能力作为实践教学人才培养目标,把创新创业人才培养目标贯穿实践教学体系的每个环节中,通过实践教学活动培养学生的实践能力、创新素养和创业潜能,使学生解决实际问题的能力和综合素质得到提高,做到德、智、体、美、劳全面发展。

2. 实践教学体系主体内容

(1)基础实践阶段是专业能力初步锻炼的阶段,对加深理论知识的理解、弥补课堂教学的不足起着重要作用,是专业实践阶段的前提。基础实践阶段主要包括课程实验、社会调查和参观见习三个部分,重点培养学生基本技能和基础实验能力。

(2)专业实践阶段是在经过专业知识的系统学习之后,开始把所学知识运用到科研探索中,强调专业实践的重要性,是对学生科研能力培养的有益尝试。专业实践阶段主要包括三个部分:课程设计、项目实践和专业实训。

(3)综合实践阶段主要包括科研竞赛、毕业实习和毕业论文三个部分,重点培养学生综合实践能力和创新能力。

3. 实践教学体系构建的资源环境

实践教学体系的构建必须提供一系列教学硬件和软件,才能保障实践教学的顺利开展。这些软件和硬件构成了实践教学体系的资源环境,主要包括实践教学体系构建的前提条件、环境保障、质量保障等多个方面。

(1)完善实践教学管理机制。适合创新创业型人才培养的实践教学体系必须要有与之相适应的实践教学管理机制作为其前提条件。

(2)建设实践教学基地。实践教学基地建设可分为校内实训基地建设和校外实习基地建设两个方面:校内实训基地主要是面向本校师生,采取校企结合的模式,在校内开设企业培训课程,进行企业模拟实践项目,能体现学校管理和专业特色的实训场所;校外实习基地需要依托企业的老师,按照企业生产实践的真实需求,参与学生的校外实习教学环节的管理和指导工作。良好的实践环境是培养学生实践能力和创新能力的重要基础,所以高校应该确立以校内实训基地发展为核心,扩展校外实习基地,采取校内外共建相结合的思路,为推进实践教学改革提供基本环境保障。

(3)建设高质量的实践教学师资队伍。很多高校开始认识到,实践教学人员已不再是传统观念中的教辅人员,而是教学活动的主体。实践教师队伍素质的高低，直接关系到学生实践能力、创新能力培养的好坏，因此，高校要加强实践教学师资队伍的建设，以适应新的实践教学体系要求。高校要抓好"双师型"实践教学师资培养工作，通过各种培训、培养途径，使他们既具备扎实的基础理论知识、较高的教学水平，又具有很强的专业实践能力。与此同时，建立完善的考核体系，鼓励教师参加实践教学工作。

（二）"互联网+"背景下高校创新创业支持体系构建

1. 支持体系基本构建思路与原则

在"互联网+"快速发展的今天，大学生创业遇到了许多困难，有资金方面的，有政策方面的，有技能方面的，还有服务方面的，等等。虽然一些高校开展了大学生创业培训，但是仅靠这些不能很好地为大学生的成功创业服务。支持服务高等学校毕业生创业是一项系统的工程，需要一个完整、成熟的教育服务支持体系。

2. 大学生创业支持体系的构建策略

建立一个以家庭、社会、国家为基础的，适合中国国情且符合大学生当下要求的，较为全面的创业支持体系，以帮助大学生更好地认识创业的方方面面，帮助大学生克服在创业过程中所遇到的困难，全面支持鼓励大学生充分发挥自己的主观能动性，创新思想，突破自我，积极创业，为展现中国大学生自身的真正价值、促进中国经济快速腾飞而努力。

3. "互联网+"背景下大学生创业支持体系构建发展建议

大学生创业的培育和引导，是一个长期的过程，除需要政府、社会等各个方面共同努力外，更需要充分利用当下互联网经济发展势头，以"互联网+"思维促进大学生的成功创业。

（1）以"互联网+"为载体构建大学生创业教育体系。

1）利用"互联网+"技术构建适合各区域创业教育课程体系。创业教育课程是创业教育理念的主要载体和实现创业教育目标的重要手段，是创业教育实施的主要途径之一。根据高校所在区域学生的特点和需要，利用"互联网+"技术构建立体式、全天候、高覆盖的自助课程体系。例如，开发专门的创业教育网站，网站涵盖创业经典故事、创业网络课堂等；制作"碎片式"手机APP移动创业课堂，给予一定的流量补贴，鼓励大学生随时随地学习创业课程；建立校方创业微信群，让创业者有问题随时得到解答等。

2）基于"互联网+"技术构建高校创业教育实践体系。创业是一种实践性很强的活动，要利用"互联网+"技术设置一系列创业实践活动，改变传统的实践方式。例如，构建线上线下创业实践平台体验、网上模拟创业；校方可利用"互联网+"技术建立网上大学生创业园，组建虚拟学生创业公司，线上、线下实战经营；建立远程创业视频系统，与创业教育专家和创业成功人士互动交流，创业实践活动要突出创造性、实践性的特色。

3）以"互联网＋"技术为支撑建立高校创业教育评价体系。创业综合素质、创业能力的提高、创业学生的数量等方面指标不能全面反映创业教育状况的实际。为更好地确定创业教育实施情况和最终效果，须利用"互联网＋"技术建立以创业率、创业成功率、创业教育影响力等因素为核心指标的创业教育评价体系；建立相关模型，使用大数据分析法得出科学结论，以推进创业教育健康的持续发展。

（2）强化创业教育与指导，培养大学生创业理念和创业能力。传授专业知识的同时，应当将创业教育纳入高等教育的课程体系；改革人才培养方案，使创业教育成为大学生的必修课程，进行系统的传授，培养大学生的创业意识和创业能力。在大学生实习阶段，对有创业意愿和创业能力的大学生，高校就业指导部门应及时将其推荐到大学生成功创业的企业或其他创业型企业中进行学习交流和实习实践，增加大学生对创业的感性认识，积累创业经验，增强其创业自信。

（3）为大学生创业提供针对化扶持，提高首次创业成功率。政府部门在简化大学生创业审批程序、放宽对创业的注册资金和场所的限制、减免创业行政收费、落实税收优惠政策等基础上，还要结合大学生文化水平高、综合素质高、社会经验少的特点，引导其从事与所学专业或兴趣对口的创业项目，将专业、个人兴趣与创业方向结合起来，并成立由高校专业教师和创业企业家组成的创业导师团队，对刚起步的大学生创业企业进行一对一帮扶。

（4）开展大学生创新创业竞赛活动。社会和科技部门应通过开展大学生创业创意大赛、大学生创新创业分享沙龙等活动，鼓励和引导大学生将创新创意转化为创业项目，营造大学生创业的良好氛围，并以此活动为契机，搭建大学生与创业伙伴、创业投资人的线下沟通交流平台。高校或相关政府部门应针对大学生缺乏社会经验、人脉资源、企业管理经验和销售渠道等情况，根据不同创业大学生的专业优势和性格特点，积极组织协调多个大学生进行共同创业，各司其职，优势互补。政府应开展创业实训、模拟运作、孵化培育等公共服务，并鼓励和引入民间、社会力量组织专门的创业指导机构，为创业者提供法律、投资、财会等专业服务。

（5）运用"互联网＋"新理念，打造大学生创新创业新模式。对大学生创业企业，尤其是传统产业的企业，应充分运用"互联网＋"新理念，将传统企业与互联网完美融合，走信息化与工业化相融合的路子。对于大学生创立的小微科技企业，应充分利用互联网优势，为企业打造一个开放式的创新平台，采取"众包"模式，汇聚全社会的创新力量，并以此为载体，为客户提供各类个性化的服务和体验，加快企业创新和个性化发展步伐。

（6）基于互联网技术，搭建高校众创服务平台。政府应适应新型创业型孵化平台的特点，简化登记手续，对"众创空间"的房租、宽带网络、公共软件等给予适当补贴，尽量降低搭建平台的成本，让青年人特别是大学生的兴趣与爱好转化为各种创意，通过线上"创客联盟"、线下"众创空间"等平台将其汇聚起来，逐渐把孕育于移动互联、根植于创业草根、适用于创新创意的空间，打造成培育各类青年创新人才和创新团队，在创意者、创新者及投资人之间实现信息对称、项目对接、资本对接的创新型创业孵化综合服务平台，努力把各种创新创意转变为现实。鼓励科技创业企业充分发挥线上"创客联盟"和线下"众创空间"平台的优势，集中开展技术难题攻关和创新创意研发。这样，不仅能降低企业科研成本，而且有利于营造"万众创新"的社会氛围。

（7）运用互联网经济发展势头，引导大学生开展电子商务创业。开展大学生网上创业模拟实训，提高创业人员的操作能力，打造大学生电子商务创业实践基地。积极引导大学生电商企业进驻电商创业园，为大学生电商企业提供电商培训、电商企业孵化和运营的一体化服务。对大学生电商创业实行以奖代补，并对创业初期的小微电商企业实行社保补贴和场地租金补贴。

（8）政府加大资金扶持力度，革新创业融资形式。高等学校毕业生创业的特点决定了毕业生更需要风险投资。由于他们是刚毕业的学生，资金缺乏，我国的风险投资体系尚不够完善，信用制度很不健全，因此融资是高等学校毕业生必须解决的问题，不然创业就无法进行下去。为此，政府应该主动牵头，搭建大学生创业的融资平台，为其融资创造有利的环境，建立大学生信用体系，加快和完善资本市场体系建设，为大学生创办的中小企业建立成熟的融资、投资体系。除此之外，政府还可以对帮扶大学生创业的社会企业给予一定的奖励，引导社会力量支持大学生创业发展。

（9）多措并举，提升大学生创新创业能力。长期以来，由于传统的观念，大学生毕业后就是读研、就业、出国等。这样的培养模式束缚了大学生创业的思想和行为，使创业意识严重缺乏。为此，对大学生进行创业教育培训势在必行。创业教育培训是激发和提高大学生创业能力的重要环节，可培育大学生的创业精神和理念，使其树立一种创新意识。高等学校必须改变传统的教育模式，转变职业观念，加大创业教育的力度，不断根据变化的形势，实时设置创业教育课程，把创业教育纳入教学计划，形成一个完善的创业教育课程培养体系，使学生的创业能力和潜力能得到充分发挥，形成良好的创业教育氛围，促成大学毕业生积极创业。高校应该设立有关创业教育的激励机制，并充分调动教师的积极性，不断指导和帮助大学生创业，建立一套合理的有效的目标体系，保障创业教育课程的顺利进行。

二、"互联网＋"大学生创新创业大赛

（一）大学生创新创业大赛的重要意义

创业者虽然具有某些先天素质，但大量事实表明，这些素质可以在后天的不断学习和锻炼中得到质的提升。

"互联网＋"大学生创新创业大赛是高校大学生综合素质体现的舞台，成绩是衡量学生能否将理论与实践融会贯通的试金石。一大批优秀学生通过大赛展现能力、挑战自我、接受检验、强化应用，脱颖而出。

大赛内容包含大学生参赛的成果展示、技术转让、接受风投、融资进行科技创业等，使竞赛从象牙塔走向社会，推动了高校科技成果向现实生产力的转化，为经济社会发展做出了积极贡献。

"互联网＋"大学生创新创业大赛已经形成国家、省、高校三级赛制，带动上百万高校学生投入创新创业活动，掀起大学生创新创业的热潮。通过参赛，广大高校发现差距、找到问题，进而加强教育教学改革。高校把创新创业教育纳入教育规划，把创新创业教育融入人才培养计划中，拓展工作载体，强化实践实训环节，加强与企业、社会、行业、科研院所的更多交流合作，汇聚社会创新创业的力量服务于教学、服务于师生，使专业的应用性建设不断提升，服务于国家发展战略，切实增强学生的创业意识、创新精神和创造能力，使竞赛成为大学生参与科技创新创业活动、不断提升能力的重要平台。

（二）"互联网＋"大学生创新创业大赛项目精要

1. "互联网＋"大学生创新创业大赛项目的选择

（1）赛事项目来源如下。

1）学生自发的创新创业项目。参加大赛的项目可以来自学生自发创意、自主创新、商机发现。其特点如下：一是充分体现大学生的特色项目；二是与学生熟悉的学习生活环境直接相关。

2）科技成果转化的创业项目。科技成果转化是指为提高生产力水平而对科学研究与技术开发所产生的具有实用价值的科技成果所进行的后续实验、开发、应用、推广，直至形成新产品、新工艺、新材料，发展新产业等活动。

越来越多的院校重视将科研项目转化为大学生创新创业项目，形成了大学生高质量创新创业项目的重要来源。其特点是教学、科研与大学生创新创业"三合一"，在促进大学生创新创业的同时，进行科研成果产业化，创造更大的价值。

3）产教融合的创新创业项目。产教融合是指学校根据所设专业，积极开办专业产业，把产业与教学密切结合，相互支持，相互促进，把学校办成集人才培养、科学研究、科技服务为一体的产业性经营实体，形成学校与企业浑然

一体的办学模式。其特点一是学校和当地的产业紧密结合,快速地获得产业需求信息,并实现资源对接;二是通过大学生创新创业项目帮助当地企业转型升级,帮助当地产业与企业实现"互联网+"。

4)学校优势学科的创业项目。很多高校实行学科创业计划,鼓励师生结合科研项目,将学科特长进行生产力转化。将一流学科与创新创业相结合,是很多学校未来规划的重点方向,也是一流大学建设的要求。其特点有:一是紧密结合本校专业与学科特色,互相促进;二是通过创新创业,促进学校特色打造,促进特色专业与学科建设。

5)互联网新技术的创业项目。不断涌现的新技术大大激发大学生创新创业的热情,大大促进基于"互联网+"的技术创新与应用创新。其特点一是互联网在人类技术领域的巨大进步,将重新建构世界的连接方式,重新配置社会资源;二是"互联网+"大赛中,出现了很多与虚拟现实(VR)、人工智能(AI)、物联网、大数据、云计算深入结合的创新创业项目。

6)校友大手拉小手创业项目。大学丰富的校友及社会资源,都是大学生创新创业所需要的重要条件。其特点一是已毕业校友在社会各个行业走上重要的岗位,且与母校有着很深的感情,通过校友合作,也成为大学生创新创业项目的重要来源;二是大学教师有很多好的想法,有着丰富的社会资源,也是大学生创新创业项目的重要来源。

7)政府公共采购与社会公益服务的创业项。随着中国政府的简政放权,越来越多的政府职能将通过面向社会采购服务的方式进行,存在巨大的创新创业空间。其特点一是随着国民经济增长,追求更高生活品质成为人们的广泛需求;二是此类市场受众群体范围广,市场空间大,且极易得到快速普及;三是通过创新与创意可以极大提升政府公共服务质量与效率,实现双赢。

8)"一带一路"的创新创业项目。大学生的创新创业,在立足中国的同时,也要面向世界。"一带一路"倡议带来巨大的商机,世界经济的深度融合也会带来更多的整合全球资源创新创业的机会。其特点一是跨界,二是跨境。

9)电子商务创新创业项目。利用电子商务平台创新创业,创业门槛相对较低,可以发挥大学生熟悉互联网的优势,帮助线下传统企业电商运营,实现线下商品资源的电子商务。其特点一是电子商务平台众多,资源丰富,可以为大学生提供创新创业机会,包括淘宝与天猫、京东商城、微信微店等;二是基于电子商务平台的创新创业,适合小微创业,成就更多小而美的企业,能够较好地实现"通过创业带动就业"。

10)家族产业与产权的创业项目。基于家族产业与产权传承的大学生创新创业项目,也会成为未来大学生创新创业项目的来源之一。其特点一是中国越来越多的家族产业面临传承接班问题,需要"创二代"们更好地发展家族事业;

二是在民营经济发达的江浙地区,越来越多的"创二代",要实现家庭产业与互联网的对接,实现升级跨越发展。

(2) 参赛项目选择策略如下。

1) 高附加值项目。一个创业项目好不好,首先要考虑的是其提供的服务或产品的附加值高不高。附加值是附加价值的简称,是指在产品的原有价值的基础上,通过生产过程的有效劳动新创造的价值,即附加在产品原有价值上的新增价值。附加值的实现在于通过有效的营销手段进行连接。

2) 高市场容量项目。产品的市场容量是指消费者的需求总量。市场容量大,说明企业生产的产品社会需求量大,选择创业后企业的成长空间就大。市场容量小,说明企业生产的产品社会需求量小,选择创业后企业成长的空间就不够大。一般来说,选择产品市场容量大的创业项目,创业初期的成活率相对会高一些;而选择产品市场容量小的创业项目,由于其生产的产品适用人群少,销量自然就小,因此创业初期的成活率可能会低一些。

3) 高市场垄断力项目。市场垄断力是指利用该项目所生产的产品,在市场进行销售时所显露的市场占领能力,或者说是市场独占能力。其反映的是该项目与其他生产同类产品或替代产品的项目所表现出来的竞争力。

4) 低风险项目。低风险说明风险可控,技术上成熟、市场广阔、政策允许(特别是政策鼓励)的项目,风险是比较小的。这里的风险主要有政策风险、技术风险和市场风险三类。

5) 资金占用量低的项目。低资金占用量是指创业从投入产出所需的资金量比较少,在创业者可以承受的范围之内。

6) 产品生命周期长的项目。生命周期有三种类型:产品生命周期、企业生命周期和产业生命周期。影响产品生命周期的因素主要有两个:一是新技术的出现,产品更新换代,老产品因技术落后而被淘汰;二是具有同样或类似功能且价格低廉的替代产品的出现。

产品的生命周期是创业者选择项目必须考虑的重要因素,如果产品的生命周期短,那么也许还没有收回投资,就已经走向衰落了,对创业者来说,无疑是难以承受的。

2. 商业模式的选择与论证

(1) 科研转化项目关注技术壁垒。技术壁垒原指商品进口国在实施贸易进口管制时,通过颁布法律、法令、条例、规定,建立技术标准、认证制度、卫生检验检疫制度、检验程序以及包装、规格和标签标准等,提高对进口产品的技术要求,增加产品进口难度,最终达到保障国家安全、保护消费者利益和保持国际收支平衡的目的。由于参加大赛的科研转化项目具有一定程度的技术优势,因此在构建商业模式时,就应该简单、直接地关注核心价值链的完善,即市场研究、研发、采购、生产、营销、售后服务,重点关注研发环节、生产环节、营销环节和售后服务环节。但是,若掌握技术的高校师生创业时在生产环节处于劣势地位,则与生产环节有关的如厂房、产品生产、销售等可以采用外包形式,发挥高校的技术优势,做到轻资产运营。另外,还应避免重技术、轻营运的情况出现,最大程度地使项目落地。

(2)文化创意项目关注先发优势。先发优势指的是某个新产品领域的第一个进入者或者早期的进入者所能获得的潜在的竞争优势。文化创意项目重点要关注先发优势,采用差异化经营,打造出"与众不同"的项目。"互联网+"创业项目不仅仅是技术上的"互联网+",还是思维上的"互联网+",而文化创意项目在"互联网+"下,若要开辟新路径、玩出新花样,则必须借助互联网思维。

(3)互联网思维是判断商业模式选择的关键。构建商业模式的出发点是思维。思维决定出路。"什么产品""卖给谁""怎样卖"等都是以用户作为前提的,若没有用户,则无所谓营销。通常,互联网思维包含以下九种。

1)用户思维。用户思维是指在价值链各个环节中都要"以用户为中心"去考虑问题。作为厂商,必须从整个价值链的各个环节,建立起"以用户为中心"的企业文化,只有深度理解用户需求才能生存。

2)简约思维。简约思维强调的是在互联网时代,用户的耐心越来越不足,追求"短、平、快"(即简短、平白、快速),因此,必须在短时间内抓住用户。

3)极致思维。极致思维是指把产品、服务和用户体验做到极致,超越用户预期。极致是指顶点、极点、达到极限的、最高点等。互联网时代的一个重要标志是极致思维,反映在行动上是付出不亚于任何人的努力,反映在目标上则是提交的结果超出客户预期并感动客户。打造让用户"尖叫"的产品。

4)迭代思维。"敏捷开发"是互联网产品开发的典型方法论,强调的是"小步快走",是一种以人为核心、迭代、循序渐进的开发方法,允许有所不足,不断试错,在持续迭代中完善产品。这里所指的迭代思维对传统企业而言,更侧重迭代的意识,意味着企业必须及时乃至实时关注消费者需求,把握消费者需求的变化。

5)流量思维。流量意味着体量,体量意味着分量。"目光聚集之处,金钱必将追随。"流量即金钱,流量即入口,流量的价值不言而喻。免费是为了更好的收费。互联网产品大多用免费策略极力争取用户、锁定用户。

6)社会化思维。商业社会化的核心是网,公司面对的客户以网的形式存在,这将改变企业生产、销售、营销等整个形态。

7)大数据思维。大数据思维是指对大数据的认识,对企业资产、关键竞争要素的理解。

8）平台思维。互联网的平台思维就是开放、共享、共赢的思维。平台模式最有可能成就产业巨头。

9）跨界思维。随着互联网和新科技的发展，很多产业的边界变得模糊，互联网企业的触角已无孔不入，如零售、图书、金融、电信、娱乐、交通、媒体等。优秀的互联网企业，一方面，掌握用户数据；另一方面，又具备用户思维，自然能够携"用户"以令"诸侯"。阿里巴巴、腾讯相继申办银行，小米做手机、做电视，都是这样的道理。用互联网思维，大胆颠覆式创新。一个真正好的企业，一定是手握用户和数据资源，敢于跨界创新的组织。互联网产业最大的机会在于发挥自身的网络优势、技术优势、管理优势等，去提升、改造线下的传统产业，改变原有的产业发展节奏、建立起新的游戏规则。

3．商业计划书的撰写

（1）商业计划的概念与基本逻辑。商业计划书是用来反映商业计划的，而不是在编故事，所以，商业计划书写作的关键是要有明确的商业计划，而商业计划书的撰写过程也是对自身商业计划梳理的过程。商业计划的基本逻辑：发现了什么问题—用于解决这个问题的技术—如何把技术转化成产品—把产品卖给哪类群体—产品是否具备优势—如何实现销售过程—谁来实现以上的计划过程—能够赚到多少钱等。

（2）商业计划书的作用。商业计划书作为全方位描述与创建与新企业有关的内外部环境条件和要素的书面文件，旨在阐述商机的意义、要求、风险和潜在收益，以及如何抓住商机。它涵盖新企业创建中所涉及的市场营销、生产与运营、产品研发、管理、财务、关键风险以及一个完成目标任务的时间表。

（3）商业计划书的撰写策略。撰写商业计划书有一般的模式和套路，可以从很多地方了解这些内容，但始终要记住，项目是靠商业计划而不是商业计划书来打动投资人的，因此应该把项目的商业计划作为基础。无论是传统企业转型移动互联网，还是互联网企业的自身发展，在各个领域，一份简洁有力的商业计划书都极具穿透力。

1）用几句话清楚说明创业者是如何发现目前市场中存在空白点，或者存在什么问题，以及问题有多严重，简单明了地阐述。

2）用什么样的方案，或者什么样的产品能够解决这个问题。项目方案或者产品是什么，提供了怎样的功能。

3）该产品将面对的用户群是哪些人。一定要细分用户群，这样，产品的定位才能够清晰。

4）说明产品的优势，也就是产品与同类产品相比的竞争力，以及为什么这个项目自己能做，而别人却不能做。关键不在于所干事情的大小，而在于创业者能比别人干得好，与别人干得不一样的路径是什么、优势又是什么。

5）论证一下市场有多大，创业者自认为市场的未来是怎样的。

6）用简单的几句话告诉投资人，这个市场里有没有其他人在做，具体的情况是怎样。要说实话、干实事，可以进行一些简单的优劣分析。

7）突出自己产品的亮点。刚研发出来的产品肯定有很多不足，应说明其优点是什么。

8）财务分析可以简单一些。对于初创企业，不要预测未来三年挣多少钱，而只需具体说出未来一年或者六个月需要多少钱，用这些钱做什么就可以。

9）最后，介绍团队。团队成员的优秀之处，以及项目负责人的经历和背景。

参 考 文 献

［1］陈涛．虚拟化与容器技术［M］．北京：清华大学出版社，2023．

［2］李墨，文晶晶．高校教学改革与创新型人才培养研究［M］．天津：天津科学技术出版社，2023．

［3］贾建康，宋效琦，蔡浩刚．新时代高校体育教学模式改革与教师人才培养路径探索［M］．北京：中国书籍出版社，2023．

［4］吴显芝．高校人才培养与教育教学改革研究［M］．长春：吉林出版集团股份有限公司，2023．

［5］鲍长生，翁爱治．人才社会需求与专业培养模式——基于实践能力结构均衡发展改革目标视角［M］．上海：上海社会科学院出版社，2023．

［6］宋燕．教学学术视角下的高校教学改革与发展［M］．北京：九州出版社，2023．

［7］王爽，王谢勇，夏洪春．应用型高校创新创业人才培养研究——以"互联网＋"大赛为载体［M］．北京：经济科学出版社，2022．

［8］杨宝仁，王晶．"互联网＋"环境下大学生创新创业教育研究［M］．北京：中国纺织出版社，2022．

［9］程宇欢．高校教育供给侧改革与人才培养模式创新［M］．北京：中国纺织出版社，2022．

［10］吕梦醒，戴坤．新时代高校人才培养与人才评价制度研究［M］．北京：中国原子能出版社，2022．

［11］史慧，高亚男．大学生人才培养与教育创新探索研究［M］．长春：吉林出版集团股份有限公司，2022．

［12］桑爱友．应用型人才培养导向下高校教育教学理论与实践研究［M］．长春：吉林人民出版社，2022．

［13］周冠怡彤，蒋笑阳，刘洋．高校创新创业教育改革与探索［M］．北京：九州出版社，2022．

［14］赵浚．数字化管理会计人才培养研究［M］．北京：中国商业出版社，2021．

[15] 冉小峰,施锦丽. 深化高等教育改革创新人才培养[M]. 北京:旅游教育出版社,2021.

[16] 刘家思,孙永红."汉语＋"人才培养模式改革与教学研究[M]. 杭州:浙江工商大学出版社,2021.

[17] 洪锁柱. 创新人才培养机制研究[M]. 长春:吉林人民出版社,2021.

[18] 范钧,顾春梅,楼天阳,等. 数字时代的新营销人才培养模式与教学改革实践[M]. 杭州:浙江工商大学出版社,2021.

[19] 秦雯. 现代物流业发展与新时代高校人才培养研究[M]. 北京:中国商务出版社,2021.

[20] 杨曦. 高校人才培养和劳动力市场需求对接研究[M]. 北京:首都经济贸易大学出版社,2021.

[21] 汪睿. 高校拔尖创新人才培养模式研究[M]. 武汉:武汉大学出版社,2021.

[22] 梁丽媛. 我国高校会计人才培养与教学研究[M]. 北京:北京工业大学出版社,2021.

[23] 王芳. 新工科背景下高校设计学科人才培养研究[M]. 北京:中国原子能出版社,2021.

[24] 李娟. 高校学前教育专业教学与人才培养模式探索与实践[M]. 北京:北京工业大学出版社,2021.

[25] 彭泽春. 高校创新型人才培养模式研究与实践[M]. 长春:吉林文史出版社,2021.

[26] 张红玲,叶倩. 新时代地方高校创新人才培养体系研究——以体育专业为例[M]. 长春:吉林大学出版社,2021.

[27] 赵威. 基于应用型人才培养的高校学生管理创新模式研究[M]. 长春:吉林出版集团股份有限公司,2021.

[28] 韦倩青."互联网＋"背景下高校创业创新人才培养模式[M]. 北京:知识产权出版社,2021.

[29] 周凤瑾. 高校专创融合人才培养模式研究[M]. 兰州:兰州大学出版社,2021.

[30] 刘伟斌. 高校人才培养模式创新研究[M]. 太原:山西经济出版社,

2020.

[31] 肖守柏，兰霞萍．高校创新人才培养探究［M］．北京：现代出版社，2020．

[32] 靳玉乐，王牧华，等．高校拔尖创新人才培养的经验与探索［M］．重庆：西南师范大学出版社，2020．

[33] 王焰新．高校"三融合"人才培养模式的理论与实践［M］．北京：科学出版社，2020．

[34] 刘波．高校创新创业型人才培养模式研究与实践［M］．南京：河海大学出版社，2020．

[35] 葛茂奎．高校创新创业教育与人才培养方案研究［M］．北京：九州出版社，2020．

[36] 刘建林．高校人才培养的理论与实践探索［M］．西安：西北大学出版社，2019．